Glanzlichter der Wissenschaft

Ein Almanach

herausgegeben
vom Deutschen Hochschulverband

LUCIUS
&LUCIUS

Die Deutsche Bibliothek — CIP-Einheitsaufnahme
Ein Titeldatensatz für diese Publikation ist bei der Deutschen Bibliothek erhältlich
Glanzlichter der Wissenschaft: ein Almanach.../hrsg. vom Deutschen Hochschulverband
Stuttgart: Lucius und Lucius
Erscheint jährl. — Aufnahme nach 1998
Früher u.d.T.: Deutscher Hochschulverband: Almanach

ISBN 3-8282-0158-X
Redaktion: Felix Grigat, M.A. (verantwortl.)
Dr. Michael Hartmer
Meike Krüger, Dipl.-Sozw.
Ina Lohaus
Druck: Paulinus-Druckerei, Trier

Inhaltsverzeichnis

Was tun, wenn einfache Arbeit abnimmt?
- Niedriglöhne oder Innovation -

Gerhard Bosch

1 Einleitung

Löhne und Qualifikation der Beschäftigten sind zentrale Stellgrößen in allen Entwürfen über die künftige Erwerbsarbeit. Dabei stoßen wir auf sehr konträre Visionen: Einige Autoren halten den Ausbau eines Niedriglohnsektors für gering qualifizierte Beschäftigte für die vordringlichste beschäftigungspolitische Aufgabe. Andere sprechen vom Übergang in eine Wissensgesellschaft, in der Produktivität und Wohlstand immer mehr vom Einsatz qualifizierter Beschäftigter abhängt. Wer für einen Niedriglohnsektor wirbt, sieht im Preis der Arbeit den wichtigsten Schlüssel zur Beschäftigung. Wer hingegen eine Wissensgesellschaft anstrebt, die sich nur bei gleichberechtigter Teilnahme aller Bevölkerungsgruppen entfalten kann, wird den Akzent auf Innovation, also Qualifikation, Forschung, Entwicklung und intelligentere Formen der Arbeitsorganisation, legen.

Dieser Streit um die Zukunft der Erwerbsarbeit ist längst nicht mehr nur ein akademisches Wortgefecht, sondern er hat weitreichende praktische Konsequenzen. Die Zukunft stellt sich somit nicht von alleine her, sondern sie ist Folge vieler Einzelentscheidungen, die heute getroffen werden. Gerade weil man offensichtlich in ganz unterschiedliche Richtungen gehen kann, ist die Gefahr von Fehlentscheidungen mit vielen unerwarteten Nebenwirkungen besonders groß. Um so höher sind die Ansprüche an die Klarheit und Präzision der Argumentation. Genau hieran fehlt es aber. Die Kontroverse über Niedriglöhne versus Innovation und Qualifikation, die Thema dieses Beitrags ist, hat ganz unterschiedliche Facetten, die in der Regel nicht auseinandergehalten werden. Dies wird daran sichtbar, wie unterschiedlich die vermeintliche Notwendigkeit eines Niedriglohnsektors begründet wird.

Man kann dabei vier unterschiedliche Varianten der Argumentation unterscheiden. In der ersten Variante wird vor allem auf das amerikanische Beschäftigungswunder der letzten Jahren verwiesen, daß auf die dort gestiegene Lohndifferenzierung zurückgeführt wird. Mit Blick auf die USA und dem Argument „Amerika, Du hast es besser" soll dieses Rezept auf Deutschland übertragen werden. In der zweiten Variante geht es um „Hilfe für die Benachteiligten", also um die Schaffung neuer Beschäftigungschancen für benachteiligte Gruppen in einem Niedriglohnsektor, um die sich angeblich sonst niemand kümmert. „Sachzwänge des Weltmarktes" ist die dritte Variante, nach der in einer globalisierten Wirtschaft einfache Arbeit in den Industrieländern nur nach erheblichen Lohnsenkungen wettbewerbsfähig bleibt. „Die deutsche Dienstleistungslücke schließen" schließlich ist die vierte Variante, in der die Ursache für den Entwicklungsrückstand Deutschlands vor allem bei den persönlichen und sozialen Dienstleistungen in zu hohen Löhnen verortet wird.

In der ersten Variante geht es um Rezepte zur Erhöhung des gesamtwirtschaftlichen Beschäftigungsniveaus. In den drei weiteren wird eher personen- und sektorspezifisch argumentiert. Zu diesen vier Argumentationslinien liegen inzwischen zahlreiche internationale empirische Forschungsergebnisse vor. Sie sollen im folgenden insbesondere im Hinblick auf die beschäftigungspolitischen Auswirkungen von Niedriglohnstrategien skizziert werden.

Schaubild 1:

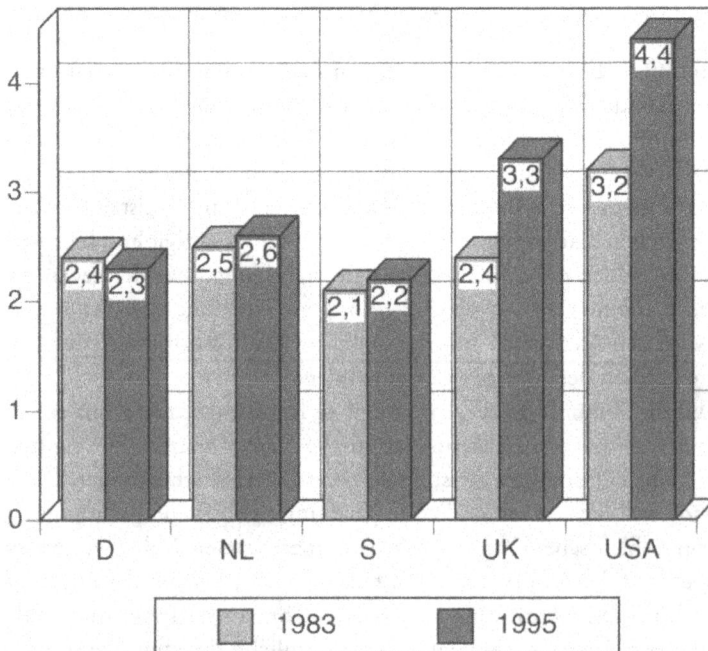

Quelle: Freeman, R.B., When earnings diverge: Causes, consequences, and cures for the new inequality in the U.S., commissioned by the Committee on New American realities of the National Policy Association, Washington, 1997   G. Bosch IAT 1999

2 „Amerika, Du hast es besser"

Nicht nur die USA, sondern eine Reihe anderer Länder haben sich in den letzten Jahren für mehr Ungleichheit auf dem Arbeitsmarkt entschieden. Die Deregulierung des Arbeitsmarktes hat etwa in Neuseeland, Großbritannien oder den USA tiefe Spuren im Arbeitsmarkt hinterlassen. In den USA verdienten beispielsweise 1995 die obersten 10vH in der Einkommenshierarchie der Männer ungefähr 4,4mal soviel wie die untersten 10vH, 1979 waren es erst 3,2mal soviel. In Großbritannien ist diese Relation von ca. 2,4:1 in den 70er Jahren auf 3,3:1 1995 angestiegen, während sie in den meisten EU-Ländern wie Deutschland, Schweden oder den Niederlanden, wo man diesen Weg bislang nicht ging, fast unverändert blieb (Schaubild 1). Ein Amerikaner im untersten Einkommenszehntel verdient heute in Kaufkraft gerechnet nur 44vH des Einkommens eines Deutschen in dieser Gruppe und dies, obgleich die Amerikaner im Durchschnitt reicher sind als die Deutschen. Um amerikanische Lohnstrukturen zu erreichen, müßte das Gehalt einer Verkäuferin in Deutschland von 2000 DM auf rund 950DM verringert werden.

Einen solchen hohen Preis zu zahlen, lohnt sich nur, wenn sich auch die versprochenen positiven Arbeitsmarkteffekte aufspüren lassen. Zunächst ist zu fragen, ob sich die Beschäftigung insgesamt bei zunehmender Ungleichheit erhöht. Um dies zu beantworten, korrelierte die OECD für den Zeitraum 1990 bis 1994 die Beschäftigungsentwicklung sowie die Arbeitslosenquoten auf der einen mit der Entwicklung der Einkommensverteilung, auf der anderen Seite in verschiedenen Ländern. Sie kommt dabei zu dem Ergebnis, daß sich keine signifikanten Beziehungen zwischen diesen Größen feststellen lassen. In den USA hat zudem gerade die Beschäftigung und mehr noch die Arbeitszeit höher qualifizierter Arbeitskräfte zugenommen; zudem ist die Beschäftigung insbesondere von Frauen gestiegen, obgleich deren Löhne in Relation zu Männerlöhnen gestiegen sind. Wenn aber gerade die Beschäftigung derer steigt, deren Löhne zunehmen, kann man schlecht schlußfolgern, daß der amerikanische Beschäftigungszuwachs auf sinkende Löhne zurückzuführen ist.

Es gibt wesentlich bessere Kandidaten zur Erklärung des amerikanischen Beschäftigungszuwachses. Dies sind die zielgenauere antizyklische Fiskalpolitik in den 80er und frühen 90er Jahren, die beschäftigungsfreundlichere Geldpolitik und die kräftige Zunahme der Binnennachfrage durch die geringe Sparquote der Amerikaner, die 1999 bei -0,8vH und in Deutschland hingegen bei 11,2vH lag, sowie die Finanzierung der Investitionen durch die Ersparnisse aus anderen Ländern. Zu erwähnen ist auch die ausgeprägte Innovationspolitik der USA. Bei einer dreimal so großen Bevölkerung wie in Deutschland geben die USA fast fünfmal soviel für Forschung und Entwicklung aus. In den USA sind folglich auch Leitmärkte der Weltwirtschaft in wichtigen Innovationsfeldern (z.B. der Mikroelektronik) entstanden, die Ausgangspunkt für Investitionen, Existenzgründungen und neue Expansionschancen sind. Erst durch die so verursachte Expansion wurde die Kaufkraft geschaffen, die auch in preisgünstige Dienstleistungen aus dem Niedriglohnsektor floß.

3 *„Hilfe für die Benachteiligten"*

Unbestritten ist, daß die gering Qualifizierten es auf dem Arbeitsmarkt zunehmend schwerer haben. Ihre Arbeitslosenquoten liegen in allen Industrieländern deutlich höher als die der besser Ausgebildeten. Als Grund hierfür wird ihre zu geringe Produktivität genannt. Durch Lohnsenkungen sollen die Löhne der Produktivität angepaßt werden. Im Modellfall führt dies dazu, daß sich die Arbeitslosenquote der Geringqualifizierten der allgemeinen Arbeitslosenquote annähert, da die Unternehmen dann keinen Grund mehr haben, zwischen den verschiedenen Beschäftigtengruppen zu diskriminieren. Empirisch läßt sich jedoch genau das Gegenteil beobachten. In Großbritannien und den USA - also den Ländern mit wachsender Lohnspreizung - ist nach einer Untersuchung der Internationalen Arbeitsorganisation die Spanne zwischen der Arbeitslosenquote der oberen 25vH in der Qualifikationshierarchie des Landes der Arbeitslosenquote der unteren 25vH größer als in Ländern mit geringerer Einkommensstreuung (Schaubild 2).

Schaubild 2:

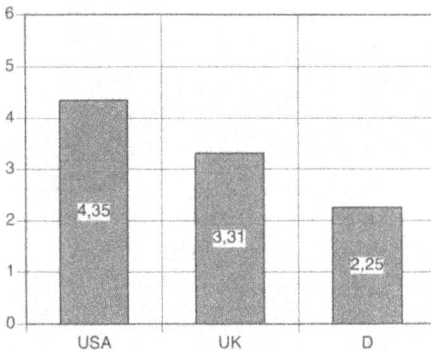

Einkommensungleichheit, Verhältnis des Einkommens der oberen 10 % zu den unteren 10 %

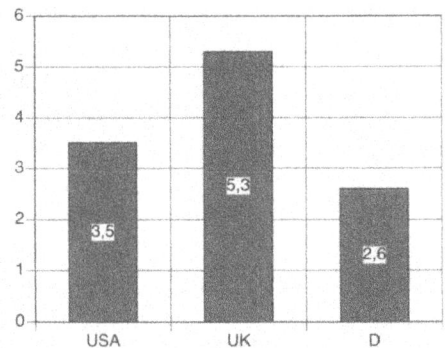

Arbeitslosigkeit gering Qualifizierter, Verhältnis der Arbeitslosenquote der unteren 25 % zu den oberen 25 % in der Qualifikationshierarchie

Quellen: OECD, Employment Outlook, Paris 1997 und ILO, World employment 1996/1997, Brüssel, 1997   G. Bosch IAT 1999

Trotz drastisch wachsender Ungleichheit ist in den USA diese Relation gegenüber den 70er und 80er Jahren in etwa gleich geblieben, in Großbritannien hat sie sich sogar weit deutlicher zuungunsten der Geringqualifizierten verschlechtert als in Deutschland. Für die USA ist die wachsende Zahl männlicher Gefängnisinsassen in den USA (2vH der männlichen Erwerbsbevölkerung, die überwiegend keine berufliche Ausbildung haben) noch nicht eingerechnet.

Auch die OECD kommt in ihren Analysen zu dem für neoliberale Arbeitsmarktrezepte vernichtenden Schluß: „Es gibt nur wenig schlüssige Belege, die zeigen, daß Länder mit einem geringen Anteil an Niedrigbezahlten dies auf Kosten höherer Arbeitslosenzahlen oder einem geringeren Beschäftigungsniveau für besonders gefährdete Gruppen wie Jugendliche oder Frauen erreicht haben". Die wohlmeinende Hilfe für die Benachteiligten kommt also offensichtlich bei der Zielgruppe nicht an. Es spricht vieles dafür, daß in polarisierten Arbeitsmärkte sich die Ungleichheit der Arbeitsmarktchancen sogar noch erhöht.

Hierfür lassen sich zwei gute Gründe anführen: Erstens ändert sich bei Lohnsenkungen sowohl das Verhalten der Beschäftigten als auch das der Unternehmen. Wenn Beschäftigte schlechter bezahlt werden, sinkt ihre Motivation und Arbeitsmoral, mithin auch ihre Produktivität. Wenn diese schneller als die Löhne sinkt, wird die Beschäftigung gering Qualifizierter für die Unternehmen sogar noch unrentabler als vor der Lohnsenkung. Hinzu kommt, daß die Unternehmen im Niedriglohnsegment des Arbeitsmarktes kaum in Aus- und Weiterbildung investieren. In den USA ist die Teilnahme Geringqualifizierter an innerbetrieblichen Qualifizierungsmaßnahmen in den letzten 15 Jahren zurückgegangen, während sie in Deutschland im gleichen Zeitraum gestiegen ist. Zweitens haben viele europäische Länder, wie Schweden, Dänemark, Niederlande und Deutschland, ihre Bildungs- und Ausbildungssysteme ausgebaut. In diesen Ländern nahm also nicht nur die Nachfrage nach, sondern auch das Angebot an einfacher Arbeit ab, womit der Preisverfall auf diesem Teilarbeitsmarkt gebremst werden konnte. In Westdeutschland ist der Anteil der Beschäftigten ohne berufliche Ausbildung von 30vH 1979 auf 16vH 1991 zurückgegangen. Bei den jüngeren Jahrgängen beträgt der Anteil der Unqualifizierten etwa 10vH. Das Angebot wird also in Deutschland weiter zurückgehen. In den USA hat es eine solche Angebotsbegrenzung einfacher Arbeit nicht gegeben. Heute sind dort 45vH der Arbeitskräfte ohne eine berufliche Ausbildung, die um eine immer knappere Zahl von Arbeitsplätzen für gering Qualifizierte konkurrieren (Schaubild 3). Obgleich in polarisierten Arbeits-

Schaubild 3: Qualifikationsniveau in Westdeutschland und den USA,1989
Anteil der Beschäftigten in %

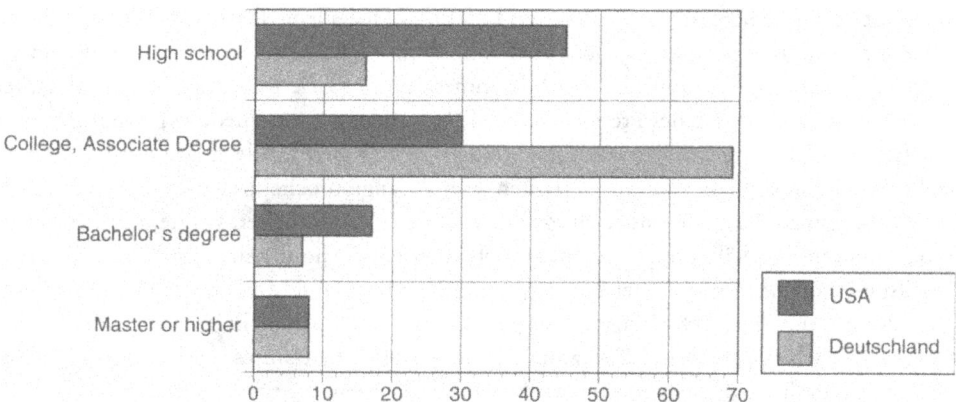

Quelle: Freeman, R.B./Schettkat, R. 1998: Low wage services: interpreting the US-German difference. Paper to the LOWER conference, Groningen, the Netherlands, Nov. 19-21
                                                          G. Bosch IAT 1999

märkten wie den USA die Bildungsrendite, also die Lohn- und Gehaltssteigerung bei wachsendem Bildungsniveau, deutlich höher ist als in Ländern mit komprimierter Lohnstruktur, wird dort weniger aus- und weitergebildet. Die Anreize zur beruflichen Bildung wachsen vielleicht gerade dann, wenn die sozialen und bildungspolitischen Abstände nicht so groß sind, und damit auch überwindbar erscheinen.

Die deutsche Lohnstruktur ist also bildungspolitisch unterfüttert und damit auch ökonomisch vertretbar. Auch die Amerikaner haben eine ihrer Lohnstruktur angepaßte Bildungsstruktur. Einer exzellenten, sehr gut ausgebildeten und noch weit besser bezahlten Spitze und einem größeren Anteil höher Qualifizierter als in Deutschland steht eine schlecht bezahlte, fast die Hälfte der Erwerbstätigen umfassende Unterschicht, gegenüber. Der frühere amerikanische Arbeitsminister hat zu Recht immer wieder daraufhin gewiesen, daß ohne mehr schulische und berufliche Bildung die Lebenssituation dieser Schicht nicht verbessert werden kann.

In Deutschland scheint der Anteil von 10vH Unqualifizierten mit vertretbaren Anstrengungen kaum zu unterschreiten sein. Es sind also Grenzen der Angebotsbeschränkung erkennbar, was eine Diskussion über Arbeitsplätze für gering qualifizierte Arbeitslose rechtfertigt, gleichzeitig aber deren quantitative Dimension zurechtrückt. Im Vordergrund sollten Bemühungen stehen, das bisher erreichte Niveau an Ausbildung für 90vH der Jugendlichen zu sichern und zu verbessern. Zusätzlich muß es um Maßnahmen zur Reintegration gering qualifizierter Arbeitsloser gehen. Dabei ist zunächst einmal festzustellen, daß die Mehrheit der gering Qualifizierten einer Erwerbstätigkeit nachgeht und sich seinen Lebensunterhalt eigenständig sichert. Durch eine Absenkung der Löhne würde man genau dieser Gruppe diese Möglichkeit nehmen und sie in Abhängigkeit von sozialen Transfers bringen. Für diejenigen, die den Einstieg ins Erwerbsleben nicht schaffen, sind gezielte arbeitsmarktpolitische Maßnahmen allemal wirksamer als der Einsatz von Schrotflinten, wie etwa die Ausweitung des 630,— DM auf einen 2800,— DM-Sektor durch die Subventionierung von Sozialbeiträgen für alle Beschäftigten in diesen Lohngruppen mit unabsehbaren Folgen für die Stabilität unserer Sozialversicherungssysteme, die dann von den Einkommen zwischen 2800,— und 7000,— DM alleine finanziert werden müssen.

Für wirksame arbeitsmarktpolitische Maßnahmen mit befristeten Subventionen für einzelne Gruppen, also typische Kombi-Lohn-Maßnahmen, gibt es viele Beispiele. „Jugend in Arbeit" heißt zum Beispiel ein solches Programm in NRW, in dem die verschiedenen Philosophien der Beschäftigungspolitik geschickt verknüpft werden (siehe Kasten). Alle langzeitarbeitslosen, unqualifizierten Jugendlichen unter 25 Jahren werden angesprochen; es wird ein individueller Entwicklungsplan durch besonders ausgebildete Berater ausgearbeitet; vor dem Eintritt in eine subventionierte Beschäftigung in einem Betrieb - hier hat die nordrhein-westfälische Wirtschaft Arbeitsplätze für alle Jugendlichen zugesagt - sind Trainings- und Motivationsphasen geschaltet. Jeder, der sich mit dieser schwierigen Gruppe auskennt, weiß, daß nicht jeder Jugendliche gleich in einem Betrieb eingesetzt werden kann. Leistungen des Arbeitsamtes werden allerdings gestrichen, wenn die Jugendlichen zumutbare Angebote ablehnen.

Wichtige Merkmale dieses und anderer wirkungsvoller Programme sind Betriebsnähe, die Kombination von Fördern und Fordern, individueller Zuschnitt der Maßnahmen und dezen-

Menschenbild in der Beschäftigungspolitik

In der beschäftigungspolitischen Debatte stehen sich zwei Menschenbilder gegenüber, die man etwas schematisiert als das Marktmodell und das sozialpädagogische Modell bezeichnen kann. Im Marktmodell werden alle Beschäftigungsprobleme auf eine Größe, die Löhne, reduziert. Die Beschäftigung von Langzeitarbeitslosen und Geringqualifizierten setzt nach diesem Modell vor allem eine Senkung der Löhne voraus. Andere Integrationshindernisse werden für nebensächlich gehalten. Im Extremfall wird die Arbeitslosigkeit als reines Lohnproblem betrachtet, die durch markträumende niedrigere Löhne völlig beseitigt werden könnte. In der sozialstaatlichen Variante dieses Modell werden die Nettolöhne durch verschiedene Maßnahmen aufgestockt. Dabei kann es sich um bedarfsbezogene Transfers (Aufstockung der Löhne durch Kinder- oder Wohngeld, Zuzahlung über Sozialhilfe) oder allgemeine Entlastungen bei der Zahlung von Steuern oder Sozialversicherungsbeiträgen handeln. Im sozialpädagogischen Modell werden personen- und unzureichende Qualifikation sowie Motivationsprobleme infolge des Verfalls von Zeitstrukturen und der Arbeitsmoral bei längerfristiger Arbeitslosigkeit in den Vordergrund gestellt. Betreuung, Beratung und Qualifikationsangebote gelten als die Hauptinstrumente der Beschäftigungspolitik. In einer extremen Variante wird für die Betreuten ein Schutzraum vor den Anforderungen des ersten Arbeitsmarktes geschaffen. Es wird ein geförderter dauerhafter zweiter Arbeitsmarkt vorgeschlagen, in dem mehrere hunderttausend Arbeitskräfte - hier werden Zahlen zwischen 500 000 und einer Million genannt - arbeiten. Das erste Modell führt in seiner Reinform zur Ausgrenzung aller Personengruppen, die aus eigener Kraft den Einstieg in den ersten Arbeitsmarkt nicht schaffen. Das zweite Modell hat bei bestimmten Gruppen, wie Behinderten, seine Berechtigung, führt bei einer extensiven Interpretation zu einer Überbetreuung, die bestimmte Gruppen in Abhängigkeit beläßt und nicht ihre Eigeninitiative fordert. Sinnvoller ist das ‚Kombimodell‘ also die Verbindung beider Philosophien. Arbeitsmarktpolitische Hilfe müssen zur Selbsthilfe im Rahmen der Möglichkeiten der einzelnen Personengruppen führen. Das Spektrum der Arbeitsmarktpolitik reicht hier von dauerhafter Subvention (Behinderte) bis hin zu gestaffelten und zielgerichteten Übergangshilfen. Bei beiden Modellen ist zu berücksichtigen, daß man über gezielte personenbezogene Maßnahmen das Beschäftigungsniveau nur begrenzt erhöhen kann, wenn die Wirtschaft nicht gleichseitig wächst.

trale Umsetzung. Es wäre verheerend für die Unqualifizierten, wenn man solche und andere arbeitsmarktpolitische Maßnahmen, wie wiederholt vorgeschlagen wurde, zugunsten einer allgemeinen Subventionierung eines Niedriglohnsektors opfern würde.

4 „*Sachzwänge des Weltmarktes*"

Diese Argumentationsvariante bezieht sich vor allem auf die verarbeitende Industrie, denn es werden weitaus mehr Güter als Dienstleistungen exportiert und importiert. Der Offenheitsgrad der deutschen Volkswirtschaft, definiert als Summe von Ex- und Importen geteilt durch zwei, liegt im verarbeitenden Gewerbe bei über 25vH, im Dienstleistungssektor bei etwas mehr als 2vH. Die Industrieunternehmen versuchen sich durch die Entwicklung neuer Produkte, sowie die Verbesserung ihrer Produktionsverfahren dem reinen Kostenwettbewerb der Billiglohnländer zu entziehen, den sie ohnehin nicht bestehen könnten. Dies haben sie, wie wir an der Entwicklung der Export- und Importpreise zwischen 1980 und 1990 sehen können, auch bereits getan. In Deutschland stiegen in diesem Zeitraum die Exportpreise um ca. 20vH schneller als die Importpreise, worin sich eine wachsende Schwerpunktsetzung auf höherwertige, weniger preisempfindliche Güter ausdrückt (Tabelle 1).

Tabelle 1:   Entwicklung der Handelspreise 1980- 1990
- *Steigerung in Prozent* -

	Importpreise	Exportpreise	Differenz
Deutschland	20,20	40,40	20,20
EU	20,70	31,20	10,50
OECD	18,00	29,50	11,50

Quelle: OECD, Employment Outlook, Paris, 1997, S. 110   *G. Bosch IAT 1999*

Infolge dieser Schwerpunktsetzung ist der Anteil gering Qualifizierter im verarbeitenden Gewerbe in allen Industrieländern geschrumpft. Im Weltmarkt überlebt auf Dauer nicht der, der am billigsten ist, sondern der, der neue Entwicklungen mitgestaltet und nicht verschläft. Forschung und Entwicklung und Qualifizierung sind die Schlüsselelemente einer Innovationspolitik, die man auch als Vorauswirtschaft kennzeichnen kann, da es um die Arbeitsplätze von morgen geht.

Die Abnahme einfacher Arbeit in der industriellen Produktion ist in den europäischen Hochlohnländern auch nicht umkehrbar. Die Arbeitsprozesse sind so anspruchsvoll, durchrationalisiert und verdichtet, daß die einfachen Helfertätigkeiten verschwunden sind. Die Sachzwänge des Weltmarktes zwingen heute zu einem permanenten Innovationswettlauf in der industriellen Produktion. An diesem Innovationswettlauf sind auch viele wirtschaftsnahe Dienstleistungen mitbeteiligt, für die sich Billiglohnsstrategien nicht auszahlen, da sie mit Qualitätsverlusten einhergingen.

5 *„Dienstleistungslücke schließen"*

Das Institut der deutschen Wirtschaft identifiziert eine „Dienstleistungslücke" in Deutschland. Vor allem bei den sozialen und persönlichen Dienstleistungen wird ein Rückstand gegenüber Ländern mit höheren Dienstleistungsanteilen, wie den USA oder Dänemark gesehen. Wenn man deren Beschäftigungsquote in diesen Bereichen zugrunde legt, dann ergibt sich umgerechnet auf Deutschland an Potential an bis zu 4 Millionen zusätzlichen Arbeitsplätze. Scharf argumentiert ähnlich und nennt auch vergleichbare Zahlen. Dieses Potential werde heute wegen der sogenannten „Kostenkrankheit" von Dienstleistungen nicht ausgeschöpft. Vor allem soziale und persönliche Dienstleistungen seien arbeitsintensiv und es gebe kaum Möglichkeiten, die Preise durch Rationalisierungsmaßnahmen zu senken. Als klassisches Beispiel wird ein Kammerorchester angeführt, das seine Stücke bei gleicher Qualität ja nicht schneller spielen könne. Da die Nachfrage nach solchen Dienstleistungen sehr preisempfindlich reagiere, werde sie durch die hohen deutschen Löhne und Lohnnebenkosten aus dem Markt gedrängt.

Es soll hier nicht darüber gestritten werden, ob es in Deutschland überhaupt eine Dienstleistungslücke gibt. Erst 1998 hat das Statistische Bundesamt die Beschäftigungszahlen in Deutschland um zwei Millionen nach oben korrigiert, weil man die geringfügig Beschäftigten, die sich in Dienstleistungstätigkeiten konzentrieren, bislang nicht ausreichend berücksichtigt hatte. Das DIW konnte zeigen, daß in Deutschland die Tertiarisierung sich in viel stärkerem Maße als in den USA innerhalb der Industrie vollzogen hat. 47vH aller Beschäftigten im deutschen sekundären Sektor üben eine Dienstleistungstätigkeit aus, gegenüber 37vH in den USA, wo solche Tätigkeit ausgelagert wurden. Mißt man den Anteil von Dienstleistungstätigkeiten in allen Sektoren liegen die USA und Deutschland gleichauf. Bei solchen Meßproblemen kann sich manche Lücke schnell verflüchtigen.

Vielmehr soll grundsätzlicher gefragt werden, ob die Beschäftigungsdynamik bei Dienstleistungstätigkeiten tatsächlich von der Existenz eines Niedriglohnsektors abhängt. Die EU hat in ihrem neuesten Beschäftigungsbericht den Zusammenhang zwischen der Lohnspreizung und der Entwicklung ausgewählter Dienstleistungen untersucht. Sie kommt zu dem Ergebnis, daß kein systematischer Zusammenhang zwischen Lohnspreizung und Dienstleistungsbeschäftigung feststellbar ist. Die Beschäftigungsquote Großbritanniens im Dienstleistungsbereich ist zwar die höchste in EU-Europa und das korrespondiere mit der stärksten Lohnspreizung. Spanien, das nach Großbritannien die ungleichste Einkommensstruktur aufweise, habe jedoch den am geringsten entwickelten Dienstleistungssektor und andere Länder, wie Schweden und Dänemark, haben hohe Dienstleistungsanteile in Kombination mit geringer Lohnspreizung.

Auch für einzelne Sektoren, wie das Versicherungsgewerbe, die Unternehmensdienstleistungen, das Kreditgewerbe und dem Einzelhandel, lassen sich solche Beziehungen nicht feststellen. Ein leichter Zusammenhang ist nur im Gaststättenbereich erkennbar, wobei es auch hier kontrastierende Beispiele gibt (zum Beispiel Großbritannien und Frankreich).

Die EU schlußfolgert, „daß niedrige Lohnsätze und breite Lohnstreuung im allgemeinen nicht mit hohen (oder niedrigen) Beschäftigungsquoten in der Europäischen Union einhergehen. Falls ein solcher Zusammenhang besteht, wird er durch andere Einflüsse verdeckt, die zusammengenommen stärker sind als die Auswirkungen der Lohnstreuung. Ein solcher Einfluß kann unter anderem das relative Produktivitätsniveau sein". Die Hauptthese von Streeck/Heinze, daß zwischen dem Niveau der Beschäftigung im privaten Dienstleistungssektor und dem Ausmaß der Lohnunterschiede zwischen Individuen und Branchen, der gesamtwirtschaftlichen Lohnspreizung, im internationalen Vergleich ein eindeutiger Zusammenhang besteht, ist wenig belastungsfähig.

Einige der anderen von der EU angesprochenen Einflußgrößen sollen genannt und in vier Einwänden gegen die viel zu pauschale These von der Kostenkrankheit der Dienstleistungsnachfrage zusammengefaßt werden:

Erstens werden durch Preissenkungen bei den rationalisierungsintensiven Produktionsgütern und die Sättigung der Nachfrage nach Industrieprodukten Einkommensbestandteile frei, die zusätzlich für Dienstleistungen ausgegeben werden können. Ganz ähnlich, wie wir für Nahrungsmittel heute nur einen kleinen Teil unseres Einkommens ausgeben, während dies im letzten Jahrhundert noch bei weitem der wichtigste Ausgabenposten war, wird der Anteil der Ausgaben für Industrieprodukte zurückgehen. Sicherlich wird es einige Zeit dauern, bis sich die Bereitschaft entwickelt, für professionelle Dienstleistungen Geld auszugeben. Eine solche Umschichtung der Ausgaben läßt sich in den letzten Jahren jedoch bereits beobachten. Die Haushalte geben heute weit mehr für Weiterbildung, Gesundheit, Urlaub, Restaurants, Unterhaltung etc. aus als noch vor wenigen Jahren. Diese Nachfrageverschiebung ist in den deutschen Beschäftigungsstatistiken nur teilweise erkennbar. Denn die Deutschen tauschen in der internationalen Arbeitsteilung Industriegüter, die exportiert werden, gegen Dienstleistungen auf ihren Urlaubsreisen ins Ausland.

Zweitens sind viele Dienstleistungtätigkeiten rationalisierbar. Man denke nur an viele Tätigkeiten in den Banken oder Versicherungen, die sich heute mit Hilfe der neuen Informations- und Kommunikationstechnologien wesentlich effektiver erledigen lassen als in der Vergangenheit. Selbst im Bereich haushaltsnaher Dienstleistungen sind überraschende Rationalisierungssprünge möglich. Der dänische Wissenschaftler Esping-Andersen nannte noch vor wenigen Jahren die hohen Preise für Hemdenbügeln in Deutschland im Vergleich zu den USA als ein Beispiel für die Unmöglichkeit, hier einen Dienstleistungssektor zu entwickeln. Inzwischen ist es durch die Mechanisierung des Hemdenbügelns zu einem Preisverfall um 50vH (von 6,— auf 3,— DM) gekommen, was die Nachfrage beträchtlich angeregt hat. Durch gelegentlich auch sehr überraschende und heute noch nicht absehbare Erfindungen werden sich auch künftig scheinbare rationalierungsresistente Dienstleistungen verbilligen, womit Raum für Nachfrage nach anderen - rationalisierungsresistenteren - Dienstleistungen geschaffen wird.

Drittens sind gerade die stärker rationalisierungsresistenten persönlichen Dienstleistungen „Vertrauensgüter". Die Kunden begeben sich sprichwörtlich in die Hand des Anbieters - man denke nur an Kindererziehung oder die Pflege - und fragen eine Dienstleistung nur nach, wenn die Anbieter ihnen vertrauenswürdig erscheinen und Qualität bieten. „Satt und Sauber" ist in der Kindererziehung und im Pflegebereich allenfalls das Mindestniveau und nicht ausreichend. Gerade wenn in einer Gesellschaft das Bildungsniveau steigt, wachsen auch die Anforderungen an die Qualität von Dienstleistungen. Deshalb entstehen Märkte für professionalisierte, qualitativ hochwertige Angebote, die natürlich auch bezahlt werden müssen. Persönliche und soziale Dienstleistungen sind daher nur zum geringen Teil gering qualifizierte Tätigkeiten. Über 80vH der fast 1,1 Mio Arbeitskräfte, die in Deutschland in der Pflege beschäftigt sind, haben eine abgeschlossene Berufsausbildung.

Es geht also im Kern um einen Niedriglohnsektor auch für qualifizierte Arbeit. In der Niedriglohndebatte wird implizit angenommen, daß man noch recht lange qualifizierte weibliche Arbeit schlecht bezahlen kann. Denn es sind vor allem Frauen, die im Dienstleistungsbereich und mehr noch in den persönlichen und sozialen Dienstleistungen arbeiten (Tabelle 2). Dies ist dauerhaft bei einer stärkeren Integration der Frauen in den Arbeitsmarkt und wachsenden Ansprüchen an eine eigene Existenzsicherung nicht machbar. Die qualifizierten Kräfte werden die Niedriglohnbereiche verlassen und der Nachwuchs bleibt wegen der geringen Bezahlung aus. Die hohen Fluktuationsquoten und der permanente Personalnotstand im Pflegebereich ist schon heute unübersehbar.

Tabelle 2: Anteil der Beschäftigten im Dienstleistungssektor in v.H. aller Beschäftigten nach Geschlecht 1997

	Männer	Frauen	Zusammen
DK	58,60	84,10	70,10
D	50,30	78,60	62,20
F	58,00	82,20	68,80
E	51,80	80,30	61,80
NL	63,30	88,30	73,40
S	57,20	86,70	71,30
UK	59,50	85,70	71,20

Quelle: EU, Beschäftigung in Europa 1998, Luxemburg, 1999 *G. Bosch   IAT 99*

Viertens schließlich wird die Expansion einfacher haushaltsnaher Dienstleistungen in Deutschland durch die Barriere „Eigenarbeit" gebremst. Aufgrund der kurzen Arbeitszeiten in Deutschland bleibt Zeit, viele Tätigkeiten im Haushalt und darüber hinaus selbst zu erledigen. Die

Deutschen sind Weltmeister im „Do-it-yourself". In Japan mit seinen langen Arbeitszeiten hingegen gibt es kaum Baumärkte. Dort bestellen die Frauen den Handwerker, da die Männer keine Zeit für solche Tätigkeiten haben. Wenn man alle Tätigkeiten über den Markt abwickeln wollte, müßte man die Arbeitszeiten in Deutschland drastisch erhöhen, um den Haushalten die Zeit für diese „Subsistenzarbeiten„ zu nehmen. Dieser Zusammenhang ist etwa der bayrisch-sächsischen Zukunftskommission nicht sichtbar geworden, die gleichzeitig einen Niedriglohnsektor für Dienstleistungstätigkeiten und mehr Eigen- und Bürgerarbeit vorschlägt.

Der hohe Eigenarbeitsanteil in Deutschland hängt freilich auch mit den Familienstrukturen zusammen. In Ländern mit hohen Dienstleistungsanteilen an allen Beschäftigten liegt der Anteil der Haushalte mit einem männlichen Alleinverdiener deutlich niedriger als in Ländern mit einem niedrigen Dienstleistungsanteil. In Spanien sind Haushalte mit einem männlichen Alleinverdiener mit 59,2vH aller Paarhaushalte mit mindestens einem Verdiener das dominierende Modell. In Großbritannien liegt dieser Prozentsatz bei 21,4vH. Dies ist vielleicht der entscheidende Grund, warum Spanien trotz einer fast ebenso ausgeprägten Lohndifferenzierung wie Großbritannien einen weniger entwickelten Dienstleistungssektor hat. Westdeutschland hat im Vergleich zu Ländern mit höheren Dienstleistungsanteilen mehr Haushalte mit männlichen Alleinverdienern und weniger Haushalte mit Paaren, die beide Vollzeit arbeiten (Tabelle 3).

Tabelle 3:   *Verteilung der Paarhaushalte mit mindestens einem Verdiener in %,* 1997

	Männliche Alleinverdiener	Beide Vollzeit	Mann VZ / Frau TZ	Sonstige
West-	33,70	30,20	24,20	11,90
Ost-Deutschland	25,40	45,20	14,00	15,40
Niederlande	34,60	13,40	37,60	14,50
Spanien	59,20	25,30	5,10	10,40
Großbritannien	21,40	33,80	31,60	13,20
Finnland	23,20	48,00	6,40	22,40

Quelle: EU-Arbeitskräftestichprobe / Sonderauswertung   *G. Bosch IAT 1999*

Der Schlüssel zur Entwicklung bezahlter sozialer und persönlicher Dienstleistungen liegt also in der Transformation von unbezahlter in bezahlte Arbeit, im Outsourcing von Haushaltstätigkeiten vor allem infolge steigender Erwerbstätigkeit der Frauen. Wenn diese Argumentation zuträfe, müßte man die nationalen Unterschiede im Beschäftigungsniveau bei den persönlichen und sozialen Dienstleistungen durch das unterschiedliche Niveau der Frauenerwerbstätigkeit erklären können.

Einen solchen Zusammenhang kann man tatsächlich nachweisen. Das Niveau der Frauenerwerbstätigkeit wird durch die Beschäftigungsquote nach Vollzeitäquivalenten gemessen. Das sind die unterschiedlichen Teilzeitanteile und durchschnittliche Stundenzahlen von Teilzeitbeschäftigten in den verschiedenen europäischen Ländern auf ein gemeinsames Maß gebracht. Die Beschäftigungsquote im Dienstleistungssektor wurde als Anteil der in diesem Sektor beschäftigten Arbeitskräfte an der Bevölkerung im erwerbsfähigen Alter gemessen. Dabei wurde zwischen den Beschäftigungsquoten im Dienstleistungssektor insgesamt und bei den persönlichen und sozialen Dienstleistungen (Erziehung und Unterricht, Gesundheits-, Veterinär- und Sozialwesen, Interessenvertretungen, Unterhaltung, persönliche und andere Dienstleistungen, private Haushalte) unterschieden. Beide Zahlenreihen beruhen auf Daten von EUROSTAT, dem statistischen Amt der EU.

Es zeigten sich hohe Korrelationen zwischen dem Niveau der Frauenerwerbstätigkeit einerseits und den beiden Beschäftigungsquoten im Jahre 1997. Die Korrelation zwischen dem Niveau der Frauenerwerbstätigkeit und der Beschäftigungsquote im Dienstleistungssektor liegt bei R = 0.628. Die Korrelation zwischen dem Niveau der Frauenerwerbstätigkeit und den persönlichen und sozialen Dienstleistungen liegt sogar bei R = 0.708, womit 0.502 der Varianz erklärt werden (Schaubild 4). Die Korrelation zwischen dem Niveau der Frauenerwerbstätigkeit und der Beschäftigungsquote im gesamten Dienstleistungssektor verschwindet ganz, wenn man die Beschäftigungsquote bei den persönlichen und sozialen Dienstleistungen kontrolliert. Dies heißt, daß es keinen Zusammenhang zwischen dem Niveau der Frauenerwerbstätigkeit und den eher unternehmensnahen Dienstleistungen, wohl aber einen sehr engen Zusammenhang mit den persönlichen und sozialen Dienstleistungen gibt.

Das Argument der Kostenkrankheit taugt zwar nicht zu einer Erklärung der Beschäftigungsquoten bei den persönlichen und sozialen Dienstleistungen. Dies hat Baumol in seinem berühmten und häufig mißbrauchten Aufsatz von 1967 auch nie behauptet. Er wollte nicht die Notwendigkeit eines Niedriglohnsektors begründen, sondern er hatte ein soziales Anliegen, was in der heutigen Debatte über Niedriglöhne völlig verloren gegangen ist. Wenn gerade die öffentlichen Dienstleistungen unter der Kostenkrankheit leiden und sich mit der Verstädterung soziale Probleme in solchen Räumen kumulieren, geraten die Städte in Finanznot. Öffentliche Dienstleistungen können nicht mehr finanziert werden, was den sozialen Zerfall der Gesellschaft fördert.

Schaubild 4:

Der Zusammenhang
zwischen Frauenerwerbstätigkeit und Beschäftigungsquoten
in den persönlichen und sozialen Dienstleistungen in der EU 1997

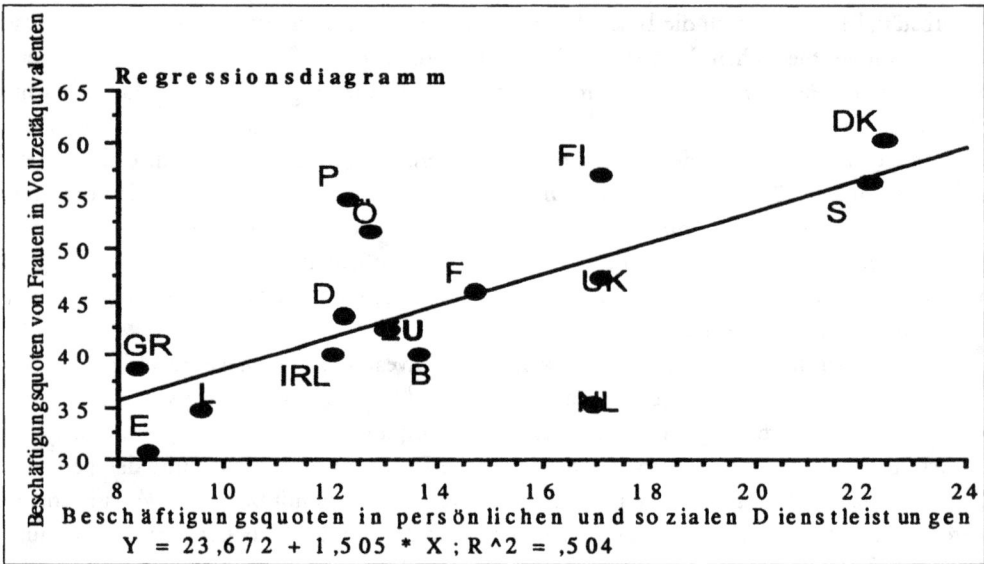

Quelle: Europäische Kommission, Beschäftigungsleistung in den Mitgliedstaaten.
Bericht über die Entwicklung der Beschäftigungsquoten 1998, Luxemburg, 1999
Bosch IAT 1999

Unter der Kostenkrankheit - und das hat Baumol mehr geahnt, als klar formuliert, leiden insbesondere öffentliche Dienstleistungen. Durch die Veränderung der traditionellen Haushaltsstrukturen und die wachsende Bedeutung von Bildung in der Wissensgesellschaft werden solche Dienstleistungen immer universeller nachgefragt und zählen zu den unverzichtbaren Grundbedürfnissen. Die Aussage, daß der Markt das wichtigste arbeitsmarktpolitische Instrument beim Übergang zur Dienstleistungsgesellschaft ist, ist nur die halbe Wahrheit. Wenn bei gesellschaftlichen elementaren Dienstleistungen nicht eine Grundversorgung garantiert ist, werden die sozialen Differenzierungen steigen. Der hochwertigen Kinderbetreuung mit Hausaufgabenhilfe und frühzeitigem Fremdsprachenunterricht wird dann die Vernachlässigung von Kindern in anderen Schichten gegenüberstehen. Das Schulsystem wird sich durch die Privatisierung von Schulen bzw. die zunehmende Differenzierung ihrer Qualität je nach Schulform oder Stadtteil auseinanderentwickeln. Gerade weil hier so viele öffentliche Interessen an der Sicherung sozialen Zusammenhalts im Spiel sind, ist eine der wichtigen Zukunftsfragen, wie man eine universelle Versorgung lebenswichtiger Dienstleistungen mit bestimmten Mindeststandards sichern kann.

Hier gibt es ein Spektrum von Lösungen. Bestimmte Grundgüter, wie schulische Bildung müssen weiterhin in hoher Qualität ohne Kostenbeitrag zur Verfügung gestellt werden. Die solidarische Umlage wie bei der Pflegeversicherung oder das öffentliche Angebot von Dienstleistungen mit Gebühren, die nach der Einkommenssituation, wie bei den Kindergärten, gestaffelt sind, zeigen Möglichkeiten für unterschiedliche Typen privater Kostenbeteiligung auf. Man kann auch an Gutscheine für bestimmte Dienstleistungen, etwa für Haushaltshilfen für Ältere, die ebenfalls einkommensabhängig gewährt werden, denken.

6 „Nicht ständig Qualität gegen Quantität tauschen"

In einer komplexer werdenden Welt wächst die Sehnsucht nach einfachen Antworten, die immer wieder gerne bedient wird. Simple Antworten sind zwar gelegentlich bestseller-verdächtig, meist aber falsch. Es gibt wenig Anhaltspunkte, daß durch eine größere Lohnspreizung in Deutschland das amerikanische Beschäftigungswunder kopiert, die Arbeitslosigkeit unqualifizierter Beschäftigter vermindert oder die Expansion des Dienstleistungssektors verursacht werden kann. Lohnspreizung dem verarbeitenden Gewerbe als Antwort auf den globalen Wettbewerb zu empfehlen, ist sogar kurzfristig beschäftigungspolitisch schädlich. Ein großvolumiger Dienstleistungssektor, wie in den USA, wo jede Person im erwerbsfähigen Alter mit 1463 Jahresstunden rund 500 Stunden mehr bezahlte Arbeit als in Deutschland leistet, läßt sich einer do-it-yourself Gesellschaft nicht und auch nicht durch billigere Angebote aufpropfen. Problematisch in der Debatte ist vor allem die Verkürzung der Beschäftigungspolitik auf eine Größe, nämlich die Lohnspreizung und die Vernachlässigung vieler anderer Handlungsfelder vor allem der Makroökonomie und der Innovationspolitik. Wenn aber zentrale Zukunftsaufgaben aus der Debatte herausgedrängt werden, werden Niedriglohn- und Innovationsstrategien unvereinbar.

Unsere Analyse zeigte aber auch, daß die Niedriglohndebatte einen realen Kern hat. Unqualifizierte Arbeitskräfte haben es schwerer als andere, einen Arbeitsplatz zu finden und es gibt Dienstleistungsbereiche, die sich wegen ihrer „Kostenkrankheit" nur unzureichend entwickeln. Auf diese Probleme muß man gezielt reagieren. Hier sind besondere arbeitsmarkt- und beschäftigungspolitische Strategien für besondere Personengruppen notwendig. In einzelnen Fällen, wie bei Behinderten sind auch dauerhafte Subventionen angebracht, da diese Beschäftigung in der Regel keine ausreichende Produktivität erreichen wird. Wenn aber Dienstleistungen, die aus Gründen der sozialen Gerechtigkeit, der Herstellung gleicher Lebenschancen und der Vermeidung sozialer Polarisierung allen Bevölkerungsgruppen unabhängig von ihrer Einkommenslage zugänig sein müssen, unter der „Kostenkrankheit" leiden, sind Niedriglohnstrategien der falsche Weg. Die Qualität der angebotenen Dienstleistungen würde sich dann entlang der Kaufkraft differenzieren. Es gäbe gute und sehr schlechte Bildungsangebote oder gute und schlechte Pflege und die Gesellschaft würde auseinanderdriften. Eine der bedeutsamen negativen Nebeneffekte der Niedriglohndebatte ist, diese elementaren Zukunftsfragen aus der politischen Diskussion verbannt zu haben.

Man sollte daher viel mehr über die Langfristwirkungen beschäftigungspolitischer Strategien nachzudenken. Die Zukunft der Erwerbsarbeit hat aber leider heute bei vielen Zukunftsforschern schlechte Karten. Durch vage Versprechungen, kurzfristig mehr Arbeitsplätze zu schaffen, wird die Qualität der Beschäftigung und auch der angebotenen Dienstleistungen vernachläßigt. Eine wachsende Lohnspreizung und die damit einhergehende soziale Polarisierung werden die Anreize zur Qualifizierung bei Unternehmen und Beschäftigten vermindern, das Innovationstempo und den künftigen Wohlstand verringern sowie den sozialen Zusammenhalt gefährden. Qualität gegen Quantität kann man aber allenfalls auf kurze Sicht tauschen. Langfristig gehört beides in der Umwelt- und Strukturpolitik ebenso wie auf dem Arbeitsmarkt zusammen.

Man sollte lieber beten

Die Zauberformel des Genoms darf uns nicht betäuben

Erwin Chargaff

Ich möchte nicht leugnen, daß die Lektüre des Genoms eine großartige Leistung ist. Aber unser Urteil darf durch den Heidenlärm der überstürzten Verkündigung nicht beeinflußt werden. Vorläufigkeit ist die Seele der naturwissenschaftlichen Erkenntnisse, sonst würden sie eingehen. Wie Collins einmal sagte, sind sie eigentlich nichts als eine Aneinanderreihung von Irrtümern. Aber die Vorläufigkeit hat sich in Beiläufigkeit verwandelt, wie die Präsentation eines Rohentwurfs des menschlichen Genoms besonders klar vor Augen geführt hat.

So habe ich es nicht gemeint, als ich das Dämmern einer Grammatik der Biologie am Horizont zu sehen glaubte. Jede Wissenschaft hat ihren eigenen Komment. Aber die unumstößliche Grundlage aller positivistischen Forschung sollte sein, daß sich Experimente, die an die Öffentlichkeit dringen, bereits als wiederholbar erwiesen haben. Und das ist bei der am Montag publizierten Genomsequenzierung natürlich nicht der Fall. Was jetzt schwarz auf weiß geschrieben steht, könnte sich plötzlich als Rosa oder Blue Genes erweisen. Die Redlichkeit ist aus meinem Fach verschwunden. Es geht alles viel zu schnell.

Im zwanzigsten Jahrhundert ist historisch sehr viel passiert. Der Zweite Weltkrieg hat gezeigt, daß man mit allen Menschen alles tun kann. Das hat zu einer Schwächung aller Religionen, zu einem Mißtrauen gegen die Philosophie und gegen die Naturwissenschaft geführt. Die großen Namen sind aus ihr verschwunden. Zum Typus des klassischen Wissenschaftlers gehören Geduld und Präzision. Heute verwandelt man ungesicherte Rohfassungen in Sensationen. Wahrscheinlich, weil es in unserer Zeit nichts wirklich Großes mehr gibt. Das Große ist ja nicht das augenfällig Imposante. Im Gegenteil.

Bis vor ein paar Jahren ist man in die Wissenschaft wie in ein Kloster eingetreten. Ehrgeiz und Gier hatten in ihr nichts zu suchen. Die Entdeckungen Gregor Mendels, der ein Mönch war, blieben jahrzehntelang unbemerkt. Zur klösterlichen Sinnesausrichtung gehörte nicht in erster Linie die Abstinenz gegenüber der Erforschung des Lebendigen, sondern die Scheu, so möchte ich sagen, vor dem geistigen Eingriff in das Leben. Mendel hat auch seine Versuche gemacht, aber er hatte sie nicht als instrumentellen Zugriff angesehen. Mit seinem Tun wollte er Gottes Taten auslegen. Er würde sich schütteln, wenn er sähe, was heute geschieht.

Eine gewisse Unschuld ist ganz aus meinem Fach verschwunden. Für junge Leute mag die naturwissenschaftliche Arbeit selbst noch Befriedigung bieten. Sie gehen darin auf, werden aber bald rüde geweckt, wenn sie feststellen, daß der eigene Doktorvater ihnen die Ideen stiehlt. Der Schwindel in der Wissenschaft ist etwas Neues, das erst gegen Ende meiner Dienstzeit aufkam. Es mag noch andere Wissenschaftler geben, über die liest man nicht in der Zeitung. Mein Skeptizismus ist letztlich ästhetisch-ethischer Natur: Die Ethik der Ehrlichkeit geht mit der Ästhetik der Wiederholbarkeit einher. Dem Prinzip der Natur, den größten Effekt mit den geringsten Mitteln zu erzielen, wurde bei diesem etliche Telefonbücher dicken Abdruck von vier Buchstaben noch nicht entsprochen.

Ich vermisse die Eleganz bei der Präsentation des Genoms. Die geistige Anstrengung, die in die Genomanalyse gegangen ist, war nicht sehr groß. Es handelte sich eher um mechanisches Registrieren, dem Molekularbiologen, Biophysiker, Genetiker und Computerfachleute viele Jahre ihres Lebens opferten. Was sie erbaut haben, ist pure Masse: ein Klotz wie die Cheopspyramide, kein verwendbarer Schlüssel. Die ägyptischen Pyramiden sind zwar ein Riesenwerk Weltwunder, aber keine Kunstwerke.

Tausende von Menschen haben sie unter Qualen errichtet. Und nun liegen sie herum und machen nicht viel Freude. Da die Genforschung nicht mehr in den Händen der Wissenschaft oder der Politik, sondern in denen der Ökonomie liegt, wird eine wirtschaftliche Rezession, wie sie in absehbarer Zeit durchaus möglich ist, den ganzen Wissenszweig zum Stillstand bringen. Die Pyramiden waren wenigstens fest gebaut. Aber das Genom wird einfach verschwinden.

Meine Bewunderung für die Genomprojekte ist dieselbe, die ich der Niederschrift der Thorarolle entgegenbringe. Ob das heroische Unternehmen wirklich abgeschlossen ist, kann ich nicht sagen. Es ist nicht unwahrscheinlich, daß man den Abschluß einfach vor dem 4. Juli verkünden wollte, an dem die Sommerschlafperiode im amerikanischen Leben beginnt. Trotzdem glaube ich, daß das Trompetengeschmetter vorzeitig war. Wir wissen noch sehr wenig. Bei einem solchen Sammelsurium von Informationen, die ja im Kern nur aus vier Buchstaben bestehen, ist eine Verwechslung oder ein Irrtum sehr leicht möglich. Zwischen dem mechanischen Lesen eines Buches und dem Verstehen seines Inhalts liegt ja eine riesige Spanne, so daß Resultate nicht vor der Mitte des Jahrhunderts zu erwarten sein dürften.

Bisher gehen Milliarden in eine Forschung, die keine Gedanken erzeugt. Wie stellt man sich diese neuen Medikamente vor? Sollen sie das defekte Gen kopieren und nach der homöopathischen Methode darauf einwirken? Es gibt zwar schon eine Reihe gentherapeutischer Institute in Amerika, aber der einzige Erfolg bisher war, daß ein Mann gestorben ist. Gesetzt den Fall, man liest an einem Stück von zwanzig oder fünfhundert Nukleotiden ab, daß dies das Gen für eine bestimmte Krankheit sei, so ist man ja noch weit davon entfernt, es erfolgreich zu manipulieren.

Denn man müßte ja auch wissen, wie dieses Biest sich überhaupt benimmt, auf welche Weise es genau die Synthese der Proteine lenkt. Hier warten große Entdeckungen, aber sie werden nicht gemacht. Ich glaube nicht an die fünfundneunzig Prozent so genannten Mülls im Erbgut, und ich halte es für möglich, daß die Gene gar nicht mal so wichtig sind. Es gibt ja nicht das geringste Anzeichen, daß sie etwas mit geistigen Tätigkeiten zu tun haben. Sie bestimmen die Haarfarbe und die Verdauung. Hitler brauchte kein besonderes Gen, um Auschwitz auf die Beine zu stellen. Obwohl die Neue Wissenschaft durchaus ihr destruktives Potential hat.

Dieser ungeheure Lärm, dieses Trompetengeschmetter, diese Empfänge im Weißen Haus haben mich an die Zeit erinnert, als man die Nuklearenergie mit ähnlichen Versprechungen eines goldenen Zeitalters eingeläutet hat. Und eigentlich das einzige, was davon geblieben ist, ist Hiroshima. Erst kamen die Genies und dann die gefährlichen Zwerge. Jetzt werden Feiern abgehalten, wenn ein nuklear betriebenes Werk abgerissen wird. Ich bin überzeugt, daß es in absehbarer Zeit weitere Paradigmenwechsel geben wird, die den aktuellen Genom-Ansatz am Wege liegen lassen. Hat die Menschheit erst einmal die realen Grenzen der Wunderheilung durch Biochemie erkannt, wird sie an ganz anderen Stellen anzupochen versuchen.

Wer weiß, vielleicht hilft intensives Beten. Mein Arzt sagte neulich, einem seiner Patienten solle es geholfen haben. Aber so ein Versuch läßt sich schlecht wiederholen.

Die Vorsilbe des Jahrhunderts

Über einige Besonderheiten der Forschung zwischen 1900 und 2000

Ernst Peter Fischer

Als die moderne Wissenschaft vor rund 400 Jahren ins Rollen kam, behauptete sie, etwas Neues zu sein. Sie zierte sich mit dem entsprechenden Attribut. Johannes Kepler etwa schrieb eine „Astronomia nova", Francis Bacon konzipierte ein „Novum Organum" und stellte sich ein „Neu-Atlantis" vor, und Galileo Galilei entwarf einen Dialog über die „neue Wissenschaft", die den Himmel zum ersten Mal mit Fernrohren betrachten konnte. Damals war tatsächlich vieles neu, wobei vor allem der folgenreiche Gedanke herausragte, daß sich die Lebensbedingungen der Menschen verbessern lassen, wenn man sich mit den rationalen Methoden des Forschers darum bemühte. Die Natur ließ sich von dem nutzen, der sie verstand. Sein Wissen war seine Macht, und mit ihm konnte die Zukunft gestaltet werden. Die Menschen blickten jetzt nach vorne. Jeder wissenschaftliche Fortschritt wurde als humaner Fortschritt verstanden und entsprechend begrüßt und gefördert.

Das Neue im 20. Jahrhundert sieht etwas anders aus. Es besteht unter anderem in der Einsicht, daß dieser Gedanke der Gründerzeit die modernen Vertreter der Wissenschaft eher alt aussehen läßt. Der wissenschaftlich-technische Fortschritt wird nicht mehr als Verheißung empfunden, auf die alle warten, sondern als Schicksal hingenommen, dem niemand ausweichen kann. Hier steckt die folgenreichste Wende unserer Geschichte, die unbedingt verstanden werden muß, wenn Wissenschaft – und mit ihr die Gesellschaft – Zukunft haben soll. Wer wirklich innovativ sein will, muß den traditionell gefeierten Fortschritt überwinden und versuchen, wieder so auf den Menschen zu schauen, wie es die Alten zu tun vorhatten und getan haben. Wirklich neu wäre jetzt das Alte, nämlich die Wissenschaft so zu gestalten, daß die Menschen spüren, von ihr gemeint zu sein.

Unstetigkeit und mehr

Die Wissenschaft im 20. Jahrhundert hat sich aber nicht nur in ihrer ethischen Ausrichtung grundlegend geändert. Sie hat auch konzeptionell einen tiefgreifenden Wandel vollzogen, der selbst die zahlreichen überragenden Einzelleistungen an Bedeutung übertrifft – genannt seien als Beispiele die Relativitätstheorien, die Entwicklung der Laser, der Transistoreffekt, die Quantenelektrodynamik, die Enzymchemie, die Elektronenmikroskopie, die elektronische Datenverarbeitung, die Chemiosmotische Hypothese, die Plattentektonik, die Doppelhelix und das Verstehen der Proteinbiosynthese. Ausgedrückt werden kann die eigenartigste und auffälligste Tendenz der Wissenschaft durch eine Reihe von zusammengehörenden Konzepten, die alle dieselbe Vorsilbe haben, nämlich „un". Es geht unter anderem um Unstetigkeit, Unbestimmtheit, Unsicherheit, Unvorhersagbarkeit und Unentscheidbarkeit:

Das 20. Jahrhundert beginnt mit der Entdeckung einer fundamentalen *Unstetigkeit* in der Physik, dem Quantum der Wirkung, das früher oder später das Gebäude der klassischen Physik zum Einsturz bringen wird. Bei der Untersuchung der Wechselwirkung von Licht und Materie wird zur allgemeinen Überraschung durch Max Planck erkannt, daß Atome keine kontinuierlichen Zustände durchlaufen, sondern sich sprunghaft ändern, wenn sie Energie einfangen. Die Biologie zieht zur gleichen Zeit mit ihrer eigenen Form der *Unstetigkeit* nach, indem sie quantenartig auftretende und deutlich sichtbare Mutationen der Lebensformen ins Visier nimmt und mit ihrer Hilfe die Erbgesetze ins allgemeine Bewußtsein rückt und der Wissenschaft zugänglich macht.

Der doppelten Unstetigkeit folgt die nachhaltige Erkenntnis einer *Unbestimmtheit*, die Werner Heisenberg 1927 mathematisch präzise formuliert, und zwar mit Hilfe von *Ungleichungen*. Sein Lehrer Niels Bohr sichert diese *Unschärfe* (englisch *uncertainty*) philosophisch mit dem Prinzip der Komplementarität ab, das auf die *Unvermeidlichkeit* von Widersprüchen hinweist. In diesem gedanklichen Rahmen, den Historiker gerne als Kopenhagener Deutung der Quantentheorie bezeichnen, wird festgestellt, daß die Eigenschaften von Atomen und kleineren Einheiten der Materie solange unbestimmt bleiben, solange keine Messung von ihnen erfolgt. Anders und auf unsere Zwecke hin ausgedrückt: Es gibt eine *Untrennbarkeit* von Beobachter und Beobachtetem - trotz jahrhundertelanger Bemühungen der klassischen Physiker um eine vollständig objektive Beschreibung der Wirklichkeit, die ohne Hinweis auf ein Subjekt auskommen sollte.

Diesem wegweisenden Durchbruch der Physik stellte die Mathematik Anfang der dreißiger Jahre durch Kurt Gödel die Idee der *Unentscheidbarkeit* an die Seite, die in den Zeiten des Zweiten Weltkriegs durch die Entdeckung der *Unlösbarkeit* von Berechnungsaufgaben konkretisiert wird, wie sie vor allem mit dem Namen von Alan Turing verbunden ist. Gödel zeigte, daß sich in axiomatischen Systemen Sätze formulieren (Behauptungen aufstellen) lassen, die innerhalb des gegebenen Rahmens weder bewiesen noch widerlegt werden können. Als konkretes Beispiel läßt sich heute die Frage anführen, ob es nur wenige oder unendlich viele Formen der *Unendlichkeit* gibt. Die Antwort lautet, daß dies kein Mathematiker entscheiden kann. So seltsam es auch klingt, aber die Welt der Zahlen steckt voll von *Unbeweisbarkeiten*, wie man es sich zum Ende des 19. Jahrhunderts nicht hat träumen lassen (wobei diese Aussage selbst ebenso bewiesen ist wie die Unbeweisbarkeit der Zufälligkeit einer Zahlenfolge).

Die Biologie kommt natürlich noch lange nicht in solche theoretischen Höhen, aber es ist klar, daß auch sie die kleine Vorsilbe beanspruchen kann und zum Beispiel mit der *Unvollständigkeit* der Evolutionstheorie leben muß, die ja nicht als allgemeines Gesetz existiert, sondern jeden Einzelfall von Anpassung erklären muß.

Die Wissenschaftsphilosophie bringt – unter der Anleitung von Karl Poppers Logik der Forschung – den Menschen bei, daß Wissen vor allem durch *Unsicherheit* ausgezeichnet ist, und zwar gerade dann, wenn es mit wissenschaftlichen Mitteln (also durch experimentelle Überprüfung) gewonnen worden ist. Man kann nie sicher sein – so die Einsicht Poppers -, daß es nicht doch Beobachtungen gibt, die eine Hypothese hinfällig werden lassen. Schon ein (hässliches) Beispiel reicht aus, um die (schönste) Annahme als falsch zu erkennen. Wir haben – gerade in der Wissenschaft – nie endgültiges, sondern immer nur hypothetisches Wissen und stecken gerade als Forscher voller *Ungewißheit*.

Als eine Art Krönung des zunehmenden Un-Sinns entwickelte die Physik in der zweiten Hälfte des 20. Jahrhunderts die Chaostheorie, die überzeugend die prinzipielle *Unvorhersagbarkeit* der Welt demonstrierte. Diese Unfähigkeit zur Prognose hat nichts mit der Unkenntnis von Gesetzen zu tun, sie hängt vielmehr mit dem seltsamen Befund zusammen, daß das Auftreten von Nichtlinearitäten – oder sollte man *Unlinearitäten bzw. Ungradlinigkeiten* als neue Wörter einführen? – in den Gleichungen dafür sorgt, daß sich *Ungenauigkeiten* nicht verlieren, sondern vervielfachen können. Die Determiniertheit von Vorgängen durch Naturgesetze führt deshalb nicht von selbst zu ihrer Vorhersagbarkeit (wie sich am schmerzlichsten bei Wetterberichten und den Verläufen von Börsenkursen bemerkbar macht).

Die *Unvorhersagbarkeit* der Zukunft hängt aber nicht nur von der ungradlinigen Komplexität der Wirklichkeit ab, sondern auch davon, daß das, was auf uns zukommt, immer mehr von dem beeinflußt wird, was wir wissen. Nun können wir zwar vieles wissen, nur nicht das, was wir in Zukunft wissen. Mit dem Wissen der Wissenschaft nimmt also das *Unwissen* über die Zukunft zu, wie erneut Karl Popper als erster erkannt hat (ohne damit den Rat zu verbinden, auf weiteres Wissen zu verzichten).

Als letztes Beispiel für die Wirksamkeit der Vorsilbe „un" sei auf ein logisches Thema hingewiesen. Eher noch unbemerkt von vielen Forschern macht sich seit einiger Zeit eine Alternative zur traditionellen Logik des Aristoteles breit, die als zweiwertig bezeichnet wird, weil sie dem Postulat frönt, das auf Latein „Tertium non datur" heißt. Entweder ist man pünktlich, oder man ist es nicht, wie Aristoteles klar gestellt hat, und ein Drittes gibt es nicht. Dies haben die Logiker so lange behauptet, bis einige ihrer Vertreter merkten, daß in den meisten Feststellungen soviel *Ungenauigkeit* steckt, daß eine vage Logik den Tatsachen besser Rechnung trägt. Eine „Fuzzy Logik" wurde etabliert, die versucht, Abstufungen zuzulassen und zum Beispiel berücksichtigt, daß man mehr oder weniger unpünktlich sein kann. Fuzzy Logik stellt dabei nicht den Versuch dar, unklar zu argumentieren. Sie bemüht sich vielmehr darum, die unvermeidliche *Unklarheit* vieler Begriffe (zum Beispiel pünktlich, klein, müde, mutig) ernst zu nehmen und trotzdem ein korrektes logisches Denken zu ermöglichen.

Umstände mit dem Un-Sinn

Die Wissenschaft hat sich nicht gerne auf diesen Weg eingelassen, der ja auf den ersten Blick kaum Klarheit verspricht und eher unbefriedigend wirkt. Tatsächlich haben einige der ganz Großen der Zunft versucht, Auswege zu finden. Sie haben gehofft, zu der guten alten Zeit des 19. Jahrhunderts zurückkehren zu können, als man nicht nur präzise herausfinden konnte, wie die Natur funktionierte, sondern als man auch klar sagen konnte, was da passierte. Max Planck, der Entdecker des Wirkungsquantums höchstpersönlich, hat versucht, seine Unstetigkeit wieder verschwinden zu lassen, um dem alten Prinzip Rechnung zu tragen, daß die Natur keine Sprünge macht. Und Albert Einstein, der seltsamerweise gerade deswegen mit dem Nobelpreis für Physik ausgezeichnet worden ist, weil er die *Unmöglichkeit* von Plancks Reparaturbemühungen nachweisen konnte, hat zwar gemerkt, daß es mit diesen Quantensprüngen zunächst keinen Boden mehr gab, auf dem man physikalisch stehen konnte. Als dann aber Heisenberg und Bohr anfingen, die gewohnte Determiniertheit der Wissenschaft durch eine unheimliche Unbestimmtheit der atomaren Wirklichkeit zu ersetzen, da protestierte auch Einstein mit aller Kraft, die sein Geist hergab. Dabei ist es zu einer besonders ironischen Wendung in der Geschichte der Physik gekommen, denn Einstein hat um 1935 als eine der Konsequenzen der Atomphysik die *Untrennbarkeit* (Verschränktheit) von Quantenobjekten wie Elektronen und Photonen vorhergesagt. Diese Qualität ist zwar heute zweifelsfrei nachgewiesen und sie wird auch nach ihm benannt – und zwar als „Einstein-Korrelation" -, aber es ist fraglich, ob sich Einstein darüber amüsiert hätte. Schließlich hat er die *Untrennbarkeit* nur deshalb vorgeschlagen, weil er solch ein unphysikalisches Zusammenhängen für absurd hielt. Doch die *Unteilbarkeit* der atomaren Wirklichkeit ist eine unbezweifelbare Tatsache. Man findet ein Ganzes, das gar keine Teile hat, wie die Einstein-Korrelation verdeutlicht.

Bekanntlich machen nur kleine Leute kleine Fehler, und der besonders große Einstein hat sogar zwei große Irrtümer in seiner Bilanz. Der zweite, den Einstein selbst „den größten Schnitzer meines Lebens" nannte, hat mit der Entscheidung zu tun, seinen Gravitationsgleichungen von 1915 etwas hinzuzufügen – das berühmte kosmologische Glied - , damit sie ein Universum beschrieben, das zeitlich stabil ist. Ohne diesen Zusatz hätte Einstein theoretisch die Expansion des Weltalls vorhersagen können, die am Ende der zwanziger Jahre aufgrund experimenteller Befunde (Beobachtung der Rotverschiebung durch Edwin Hubble) tatsächlich erkannt worden ist. Offenbar scheute Einsteins Psyche in diesem Fall vor dem *Ungleichgewicht* zurück, das er entdeckt hatte und das – wie wir heute wissen - die Wirklichkeit des expandierenden Kosmos besser beschreibt als das Gleichgewicht, das er sich wünschte.

Eine Form von Unmenschlichkeit

Wer will, kann Einstein einen dritten Fehler ankreiden, und zwar sein gescheitertes Bemühen um das, was er eine einheitliche Feldtheorie nannte. Der Gedanke der Vereinheitlichung durchzieht die Geschichte der Physik, seit James Clerk Maxwell um 1870 die getrennten Bereiche von Elektrizität und Magnetismus im Rahmen einer elektromagnetischen Theorie zusammenfassen und sie zur Erklärung von Licht und anderen Phänomenen nutzen konnte. Was Einstein anstrebte, war viel schwieriger, nämlich der Versuch, das unteilbar Kleine (das Quantum) mit dem unermeßlich Großen (dem Kosmos) in einer einheitlichen Beschreibung zusammenzuführen. Zwar ist er damit nicht fertig geworden – weil seine Theorien an den falschen Stellen zu *Unendlichkeiten* (Singularitäten) führen -, aber sein Traum lebt fort, und zwar in den Bemühungen, die in der Fachliteratur entweder von der „Theory of Everything" reden oder auf „Superstrings" hinweisen, die alles erklären sollen. So intelligent sich viele Vorschläge dabei erweisen, sie übersehen die wesentliche Vorsilbe des 20. Jahrhunderts, die eher eine *Uneinheitlichkeit* als der Weisheit letzten Schluß erwarten läßt. Tatsächlich müßte man etwas Diskretes (Plancks Quantum) und etwa Kontinuierliches (Einsteins Gravitationsfeld) verschmelzen, doch dem steht Bohrs Idee der Komplementarität entgegen. Sie ist zwar von philosophischer Natur, aber in jüngsten Experimenten hat sich erwiesen, daß sie tiefer reicht als die *Unbestimmtheit*, die physikalisch dazu gehört. In dem Augenblick, in dem man an den mathematischen *Ungleichungen* Heisenbergs vorbeikommt, beweist man zugleich die *Unhintergehbarkeit* der philosophischen Einsicht.

Es lohnt sich also, sie ernst zu nehmen. Es ist an der Zeit, Abschied von der Idee zu nehmen, daß sich eine einheitliche Theorie der Welt finden läßt. Dabei verlieren wir nichts und gewinnen viel. Wir gewinnen die Einsicht, daß sich – in den Worten von Bohr – Wahrheit und Klarheit nicht gleichzeitig erreichen lassen, wenn unter einer klaren Aussage etwas verstanden wird, das nicht gedeutet werden muß. Wahrheit und Klarheit sind komplementär, was man auch so ausdrücken kann: Wahrheit läßt sich nur poetisch formulieren, also mit den Mitteln der Kunst.

Spätestens an dieser Stelle fällt auf, daß das vergangene Jahrhundert diese Verbindung zwischen Wissenschaft und Kunst übersehen und aus den Augen verloren hat. Im 19. Jahrhundert war sie noch gegenwärtig, wie etwa das Beispiel von Alexander von Humboldt zeigt, der auf den Dreiklang aus Wissenschaft, Kunst und Humanität hingewiesen hat, der den eigentlichen Ton unserer Kultur ausmachen sollte. Das 20. Jahrhundert hat gezeigt, daß Wissenschaft ohne Kunst keine Orientierung mehr kennt und ihr Ziel – den Menschen - aus den Augen verliert und verfehlt. Wie deutlich zu spüren ist, geht die Wissenschaft vielfach am Menschen vorbei, und diese *Unmenschlichkeit* ist das Neue in der Welt. Unsere Aufgabe besteht darin, es alt werden zu lassen, und zwar mit Innovationen, die mit der Einsicht verbunden sind, daß das Neue in der Wissenschaft der Mensch sein muß. Wir müssen diesem alten Gedanken im 21. Jahrhundert eine neue Form geben – am besten mit Hilfe der Kunst.

Die verborgenen Quellen des Neuen

Kreativität und Planung im wissenschaftlich-technischen Fortschritt

Klaus Fischer

Seit die Wissenschaftshistoriographie sich mit dem Problem des Erkenntnisfortschritts beschäftigt, lebt sie mit einem Paradoxon. Keine der Basisinnovationen, die die Geschichte der Wissenschaften, der Technik und der Kultur bestimmt haben, wurde je auf der Grundlage eines genauen Planes, eines begutachteten Forschungsprojektes oder einer staatlichen Forschungsinitiative geschaffen. Die großen Durchbrüche der Wissenschaft - die „Revolutionen" in Astronomie, Physik, Chemie, Biologie und Medizin - sind ausnahmslos von weitblickenden Einzelpersonen erzielt worden, fern von den Geldtöpfen der Wissenschaftsförderer und oft im Dissens mit der wissenschaftlichen Gemeinschaft. In der Technik das gleiche Bild: Von der Druckerpresse über die Dampfmaschine, den Otto- und Dieselmotor, die elektrischen Maschinen bis zum Auto, Flugzeug und Computer waren die Pioniere Tüftler, die von einer Idee besessen waren und sie ohne Rücksicht auf wirtschaftliche Verluste und den Spott der Umwelt weitertrieben. Und dennoch, ungeachtet ihrer erwiesenen Unfähigkeit, das Neue hervorzubringen, fährt die staatliche Wissenschafts- und Technologiepolitik fort, ihre Mittel nach genau jenen Kriterien zu verteilen, von denen der Wissenschaftshistoriker weiß, daß die wirklich großen Erfolge von ihnen nicht zu erwarten sind.

Doch zählen diese Beispiele heute noch? Haben Wissenschaft und Technologie zu Beginn des 21. Jahrhunderts nicht eine neue Phase erreicht, in der die einsamen Genies und die verschrobenen Tüftler ausgedient haben? Sind wir nicht in die Epoche der „Technoscience" eingetreten, in der wir von der reinen Grundlagenforschung nicht mehr viel zu erwarten haben, und es nur noch darauf ankommt, das vorhandene Wissen in organisierter „Teamarbeit" zum Wohle von Wirtschaft und Gesellschaft „effizient" anzuwenden, zu rekombinieren, zu technisieren, zu transformieren und zu ergänzen? Diese Vorstellung, daß wir in der reinen Naturerkenntnis fast alles entdeckt haben, was es zu entdecken gibt, und es nur mehr um die Ausbeutung der gefundenen

Schätze geht, ist weit verbreitet. Ein Forschungsmanager: „Wir brauchen keine Erfinder mehr. Wir brauchen Geld und Ingenieure, um unsere Ideen und Konzepte umzusetzen" (DIE ZEIT, 31. März 1999, S. 35). In einer Auftragsstudie des Bundesbildungsministeriums (Wissens- und Bildungsdelphi), bei der tausend „Fachleute" u.a. zur Rolle der Wissenschaft in einer zukünftigen „Wissensgesellschaft" befragt wurden, kam heraus, daß man der zweckfreien Grundlagenforschung kaum noch eine Chance gibt. „Die meisten Wissensgebiete dienen der wirtschaftlich-technischen Leistungsfähigkeit, während kaum noch mit einer dynamischen Entwicklung des Wissens gerechnet wird, das zweckfrei aus Neugier entsteht" (Heike Schmoll, „Auf dem Weg in die Wissensgesellschaft", FAZ, 8. Juli 1998).

Grandiose Erfolge - geplatzte Träume

Die spektakulären Erfolge einiger technologischer Großprojekte des 20. Jahrhunderts scheinen diese Ansicht zu bestätigen. Die Mondlandung, Peenemünde, das Manhattan Projekt - waren dies nicht staatlich geförderte und mit großem administriellen und materiellen Aufwand durchgeführte Vorhaben, die die Effektivität der staatlich geplanten Technowissenschaft demonstrierten? Genügte es nicht, ein zielorientiertes Unternehmen großzügig auszustatten, eine große Anzahl fähiger Forscher anzulocken, für die nötige Ausstattung und Infrastruktur zu sorgen, eine fähige Organisation zur Planung des ganzen ins Leben zu rufen, und der Rest ergab sich (fast) von selbst? Obwohl diese Vorstellung heute von vielen Politikern, Kaufleuten und selbst von Forschungsmanagern und Sozialwissenschaftlern geteilt wird, ist sie falsch, wie sich anhand einfacher Gegenbeispiele zeigen läßt. Zumeist dezent verschwiegen wird, daß in der Bilanz staatlich geförderter wissenschaftlich-technologischer Großprojekte nicht nur Erfolge, sondern auch grandiose Fehlschläge zu finden sind. Hierzu zählt zum Beispiel die amerikanische „War-on-cancer"-Initiative der siebziger und achtziger Jahre, die die Geißel Krebs in einer koordinierten Gemeinschaftsanstrengung besiegen sollte. Die Wissenschaftler nahmen den Geldsegen dankbar auf, aber die Todesstatistiken haben sich seitdem kaum geändert. Mit einer Implosion der Erwartungen endete auch das japanische Projekt einer „fünften" Computergeneration. Mit großem Pomp 1982 verkündet, hat es zwar seine hochgesteckten Ziele um Längen verfehlt, dafür aber so nützliche Erfindungen hervorgebracht wie den bekannten mechanischen Hund, der etwas ungelenk, aber im übrigen wie ein richtiger Hund das Bein heben kann. Doch wozu?

Was unterscheidet die beiden Klassen wissenschaftlich-technologischer Großprojekte? War die Planung bei den Projekten der zweiten Gruppe fehlerhaft? Waren sie nicht hinreichend üppig ausgestattet? Mangelte es an der Motivation und den Fähigkeiten der Beteiligten? In beiden Fällen lautet die Antwort nein. Der Hauptunterschied zwischen den Erfolgen und den Flops wissenschaftlich-technologischer Großprojekte besteht darin, daß die Straße zum Erfolg im ersten Fall bereits durch die Grundlagenforschung bereitet war, während die entscheidenden operationalisierbaren Ideen im zweiten Fall fehlten.

Ideen kann man nicht planen

Wo sind die Quellen, aus denen der wissenschaftliche und technologische Fortschritt sich speist? Liegen sie in der Höhe der bereitgestellten Geldmittel, in der Menge der großen und teuren Geräte, der Zahl der Projekte und Stellen? Nein. Trotz einiger Erfolge bei der Suche nach neuen theoretisch postulierten Teilchen verhalfen die „Big machines" mit jeweils Tausenden von Mitarbeitern der Elementarteilchenphysik nicht zum geplanten Durchbruch zu einer neuen vereinheitlichten Theorie der grundlegenden Naturkräfte. Die Lösung ist noch nicht gefunden, aber wir ahnen heute, daß sie von einer ganz anderen Seite kommen könnte als zunächst vermutet, nämlich von der mathematischen Theorie der „strings", einer esoterischen Spezialität, zu deren Betrieb kein gigantischer Milliarden-Dollar-Beschleuniger, sondern nur das kleine menschliche Gehirn (einschließlich seiner Hilfsmittel wie Papier, Bleistift und PC) nötig ist. Was das große Brecheisen der „Big science" nicht schaffte, könnte einer filigranen „Small-science"-Idee im Handstreich gelingen. Jenseits einer moderaten Grundausstattung können alle materiellen Ressourcen eines nicht ersetzen: Ideen, Ideen, Ideen. In der Wissenschaft ist eine neue Idee wie der Funke, der den Zunder zum Glimmen bringt. Erst jetzt ist es sinnvoll, um im Bild zu bleiben, für die Zufuhr von Sauerstoff und Brennmaterial zu sorgen, um das Feuer zu entfachen - in der richtigen Dosierung, versteht sich.

Doch die Organisation der Forschung hat Tücken. Jede Organisation ist ein soziales Gebilde mit eigener Dynamik, das einer immanenten Sachlogik folgt, die selten mit der Sachlogik der Wissensentwicklung übereinstimmt. Sie entwickelt ein Eigenleben und weist ein beträchtliches Trägheitsmoment auf. Die historischen Erfahrungen zeigen, daß die Wissenschaft am besten gedeiht, wenn sie ihrem eigenen Impetus folgen darf und nicht in ein organisatorisches und planerisches Korsett gezwängt wird. Keiner weiß besser als der einzelne unabhängige Forscher, wo die interessanten und aussichtsreichen Probleme seines Spezialgebietes liegen, welches Wissen und welche Methoden man für ihre Lösung heranziehen könnte und nach welchen Kriterien die Lösungsvorschläge zu bewerten sind. Natürlich kann er sich irren - eine Garantie auf Erfolg gibt es nicht. Äußere Anreize können nützlich sein, doch ob sie Innovationen wesentlich beschleunigen, erscheint fraglich. Sie erhöhen die Zahl der Beteiligten und erzeugen Geschäftigkeit, eine Quelle neuer Ideen sind sie nicht. Sicherlich kann es den Forscher beflügeln, wenn er weiß, daß ihm andere auf den Fersen sind und seine erhofften Ergebnisse vorwegnehmen könnten. Es kann aber auch dazu führen, daß er auf zeitraubende Kontrollexperimente und - rechnungen verzichtet und unreife Arbeiten publiziert.

Nach Berichten vieler Entdecker und Pioniere (vgl. dazu Eugen Diesel, Das Phänomen der Technik, Leipzig/Berlin 1939) ist der größte Anreiz ihrer Arbeit die innere Befriedigung, die sich einstellt, wenn sie etwas Neues gefunden oder ein Problem elegant gelöst haben. Die soziale Anerkennung durch „Peers" mag dem Außenstehenden bedeutsam erscheinen, doch für den Entdecker ist sie nicht entscheidend. Viele Neuerer verscherzten sich diese Anerkennung durch ihre seltsamen Ideen - und machten weiter. Die Wege, die zum Neuen führen, erscheinen oft seltsam gewunden. Manchmal leiten scheinbare Umwege, die dem Außenstehenden rätselhaft und unsinnig erscheinen, zum Erfolg, während der scheinbar gerade Weg in einer Sackgasse endet. Der kreative Geist braucht eine passende Umgebung. Viele Forscher und Entdecker der Vergangenheit schufen sich diese Umgebung ohne Rücksicht auf Gesundheit, Ansehen oder materielle Verluste. Unter den Bedingungen einer verrechtlichten und regulierten Wissenschaft, die „Amateuren" den Zugang zu vielen Chemikalien, Biomaterialien und Instrumenten verwehrt, ist dies zumindest in den experimentellen Naturwissenschaften nicht mehr möglich. „Freischaffende" Theoretiker haben ein anderes Problem: sie scheitern zumeist an skeptischen Herausgebern oder Redakteuren wissenschaftlicher Periodika - in der Regel zu Recht.

Vor einer Illusion sollte man sich hüten, daß nämlich das Neue an sich positiv zu bewerten ist. Wie die meisten Mutationen der DNS sind auch viele, vielleicht sogar die meisten Innovationen wertlos oder nachteilig. Viele technologische Neuerungen erweisen sich als Flops, manchmal nur aus Gründen des ungünstigen Umfeldes oder der falschen Zeit. Von dem kleinen verbleibenden Rest allerdings hängt das Schicksal der Ökonomie, des wissenschaftlich-technologischen Fortschritts und der kulturellen Evolution ab. Systeme, denen es nicht gelingt, die Spreu vom Weizen zu trennen, können im Konkurrenzkampf nicht bestehen und werden deklassiert.

Kreativität und Organisation

Wenn unter den Bedingungen moderner Gesellschaften Wissenschaft und Forschung vor allem in speziellen institutionellen Kontexten betrieben werden, dann müssen diese so organisiert werden, daß sie die Entwicklung des Wissens nicht verhindern. Im Idealfall sollten sie der Dynamik der Wissenserweiterung freien Lauf lassen. Von diesem Idealfall sind wir weit entfernt. Doch wie sähe dieser aus? Bei der Suche nach einer Antwort auf diese Kernfrage jeder Wissensgesellschaft erhalten wir einige Hinweise aus Berichten von Entdeckern. Der Entdecker braucht eine starke intellektuelle Herausforderung, ein hohes Maß an Eigenverantwortung, intellektuelle Anregung ohne Überforderung, zeitweise Befreiung von Routineaufgaben und von Erfolgsdruck, freie Wahl des Forschungsthemas und der Art seiner Behandlung, flexible Disposition über Forschungsmittel für die Durchführung von Experimenten, freie Wahl von Arbeitszeit und (zumindest bei Theoretikern) Arbeitsort, gelegentliche Muße zum Nachdenken, zur Erkundung ungewöhnlicher Wege zum möglichen Erfolg. Die richtige Mischung von Muße und Stimulation scheint wesentlich, jede Hektik und erzwungene Umtriebigkeit kontraproduktiv.

Wichtig für Experimentatoren erscheint auch die persönliche Kontrolle über Instrumente. Da diese individuelle Kontrolle gerade an den großen, gutausgestatteten, gemeinschaftlich genutzten Zentren der Forschung nicht möglich ist, haben sich diese Zentren in einigen Bereichen als enttäuschend innovationsschwach erwiesen (vgl. Martin Harwit, Die Entdeckung des Kosmos, München/Zürich 1981). Die meisten astronomischen und astrophysikalischen Entdeckungen in dem von Harwit untersuchten Zeitraum (bis etwa 1980) gingen aus Projekten hervor, die von ein oder zwei einzelnen Forschern betrieben wurden. Oft kamen diese aus angrenzenden Wissenschaften und arbeiteten mit neuartigen, zum Teil vom Militär ausrangierten Instrumenten, die für Fachastronomen eher ungewohnt waren. Die Faktoren, die die Entdeckung des Neuen in der Astronomie bestimmten, waren Interdisziplinarität, der Gebrauch neuartiger Instrumente, sowie lückenlose persönliche Kontrolle über die Geräte.

Kreativität und Kontrolle

Noch Röntgen konnte es sich leisten, alle laufenden Arbeiten liegen zu lassen und sich für sechs Wochen nur auf die Untersuchung seiner Entdeckung zu konzentrieren. Er sah etwas Merkwürdiges und ignorierte es nicht, sondern ließ sich davon faszinieren. *Er nahm sich die Freiheit, sich von seiner Routinearbeit ablenken zu lassen.* Wieviele Forscher könnten dies heute noch tun? Wie viele Entdeckungen bleiben unrealisiert, weil man glaubt, sich nicht ablenken lassen zu dürfen, da eine Auftragsarbeit zu erledigen oder ein Projekt termingerecht weiterzutreiben ist, weil die Lehrverpflichtungen drängen und die Wochen mit Gremienarbeit oder Verwaltungskram überladen sind? Anstatt Bedingungen zu schaffen, unter denen Neues mit größerer Wahrscheinlichkeit entsteht, überbieten sich die Organisatoren der Wissenschaft im Versuch, die Mechanismen der Kontrolle zu perfektionieren. Sind die Bedingungen kreativer Wissenschaft in einer modernen Gesellschaft nicht mehr herstellbar?

Oder ist nach dem Zerfall der östlichen Kommandosysteme bei maßgebenden Politikern im Westen das Motiv zur Unterstützung freier Forschung entfallen? „Vertrauen ist gut! Kontrolle ist besser!" lautet der neue Leitspruch. Die operative Bedeutung dieses Leninschen Mottos wird sichtbar, wenn man den Begriff „Vertrauen" durch „Freiheit" ersetzt. *Wissen die Propagandisten der neuen Kontrollideologie eigentlich, in welcher geistigen Genealogie sie damit stehen?*

Daß in industriellen Labors die geschilderten kreativitätsfördernden Bedingungen zumeist nicht erfüllt sind, überrascht weniger. Aufgrund der Ungewißheit des Ertrages glaubt sich ein privater Konzern in der Regel kein Labor leisten zu können, dessen Angestellte die Freiheit haben, ihre Themen, Ziele und Erfolgskriterien selbst zu bestimmen. „Wir dürfen die Freiheit der Forschung nicht länger mit der Freiheit verwechseln, ohne klare Zielsetzung und ohne regelmäßige Erfolgskontrollen vor sich hinzuforschen", wie es der Leiter des Zentralbereichs Forschung der Robert Bosch GmbH, Wolf-Dieter Haecker, jüngst ausdrückte (FAZ, 2. Februar 1999). Wie man hört, gibt es Ausnahmen wie das IBM-Labor in Rüschlikon, die Bell-Laboratories oder SAP, die das Potential freier Forschung erkannt haben.

Leider sieht die heutige Realität der industriellen Forschung anders aus (dazu: Herve Baratte, „Innovationen können in den Unternehmen nicht verordnet werden", FAZ 18. Januar 1999, 29). Wer einem Forscher Kapital oder Steuermittel zur Verfügung stellt, möchte in der Regel sehr genau wissen, wofür es eingesetzt wird und was dabei herauskommen kann. Ein kleiner Erfolg in der gewünschten Richtung ist dem Geldgeber wichtiger als ein großer Erfolg bei der Lösung eines anderen Problems, das vielleicht aus der Eigendynamik der Wissenschaft folgt, den Geldgeber aber nicht interessiert, weil davon andere profitieren. Ein solches Handeln mag vom wissenschaftlichen Standpunkt aus kurzsichtig sein, wirtschaftlich ist es verständlich - zumindest dann, wenn man nur die nächsten Quartalszahlen im Blick hat. Auch in der militärischen Forschung kommt es nicht auf die langfristige Maximierung des wissenschaftlichen Fortschritts, sondern auf die Lösung spezifischer Sachprobleme an - also nicht auf die Entwicklung einer besseren Festkörperphysik, sondern auf das Zusammenbrauen einer stabileren Legierung für die Schaufeln einer Turbine. Den militärischen Geldgebern mag klar sein, daß eine bessere Festkörperphysik auch zu einem Quantensprung für technologische Lösungen führen kann. Doch sie sehen nicht ein, warum sie etwas finanzieren sollen, wovon im Erfolgsfall auch der Gegner profitiert. Da die beteiligten Forscher hinsichtlich des Sinns ihrer Arbeit zuweilen anderer Ansicht als die Kaufleute sind, kommt es manchmal zu seltsamen Konstellationen. Entwicklungen, die von einer informellen Gruppierung in der Forschungsabteilung eines Unternehmens unter nicht erlaubter Abzweigung von Forschungsmitteln betrieben werden, nutzen dem Unternehmen hinterher oft mehr als die offiziellen Projekte. Nach Schätzungen von Insidern fließen etwa 20 Prozent des Budgets einer Forschungsabteilung in solche konspirativen „U-Boot-Projekte" (Ulrich Groothuis, „Geheimbund der Genies", Wirtschaftswoche Nr. 31, 1992, 53).

Diese Strategie, obwohl unerlaubt, erscheint funktional für das Gesamtsystem - in einer Situation, in der „kleinmütige Bedenkenträger und ein gigantischer Bürokratiemoloch die Kreativität agiler Pioniere (erstickt)" und sie zu „frustrierten Außenseitern" macht (Jürgen Berke u.a., „Todesurteil auf Raten", Wirtschaftswoche Nr. 43, 1993, 103), obwohl nach einer Kienbaum-Studie 80 Prozent aller erfolgreichen Innovationen von dieser kleinen Gruppe kommen (a.a.O.; vgl. auch Klaus Kemper, „Der lange Marsch durch die Institutionen", FAZ 2. März 1996, S. 13).

Projektforschung, Kreativität und „Peer-Review"

Sind diese Ergebnisse auf die wissenschaftliche Projektforschung übertragbar? Durchaus. Auch begutachtete Projektforschung soll nach dem Willen der Geldgeber nie „Forschung ins Blaue hinein" sein, auf der Basis des Prinzips Hoffnung, geleitet von vagen Ideen, kühnen Spekulationen, Analogien und Metaphern. Sie braucht ein klares Ziel, einen praktikablen Plan, bewährte Methoden, einen festen Zeitrahmen und genaue Arbeitsgrundlagen, die die „vermuteten Ergebnisse" nach Möglichkeit bereits hypothetisch vorwegnehmen. Da dies von der Sachlogik der Forschung her unsinnig ist, versuchen Wissenschaftler manchmal, unter dem Deckmantel uninteressanter und wissenschaftlich bedeutungsloser, aber sicherer und konsensfähiger Projekte jene Forschungen zu betreiben, die sie wirklich für wichtig und zukunftsweisend halten - ebenfalls eine Form von „U-Boot"-Forschung. Es gibt einen multinationalen Drittmittelgeber mit Sitz in Brüssel, der diese Strategie durch möglichst eng umschriebene, in ein Korsett fester Termine gezwängte und vorab definierte Zielforschung zu konterkarieren versucht. Damit dient er zwar den Interessen einer festen Klientel von Absahnern, die über das nötige Insiderwissen verfügt, aber nicht denen der Forschung und ihrer Nutznießer.

Die Strategie der „U-Boot-Forscher" findet ihre Rechtfertigung darin, daß innovative Forschung oft nicht konsensfähig ist. Die Wissenschaftsgeschichte kennt viele Beispiele zukunftsweisender wissenschaftlicher Arbeit, die von der Mehrheit der Wissenschaftler ihrer Zeit, und somit auch von der Mehrheit der potentiellen Gutachter, zumindest zeitweise abgelehnt wurde. Man könnte viele Namen als Beispiele nennen, angefangen von Gottlob Frege, Robert Mayer, Gregor Mendel, Georg Cantor, Peyton Rous, Alfred Wegener, Ignaz Semmelweis, Alan Turing, Boris P. Belousov, Anatol M. Zhabotinsky, Konrad Zuse, Hermann Oberth bis zu Noam Chomsky, Mitchell Feigenbaum und Frank Rosenblatt. Über innovative Wissenschaft („science in the making") können „Peers" und Gutachter nicht abstimmen. Nur wenige sind jeweils kompetent, ein begründetes Urteil zu fällen. Etwas Ähnliches hatte wohl Galileo Galilei im Sinn, als er in den Briefen über Sonnenflecken folgendes sagte: *„In den Wissenschaften zählt ein kleiner Funken Vernunft in einem einzelnen Menschen mehr als die Autorität von Tausend Meinungen"*. Im „Saggiatore" findet man die passende Fortsetzung: *„Deshalb halte ich es (...) für nicht besonders vernünftig, die Meinung eines Mannes nach der Zahl seiner Anhänger zu beurteilen"*. In heutiger Terminologie bedeutet dies: Die großen Erfinder und Entdecker haben keine „Peers".

Die vielfältigen Formen des Neuen

Wissenschaftliche Innovationen, zumal solche in der Grundlagenforschung sind nicht planbar, Ergebnisse sind auch mit hohem materiellen Einsatz nicht zu erzwingen, ihre Anwendungen und die sozialen, politischen und wirtschaftlichen Konsequenzen dieser Anwendungen sind nicht vorhersehbar, solange man die Lösungen nicht hat. Man kann nicht planen, was man noch nicht kennt. Doch für einige Probleme sind die Randbedingungen einer Lösung, die zu einer Entdeckung führen, besser definiert als für andere. Zunächst gibt es jene Entdeckungen, die wir zufällig nennen. Fleming konnte nicht planen, das Penicillin zu entdecken, Galilei nicht, die Jupitermonde zu sehen, Röntgen nicht, auf neue Strahlen zu stoßen, Kolumbus nicht, Amerika zu finden - von dem neuen Kontinent zwischen Asien und Europa wußte er nichts. Er glaubte bis zu seinem Tod, in einem Teil Hinterindiens gelandet zu sein. Andere Entdeckungen wie die der Spaltbarkeit schwerer Atomkerne hätte man gezielt ansteuern können, doch man hielt dieses Unterfangen auf der Basis des akzeptierten Wissens für unsinnig - und so wurde es doch wieder eine Entdeckung ohne Absicht und gegen alle Erwartungen. Bei einer dritten Klasse von Entdeckungen, in die zum Beispiel die elektromagnetischen Wellen oder die Struktur der DNS fallen, waren die Randbedingungen einer Lösung so gut definiert, daß man sie bei Unterstellung des notwendigen wissenschaftlichen Weitblicks *absichtlich* nennen könnte. Doch der Weg zum Ruhm ist nicht patentierbar. Auch hier kannte man das Resultat nicht, bevor man es tatsächlich hatte; eine Garantie auf Erfolg gab es nicht. Die Entdecker waren nicht jene, die von ihrer Reputation, ihrer akademischen Stellung und ihren Ressourcen her dazu prädestiniert gewesen wären, sondern wissenschaftliche *Greenhorns*, die sich ihre akademischen Sporen erst verdienen mußten.

Die quantitative Wissenschaftsgeschichtsschreibung hat festgestellt, daß die Häufigkeit von Innovationen mit dem Grad ihrer Wichtigkeit und ihrem Neuigkeitswert abnimmt (vgl. Nicholas Rescher, Wissenschaftlicher Fortschritt, Berlin/New York 1982). Finden wir bei Routinelösungen die bekannte inputabhängige exponentielle Entwicklung der Fallzahlen, so entspricht die Zahl der Ergebnisse mittlerer Bedeutung eher der Quadratwurzel und die Zahl der Schlüsselinnovationen bestenfalls der Kubikwurzel aus der Menge der Routinelösungen. Und gerade jene Schlüsselneuerungen, von denen die großen technologischen und kulturell-zivilisatorischen Schübe der Menschheitsgeschichte abhingen, waren am wenigsten vorhersehbar, geschweige denn planbar. Das Dilemma der Wissenschafts- und Forschungsplanung besteht folglich darin, daß ihre Steuerungsinstrumente gerade bei den wichtigsten Innovationen kläglich versagen, während sie bei Routinearbeiten oft überraschend gut greifen. Da Wissenschaftsplaner Erfolge vorweisen wollen und deshalb das Risiko scheuen, fördert dieser negative Zusammenhang die Tendenz, sich auf die sichere Seite zu begeben und ausschließlich auf Routineforschung (auf die Kuhnsche „normale Wissenschaft") zu setzen, zukunftsweisende Pionierforschungen dagegen zu vernachlässigen.

Wissenschaftspolitik - wozu?

Welche Funktion kann der staatlichen Wissenschaftsplanung und Forschungsförderung jenseits der Koordination von Routineforschung noch zukommen? Ist sie für den Bereich der wirklich wichtigen Innovationen wertlos? Soll sie auf jegliche Steuerung verzichten und die Mittel nach dem Prinzip der Gießkanne verteilen? Zwar sind staatliche wie privatwirtschaftliche Planung blind, was die Entstehung des Neuen betrifft, aber sie können die Bedingungen verbessern, unter denen es sich zu entwickeln vermag. Sie können das Neue aufnehmen, es selektiv fördern und für seine systematische Ausbeutung sorgen. Besitzt eine Idee großes Potential, dann mag es sich lohnen, Schwerpunktprogramme zu initiieren, Großforschungsinstitute zu gründen und zielorientierte Projektforschung in großem Maßstab zu betreiben - und sie wieder aufzulösen, wenn die Grenzerträge abfallen. Hier liegt die Aufgabe und die Funktion der staatlichen Wissenschaftspolitik, aber auch der unternehmenseigenen Forschung. Wenn der Grundlagenforschung eine Entdeckung gelungen ist, muß man über technische Entwicklungen und marktfähige Produkte, in denen sie eine Rolle spielen könnte, systematisch nachdenken. Richtig ist, daß die Anwendung der Grundidee, die Konstruktion und Verbesserung von Prototypen, ihre Übertragung in neue Kontexte, „technologische Weiterentwicklungen" und „inkrementale Modifikationen", die Entwicklung von Systemlösungen etc. ökonomisch von weitaus größerer Bedeutung sein können als die kleinen Geistesblitze, die die Rolle des Zünders spielten. Richtig ist aber auch, daß ohne die auslösenden Zünder der „Innovations-Pfad" erst gar nicht gefunden worden wäre. Leider funktioniert die strategisch wichtige Schnittstelle zwischen Grundlagenforschung und angewandter Forschung nicht immer optimal (vgl. Karl-Heinz Karisch, „Forschungsstandort D - Wissenschaft und Industrie ziehen nicht an einem Strang", Frankfurter Rundschau 4. Januar 1997, 9). Schuldzuweisungen sind hier kontraproduktiv: es gibt weder eine „Bring-Schuld" der Produzenten noch eine „Hol-Schuld" der Verwerter von Neuerungen. Die Produzenten wissen zumeist nicht, was an ihren Ideen ökonomisch sinnvoll umsetzbar ist, während die Verwerter in der Regel nicht wissen, wo die nutzbaren Ideen entstehen. Ein ständiger Austausch von Gedanken, Informationen, Ideen und vielleicht auch Personen ist notwendig, um diesen Mangel zu beheben.

Von der Rationalität des Glaubens

Wolfgang Frühwald

I.

Im Briefwechsel zwischen Carlo Maria Martini, dem Kardinal von Mailand, und dem sich als Agnostiker bekennenden Schriftsteller und Semiotiker Umberto Eco („In cosa crede chi non crede", Roma 1996) wird der Ausspruch eines Zeitgenossen über jenen Papst berichtet, der (1962), im Jahr vor seinem Tod, das Zweite Vatikanische Konzil eröffnete: „Papst Johannes muß atheistisch sein. Nur wer nicht an Gott glaubt, kann seinesgleichen so lieben!" Diese paradoxe, unter der Prämisse von Matth. 22, 37–40 aufzulösende Sentenz hat Umberto Eco dahingehend gedeutet, daß „jemand, der nie die Erfahrung der Transzendenz gemacht oder sie verloren hat, seinem Leben und seinem Tod einen Sinn nur geben 'könne' und sich nur getröstet fühlen" könne „durch die Liebe zu anderen, durch den Versuch, jemand anderem ein lebenswertes Leben zu garantieren". Das heißt doch wohl: Es gibt eine Kraft der Solidarität, welche die Grenzen des Begreifens deshalb übersteigt, weil sie Trost und Zufriedenheit nur im Glück des anderen findet und nicht durch Verheißung, Vertröstung und Lohnversprechen begrenzt ist. „Die Stärke einer Ethik" , resümiert Umberto Eco, „bemißt sich am Verhalten ihrer Heiligen, nicht am Verhalten der Toren, 'deren Gott der Bauch' ist." Daß sich diese Überlegungen an der Person jenes Papstes entzündeten, dessen nur fünf Jahre dauerndes Pontifikat die Erfahrung unserer ersten Ehejahre gewesen ist, scheint kaum verwunderlich. Giuseppe Roncalli hat, einmal in das Petrus-Amt berufen, das Antlitz der Erde ebenso verändert wie das Gesicht der Christenheit. Alle auch innerkirchlich bis in die jüngste Zeit immer wieder unternommenen Versuche, das von einem Pontifikat der Barmherzigkeit angestoßene Rad der Geschichte anzuhalten, sind bislang gescheitert. Von diesem Papst, dessen symbolische Gesten im Gedächtnis der Menschheit erhalten blieben, wurde gesagt, er habe durch die „Zeugnisse einer nicht definierten Theologie" weit stärker gewirkt als durch Ansprachen und Verlautbarungen, welche die Tradition des kurialen Stiles kaum verlassen haben. Der Papst des

„aggiornamento", also des „Heutig-Werdens" der Kirche, sei – so schrieb die „Daily Mail" 1963 – in der Gegenwart Gottes gegangen „wie sonst jemand durch die Straßen seiner Heimatstadt geht". Johannes XXIII. hat der Bibelsprache alles Argumentativ-Zitathafte genommen, dem „aggiornamento" auch in seinem Sprechen Geltung verschafft. „Ich bin Joseph, euer Bruder." Mit diesem Satz, mit dem sich im Alten Testament Joseph, der Sohn Jakobs und der Rahel, seinen Brüdern zu erkennen gegeben hat, soll Giuseppe Roncalli zum Beispiel 53 amerikanische Rabbiner empfangen und damit den Bezug zur gemeinsamen christlich-jüdischen Basis des Glaubens hergestellt haben. In der ersten Osterwoche seines Pontifikats hat er, wiederum symbolisch genug, in Santa Croce di Gerusalemme bei den Fürbitten des Karfreitag das „et pro perfidis Judaeis" durch „et pro Judaeis" ersetzt. Johannes XXIII., welcher trotz seiner Verehrung für Pius X., einen seiner Vorgänger auch im Patriarchen-Amt Venedigs, der Kirche die Modernismus-Ängste genommen und sie mit kraftvollen Schritten in die Moderne geführt hat, bezahlte einen – vermutlich doch kalkulierten – Preis für das in die Sicherheit seines Gottvertrauens aufgenommene „Heutig-Werden" des Glaubens: Er hat das Papsttum, nicht zu dessen Unglück, in das Spannungsfeld politischer und sozialer Interessenkonflikte gerückt, es entmythisiert, das heißt als Institution öffentlicher Kritik zugänglich gemacht. Nicht zufällig ist wenige Monate vor dem Tod Johannes XXIII. (1963) Rolf Hochhuths Schauspiel „Der Stellvertreter" erstmals aufgeführt worden.

II.

Giuseppe Roncalli wurde in eben dem geschichtlichen Augenblick zum Papst gewählt, in dem weltweit der Aufbruch in der biomedizinischen Forschung geschah, in dem hinter den vorgelagerten Inselketten im Ozean des Nichtwissens sich die Küstenlinie jenes Wissens-Kontinents abzuzeichnen begann, den wir seither betreten haben und durch dessen Datengebirge wir einen theoriegeleiteten Weg zu suchen beginnen. 1953 haben Crick und Watson die Doppelhelix-Struktur der DNA beschrieben, wovon die rasante Entwicklung der Molekularbiologie ausgegangen ist. 1961 ertönte der Siegesruf Juri Gagarins aus dem Weltraum: der Siegesruf des Bauernsohnes, der den Himmel durchpflügte und die Sterne als Saatkörner über ihn verstreute. Nur wenig später stand die Welt unter dem Eindruck der amerikanischen Apollo-Mission, welche die Bilder vom „Blauen Planeten" in unser Gedächtnis prägte. Und der Siegesrausch der Technik wandelte sich rasch in Umwelt- und Gefährdungsbewußtsein, weil die Erde, so weit die menschliche Erkenntnis reicht, der einzige bewohnbare Ort in den Wüsten der Unendlichkeit ist. Kaum hatten Crick und Watson die Doppelhelix beschrieben, errang die Grundlagenforschung einen neuen Triumph. Statt die Eisernen Lungen zu perfektionieren, wie es eine einflußreiche Forschergruppe in den USA forderte, wurden die dafür notwendigen Mittel in die virologische Grundlagenforschung investiert, mit dem Erfolg, daß ein Impfstoff gegen die Kinderlähmung gefunden wurde. Die Impfungen mit dem Salk-Serum begannen 1962, die Eisernen Lungen stehen seither in den Museen für Medizintechnik. Mit der Entwicklung der hormonellen Kontrazeption, der „Pille", die ebenfalls 1962 auf den deutschen Markt gekommen ist, hat die pharmazeutische Forschung einen folgenreichen Umsturz im Sexualverhalten der Menschen herbeigeführt. Sie hat damit jene Trennungsphänomene völlig bewußt gemacht, von denen die Moderne und die Nachmoderne charakterisiert sind. Die hormonelle Kontrazeption hat Lust und Fortpflanzung sichtbar voneinander getrennt, aber lange vorher hat die Moderne andere Trennungs-Phänomene verdeutlicht, zum Beispiel (nach Lübbe) die Trennung von Verkehr und Kommunikation, von Zentrum und Peripherie, von Zeit- und Raumerfahrung, die Entkoppelung des generativen Verhaltens von der biologischen Entwicklung und viele andere Trennungen des modernen Lebensalltags. Wir haben im 20. Jahrhundert die Erde, den Lebensraum des Menschen, erstmals von außen und das Leben von innen gesehen und gelernt, in seine Funktionen einzugreifen. Wir haben mit der immer stärkeren Verdichtung von Informationen und mit immer schnelleren elektronischen Rechnern versucht, ein Instrument zu entwickeln, das der Komplexität des Lebens nachkommen kann. „Intelligente Computer" werden angedacht, die Verbindung von Biomaterial mit Elektronik soll eine ganz neue Generation von Rechnern entstehen lassen. Die Entschlüsselung des menschlichen Genoms (also der Gesamtheit der menschlichen Gene) war zu Beginn des neuen Jahrhunderts abgeschlossen. Mit Mäusen und Ratten als „Modelltieren" menschlicher Krankheiten stehen wir auch vor einer inhaltsschweren medizinischen Revolution. Wir haben die Möglichkeit, in die Ursachen von Krankheiten einzudringen, in genveränderten Säugetieren Modelle menschlicher Krankheiten herzustellen, um die komplexen Systeme des menschlichen Organismus, das Immunsystem, das Nervensystem etc., zu erforschen. Und schon erscheint das neue Großprojekt des 21. Jahrhunderts am Horizont: „brain-mapping", Hirnkartierung, genannt, das die Verschaltungen des menschlichen Gehirns, des komplexesten Organs, das die Natur hervorgebracht hat, zu erforschen und sogar zu simulieren sucht. Seine bisherigen Ergebnisse sind durchaus mit jenen Entdeckungen zu vergleichen, die am Anfang der Neuzeit standen, als die spanischen und die portugiesischen Eroberer in die Urwälder Amerikas eingedrungen sind und eine „neue Welt" entdeckten. Inzwischen kennen wir einen Teil der Funktionsareale der menschlichen Großhirnrinde, wir wissen, daß die neuronalen Verbindungen im Gehirn „durch genetisch bestimmte Vorgänge im Frühstadium der Entwicklung" entstehen, daß die Verbindungen im Gehirn meist in beiden Richtungen wirken, aber auch, daß nicht jedes Areal mit jedem verbunden ist und daß es im Gehirn keine zentrale Schaltstelle gibt (A. Gierer).

III.

Die heute auf breiter Front ins Systemische übergehenden Lebens- und Naturwissenschaften konvergieren in einem zentralen Punkt: sie scheinen sich einer weiterführenden Theorie nicht mehr zu verweigern. „Eine allgemeine Theorie des evolutiven Wandels zu entwerfen", meint der Zürcher Zoologe Rüdiger Wehner, „rückt in den Bereich des Möglichen. Gleichzeitig dürften sich damit die Gewichte in Jacques Monod's *Le Hasard et la Necessité* ein wenig mehr zum Notwendigen hin verschieben." Eine empirisch gestützte und weiterentwickelte Evolutionstheorie aber würde wie eine universelle Säure (universal acid) wirken, die alle unsere tradierten Bilder vom Menschen, von der Welt und der Schöpfung zersetzen könnte. Nach der kopernikanischen Kränkung, sagt Rüdiger Wehner, die den Menschen aus der Mitte des Weltalls katapultiert hat, und nach der freudianischen Kränkung, die auch die erhabenen Gefühle des Menschen an seine Natur und sein Triebleben gebunden hat, stehe uns jetzt eine dritte, die darwinische Kränkung bevor, da wir auf einer umfassenden scala naturae über Jahrmillionen hinweg letztlich sogar – mit der Bäckerhefe verwandt sind. Es ist, als würde unter all den kulturellen Überschreibungen, mit denen der Mensch das Buch der Natur seit Jahrtausenden bedeckt hat, die Urschrift des Lebens wieder sichtbar. Sie wird, richtig verstanden, zu radikal neuen Denkformen zwingen, zu veränderten Welt- und Menschenbildern, zur Überprüfung überkommener Ethik-Konzepte, zur Anerkennung neuer Wirklichkeiten.

IV.

Auch wenn die angestrebte konsistente Theorie der Evolution noch längst nicht die lange gesuchte Weltformel bringen wird, so wird sie doch in den Bereich des Ursächlichen eindringen und die Hoheit im Reich der Begriffe fordern. Ihre Elemente, die sich langsam zum Ganzen fügen, liegen längst bereit: Da gibt es zum Beispiel die Beobachtung vom Gleichklang der Bewegungen in Makro- und Mikrokosmos, daß die Bewegung der Planeten um die Sonnen, der Sonnensysteme um das Zentrum der Galaxien und die Bewegung der Moleküle im menschlichen Körper nicht nur Analogien, sondern daß sie die gleichen Bewegungen sind, der einen, unerkannten Bewegungsursache unterworfen. Da gibt es die Beobachtung der Evolutionsbeschleunigung, die wohl kaum den Sturz der Zeiten auf das apokalyptische Ende alles Lebens andeutet und die Zeit des Gerichtes ist, sondern (nach Hubert Markls Theorie) in streng darwinischer Konsequenz die Möglichkeit der Natur verdeutlicht, über das Bewußtsein des Menschen auf sich selbst einzuwirken. Da gibt es die fundierte Erkenntnis, daß die in unserem Körper zu findende Verbindung von Kohlen- und Wasserstoffatomen auch im Kosmos nachzuweisen ist. „Jedes Kohlenstoff- und Sauerstoffatom in unserem Körper", sagt Gerhard Börner, „entstand im Inneren eines Sterns, wurde nach dessen Explosion in den interstellaren Raum geschleudert, um schließlich bei der Entstehung des Sonnensystems auf der Erde zu enden. Wir bestehen buchstäblich aus Sternenstaub", wir sind Sterne einer zweiten Generation. Und da gibt es das unendliche Reich der Komplexität der Organismen, in dem das Ganze immer mehr ist als die Summe seiner Teile, wobei mit der jeweils komplexeren Organisation eine Leistungssteigerung verbunden ist. Doch zahlt der komplexe Organismus für seine Leistungsfähigkeit einen hohen Preis: den individuellen Tod. Das Bewußtsein des vergänglichen Schönen und die Reflexion des Sterbens gehören schon in den frühesten menschlichen Zeugnissen zu den Differenzkriterien des Menschen von seinen tierischen Vorfahren:

„Wesen bist du unter wesen

< lautet ein Gedicht Reiner Kunzes >

Nur daß du hängst am schönen
und *weißt*, du mußt
davon."

V.

Daß alle diese Umschreibungen und Erkenntnisse und Mosaiksteine einer Theorie der Evolution auch in biblische Bilder zu fassen wären, ist leicht zu sehen. Sie widerstreiten einmütig Monod's Zufalls-Theorie, der Behauptung, daß der Mensch, noch immer in einem tausendjährigen Traum befangen, „seine Verlassenheit, seine totale Fremdheit" endlich annehmen müsse. Es geht nicht um einen Gottesbeweis aus der Natur, es geht nur darum, daß (wie Franz Kardinal König in der Einleitung zu dem genannten Briefwechsel zwischen Carlo Maria Martini und Umberto Eco sagte) die Gottesfrage wieder an unsere Tür klopft. In der konvergenten Ordnung aller Bausteine der Evolution klopft sie allen Trennungsvorgängen zum Trotz tatsächlich an die Tür der Nachmoderne. Und die Geheime Offenbarung ist unter dieser Perspektive nicht ein Buch des Gerichtes, sondern – wie schon Romano Guardini gesehen hat – ein Buch des Trostes, geschrieben für Mitglieder der christlichen Gemeinde in großer Bedrängnis.

VI.

Die mächtig vorandrängenden und das Begriffsmonopol erstrebenden Lebenswissenschaften suchen, so scheint mir, fast verzweifelt nach Gesprächs- und Dialogpartnern, die auf dem gleichen Denkniveau ansetzen und womöglich über eine reichere Denktradition verfügen als sie selbst. Aber sie suchen nach Partnern, die bereit sind, sich auf fremde Denkweisen einzulassen, sie mit der eigenen Denktradition zu konfrontieren und zu kritisieren. Gesucht werden nicht einzelne Partner, daran ist kaum ein Mangel. Gesucht wird jener Strukturdialog, in dem Fächer und Disziplinen miteinander ins Gespräch kommen, das Gespräch der Fakultäten sich als Universität etabliert. Die rationalisierte und rationalisierende Moderne hat nichts nötiger als einen solchen Strukturdialog mit einer sich ihr öffnenden Glaubenswissenschaft, die das „Heilshandeln" Gottes am Menschen in der Person Jesu Christi zum Gegenstand hat. In dieser als moderne Theologie gedachten Wissenschaft wird Religion rational gebunden und an die Geschichte des Menschen, seiner Natur und seiner Kulturen, verwiesen. Nur ein solcher Dialog konfrontiert die Moderne mit den eigenen Wurzeln und ist in der Lage, ihr das scheinbar immer stärker an Maschinen delegierte Gedächtnis (von Herkunft *und* Zukunft) wieder zurückzugeben. „Erinnerung", meinte Ludger Honnefelder, sei „der Kern der Religion, nicht nur im Judentum und Christentum ... In dem Maß aber, in dem die Religion an die Gegenwart des Göttlichen erinnert, erinnert sie an das Geheimnis des Menschen. Kein Buch zeichnet den Menschen so illusionslos, so realistisch wie die Bibel. Keines aber vermag zugleich so unwiderruflich daran zu erinnern, daß der Mensch nicht aufgeht in den Erhaltensbedingungen seiner Existenz, daß er nur lebt, wenn er sich selbst übersteigt." Die lebensnotwendige und zur gesellschaftlichen „Imagination" zwingend notwendige Erinnerung, die Erneuerung eines uns weitgehend in den „Beschleunigungsturbulenzen der Moderne" (J. B. Metz) abhanden gekommenen Gedächtnisses, das die Kirche schon durch die stete Feier des Erinnerungsmahles an ihren Stifter, die Theologie aber durch dessen stets erneuernde, das heißt gemeinschaftsbildende Auslegung bewahren, ist ein Beitrag zur Herstellung von Kulturen, die sich der eigenen Ursprünge und ihrer geschichtlichen Entwicklung (bis in die Anfänge des Menschseins zurück) bewußt sind, also ein Beitrag zur Generierung und zur Bewahrung von Hochkulturen. Diktaturen und Revolutionen versuchen das Gedächtnis der Menschen auszulöschen, ihr Ziel ist, die Geschichte mit dem „Heilstag" der Revolution neu zu beginnen. Das Zerrbild einer Menschheit ohne Erinnerung ist daher kein bloßes Verfallsprodukt, sondern, nach Theodor W. Adorno, mit der Fortschrittsidee des bürgerlichen Lebens- und Denkprinzips, zu dem die moderne Wissenschaftlichkeit gehört, notwendig verknüpft. Gegen den Verlust des Nachdenkens und der Besinnung ist die Herstellung von „Erinnerung" ein Akt des Widerstandes. Wir sollten es, meinte Umberto Eco, denen, die sich um die Wahrheit mühen, nicht zu einfach machen, die Menschen sollten lernen, „schwierige Dinge zu denken, denn weder das Mysterium noch die Evidenz sind einfach".

VII.

Die weltweit bekannte *Gretchenfrage*, und damit schließt sich der Bogen zum Anfang dieses Textes, ist nicht die Frage nach der Religion, sondern die Frage nach der Möglichkeit von Vertrauen; von Vertrauen auch und gerade in Menschen, die Wissenschaft betreiben. Und Faust ist der Prototyp des Wissenschaftlers der Moderne. So fragt ihn Gretchen:

„*Margarete.* Versprich mir Heinrich!
Faust. Was ich kann!
Margarete.   Nun sag, wie hast du's mit der Religion?
             Du bist ein herzlich guter Mann,
             Allein ich glaub', du hältst nicht viel davon.
Faust. Laß das, mein Kind! Du fühlst, ich bin dir gut;
             Für meine Lieben ließ' ich Leib und Blut,
             Will niemand sein Gefühl und seine Kirche rauben.
Margarete. Das ist nicht recht, man muß dran glauben!
Faust. Muß man?
Margarete.   Ach! Wenn ich etwas auf dich könnte!
             Du ehrst auch nicht die heil'gen Sakramente.
Faust. Ich ehre sie.

Margarete. Doch ohne Verlangen.
Zur Messe, zur Beichte bist du lange nicht gegangen.
Glaubst du an Gott?
Faust. Mein Liebchen, wer darf sagen:
Ich glaub' an Gott?
Magst Priester oder Weise fragen
Und ihre Antwort scheint nur Spott
Über den Frager zu sein.
Margarete. So glaubst du nicht?
Faust. Mißhör mich nicht, du holdes Angesicht!
Wer darf ihn nennen?
Und wer bekennen:
Ich glaub' ihn.
Wer empfinden
Und sich unterwinden
Zu sagen: ich glaub' ihn nicht?
Der Allumfasser
Der Allerhalter,
Faßt und erhält er nicht
Dich, mich, sich selbst? ..."

Während Gretchen auf eine einfache Frage nach Glaubwürdigkeit und Vertrauen eine einfache Antwort erwartet, ergeht sich Faust in spinozistischen Spekulationen über die Unnennbarkeit Gottes und des welterhaltenden Prinzips. Gretchen hört sehr deutlich aus Fausts großem Monolog, wie es um Vertrauen und Glaubwürdigkeit steht:

„ *Margarete.* Wenn man's so hört, möcht's leidlich scheinen,
Steht aber doch immer schief darum;
Denn du hast kein Christentum."

Bei aller Schwierigkeit der den Menschen zuzumutenden schweren Gedanken steht keine Wissenschaft so wie die Theologie unter dem Druck der Frage nach der Vertrauenswürdigkeit. Dies ist ihre Last und ihr Vorzug zugleich. Die Frage nach der Vertrauenswürdigkeit nämlich ist eine Frage nach den Voraussetzungen einer Wissenschaft, nicht nach ihren Theorien, Methoden und Stoffen. Die Theologie ist eine Wissenschaft, von der die Menschen Orientierung erwarten und Einmischung, die Fähigkeit auch zum öffentlichen Gespräch und zur Parteinahme. Denn der Strukturdialog bedarf zuerst des ehrlichen und vertrauenswürdigen Partners, nicht des Lehrsatzes und des akademischen Disputs. Dieser Dialog bedarf der furchtlosen Einmischung auch und gerade da, wo kirchliche Administration Vertrauen enttäuscht oder wo sie gar, wie in dem unnötigen und ausschließlich integralistisch begründeten römischen Verbot zur Schwangerschaftskonflikt-Beratung in Deutschland, einen gravierenden Vertrauensbruch begeht. Ich freue mich, den Ehrendoktor der Theologie in einer Stadt zu erhalten, deren Bischof diesem Vertrauensbruch nachdrücklich und öffentlich widerspricht, deren – hier anwesender – Weihbischof Dr. Voß Geistlicher Beirat des Sozialdienstes katholischer Frauen ist, deren Katholisch-Theologische Fakultät sich einmütig gegen diesen Vertrauensbruch gewandt hat. Es ist ein durchaus rationaler Gedanke, daß uns Gott in seine Hand geschrieben hat, damit wir uns nicht verlieren in der Welt und ihren Ängsten. Gibt es eine größere und eine notwendigere Aufgabe für eine Wissenschaft als die, Begleiter der Menschen auf diesem Wege zu sein?

Naturwissenschaft und Menschenbild

Alfred Gierer

In meinem Vortrag geht es um den Beitrag der Naturwissenschaften zu unserem Selbstverständnis, metaphorisch gesagt, zu unserem Bild vom Menschen. Was ist unserer biologischen Spezies „Mensch", die derzeit mit über fünf Milliarden Individuen die Erde bevölkert, gemeinsam? Welche Qualitäten charakterisieren den Menschen und sein Gehirn, wie konnten sie entstehen und sich entwickeln? Mehrere Vorträge dieses Symposiums zeigten hierzu ganz grundsätzliche Erkenntnisse auf - über die Evolution des Menschen; über Psyche und Geist als Eigenschaften des menschlichen Gehirns; über menschliches Sozialverhalten in Gruppen und Gesellschaften. Die Wissenschaft trägt aber auch noch in einer ganz anderen Weise zu unserem Selbstverständnis bei: Die Naturwissenschaft als Ganzes demonstriert nämlich wie kaum eine andere Kulturleistung sowohl die Reichweite als auch die Grenzen des menschlichen Denkens überhaupt. Dies ist es, was besonders auch die ersten Vorträge unseres Symposiums in zwar indirekter, aber um so eindrucksvollerer Weise zeigten. Da ging es, zum Beispiel, um Mikroelektronik. Das physikalische Verständnis elektrischer Vorgänge, die ihr zugrunde liegt, ist von ungeheurer Tragweite für die moderne Gesellschaft. Und doch liegt die moderne Physik mit ihren mathematischen Gesetzmäßigkeiten jenseits unserer natürlichen Anschauung. Die Fähigkeit des menschlichen Geistes, so abstrakte Theorien zu entwickeln, die sich dann in der Erfahrung bewährten, ist alles andere als selbstverständlich, verweist eher auf Entsprechungen zwischen der naturgesetzlichen Ordnung - die auch ohne uns existiert - mit Fähigkeiten und Strukturen des menschlichen Denkens.

Aber nicht nur die Reichweite wissenschaftlichen Denkens ist eindrucksvoll - mindestens ebenso ist es die Möglichkeit, prinzipielle Grenzen der Erkenntnis zu erkennen und ihrerseits wissenschaftlich zu erklären. Dabei zeigt sich, daß die moderne Naturwissenschaft auf der metatheoretischen, philosophischen Ebene offen ist für verschiedene Interpretationen des Menschen und der Welt - weit offener, als die meisten noch vor hundert Jahren dachten.

Ich möchte nun diese zunächst grob skizzierte Gedankenlinie von der Physik bis zur Biologie etwas eingehender nachzeichnen. Grundlage der modernen Naturwissenschaften ist die Physik. Ihre Grundgesetze beanspruchen Gültigkeit für alle Vorgänge in Raum und Zeit. Am Anfang der neuzeitlichen Physik stand die Mechanik der Bewegung von Körpern im Raum, dann aber wurde sie mehr und mehr erweitert, so daß sie Elektrizität und Magnetismus, Wärme und Strahlung einschloß. Es schien, die Naturgesetze seien im Prinzip geeignet, ohne irgendwelche Beschränkungen aus Zuständen der Gegenwart Zustände der Zukunft zu berechnen - und zwar umso genauer, je mehr man sich dabei anstrengt. Dies liefe letztlich auf einen deterministischen Ablauf des gesamten Weltgeschehens hinaus. Wo aber bleibt dann noch Raum für Gott, Seele und autonomes menschliches Bewußtsein? Was hat die Philosophie in diesem Zusammenhang noch zu sagen? Derartige mechanistisch-materialistische Weltdeutungen des 19. Jahrhunderts erwiesen sich aber als unzureichend; und zwar vor allem auch deshalb, weil sie auf einer Physik beruhten, die in wesentlicher Hinsicht unvollständig war. Was sagte die Physik damals auf die Frage: Warum vereinigen sich Wasserstoff und Sauerstoff zu Wasser? Keine Antwort. Um Atome und Moleküle zu verstehen mußte man zunächst die Voraussetzungen der damaligen Physik radikal revidieren, und dazu gehörte ein Bewußtsein der begrenzten Reichweite physikalischer Erklärungen. Dies war die Leistung der Quantenphysik der zwanziger Jahre des zwanzigsten Jahrhunderts: Es gibt, so zeigen ihre Gesetze, prinzipielle Grenzen von Beobachtungen und Vorherberechnungen im Bereich von Atomen und Molekülen - das ist der Inhalt der berühmten, von Heisenberg entdeckten Unschärferelation. In bestimmten Fällen wirkt sich dies auch im Großen aus, nämlich immer dann, wenn molekulare Prozesse zu Auswirkungen im makroskopischen Bereich verstärkt werden. Ein wichtiges Beispiel ist die sexuelle Vermehrung der Lebewesen. Sie beruht auf der Rekombination von Chromosomen; das sind Molekularprozesse der Erbsubstanz DNS, und diese wiederum unterliegen der Quantenunbestimmtheit. Konsequenz: Die biologischen Anlagen künftiger individueller Menschen sind prinzipiell - nicht nur praktisch - nicht wirklich berechenbar. Besonders hintergründig ist aber ein ontologischer Aspekt der modernen Physik. Im Bereich der Atome gibt es keinen Weg, die anschaulichen Vorstellungen von der Bewegung raumerfüllter Körper auf bestimmten Bahnen zu retten; Elektronen erscheinen mal als Teilchen, mal als Welle. Die Physik ist - so lernte man - eine Theorie des möglichen Wissens von der Wirklichkeit, nicht eine Theorie der Wirklichkeit als solcher. Aber eben diese sich selbst bescheidende Physik leistet dann auch viel mehr, als die klassische Mechanik. Sie erschließt den Bereich der Atome und Moleküle einschließlich der Moleküle des Lebens, der Erbsubstanz DNS. Nur so verstehen wir schließlich ihre Rolle bei der Reproduktion und der Entwicklung der Organismen, ebenso ihre Mutationen, die die Evolution des Lebens auf der Erde ermöglicht haben.

Die Wissenschaft entdeckte ihre eigenen Grenzen - und dies nicht nur in der Physik, sondern auch in der Mathematik: Wenige Jahre nach der Entdeckung der Unbestimmtheit der Quantenphysik lieferte in den dreißiger Jahren der Mathematiker Gödel den strengen mathematischen Beweis dafür, daß es unüberwindliche Grenzen mathematischer Entscheidbarkeit gibt. In jedem einigermaßen leistungsfähigen formalen System der Logik und Mathematik gibt es Sätze, die innerhalb des Systems formulierbar, aber mit den Mitteln des Systems nicht zu beweisen oder zu widerlegen sind. Vor allem kann ein System seine eigene Widerspruchsfreiheit grundsätzlich nicht mit seinen eigenen Mitteln beweisen. Diese Entdeckungen gehören sicher zu den bedeutendsten des zwanzigsten Jahrhunderts. Letztlich weisen sie darauf hin, daß jedes formale Denken - und damit wohl auch das menschliche Denken insgesamt - auf intuitiven Voraussetzungen beruht, die ihrerseits nicht vollständig zum Teil des Formalismus gemacht werden können.

Nun, nach den indirekten zu direkten Implikationen der Naturwissenschaften für das Menschenbild, zu den biologischen Erkenntnissen über die biologische Spezies Mensch. Der Mensch ist ein Ergebnis der Evolution des Lebens auf der Erde, die sich über drei bis vier Milliarden Jahre hinweg erstreckte. Die letzte Abzweigung von einer Linie heute lebender Tiere - die zwischen Menschen einerseits und Schimpansen sowie Bonobos andererseits - erfolgte vor etwa sechs Millionen Jahren. Die ganze heutige Menschheit scheint genetisch von einer kleinen Gruppe abzustammen, die vor vielleicht zweihunderttausend Jahren in Afrika gelebt hat. Was damals an biologisch angelegten Eigenschaften entstand, ist ein noch offenes Forschungsfeld. Jedenfalls war es erst dieser moderne Menschentyp, der seitdem die Eiszeitkunst schuf, die Landwirtschaft erfand, die Hochkulturen entwickelte, ohne daß dafür noch weitere genetische Änderungen eine große Rolle spielen mußten. In den letzten zwei- oder dreitausend Generationen war die Entwicklung vermutlich in erster Linie Kulturdynamik, Kulturgeschichte.

Welche Arten genetischer Änderungen waren für die Evolution des Menschen in verschiedenen Phasen, zumal für die Entstehung des modernen Menschentyps besonders wichtig? Gab es nichts als die Akkumulation vieler, mehr oder weniger gleichberechtigter Veränderungen der Gene mit jeweils geringen Auswirkungen? Das ist denkbar, und viele denken auch so. In der Tat zeigt die Theorie der Selbstorganisation, daß in komplexen Systemen die Entstehung neuer Qualitäten auch ohne spezifische Initiation möglich ist. Das beweist aber nicht, daß es auch immer so war, zumal, wenn es um die Entstehung allgemeiner Fähigkeiten des menschlichen Gehirns ging: Die Entwicklung des neuralen Netzwerkes wird von der Expression von Proteinen in Nervenzellen und -fasern wesentlich beeinflußt. Die wiederum erfolgt unter der Kontrolle von Regelbereichen der Gene, die in raffinierter hierarchischer und kombinatorischer Weise als eine Art von Mikroprozessoren wirken, welche die Information über Stadien, Zustände und Positionen der Zelle in biochemische Aktivitäten umsetzen. Wenn es nun - wie besonders bei den Primaten - im Genom schon hochentwickelte Subroutinen der Genregulierung gibt, die raffinierte Verschaltungen im Gehirn mit raffinierten Funktionen kodieren, so könnte es für die weitere Evolution effizient sein, durch spezifische Kombinationen von vorhandenen Subroutinen neue Richtungen der Evolution zu begründen, die zu neuen Fähigkeiten des Nervensystems führen - und in Millionen Individuen in vielen tausend Generationen kommen dafür auch bestimmte Zufallskombinationen vor, die pro Individuum sehr selten sind. Auch wenn sie anfangs nur geringe Auswirkungen hatten, könnten sie doch neue *Richtungen* für die weitere Evolution eröffnet haben.

Was aber meinen wir mit „allgemeinen menschlichen Fähigkeiten"? An einer abstrakten Definition dessen, was den Menschen ausmacht, möchte mich hier nicht versuchen. Jedenfalls gehört zu den Grundeigenschaften des Homo sapiens die Fähigkeit der Selbstrepräsentation; wir können uns die Zukunft vorstellen, und darin kommen wir selbst vor, wie wir sein könnten,

sein wollten, auch wie wir von anderen gesehen werden wollen. Wir können unsere eigenen
möglichen Zustände danach bewerten, ob sie wünschenswert sind oder nicht; der Vergleich
verschiedener Szenarien in der Zukunft führt zu Strategien des Handelns. Selbstrepräsentation
ist aber nicht nur eine der Voraussetzungen des strategischen Denkens, sondern auch für menschliches Bewußtseins, und damit kommen wir zu dem vielleicht schwierigsten, aber auch interes-
santesten Problemkreis im Grenzgebiet zwischen Biologie, Psychologie und Philosophie, den
zwei der vorangehenden Vorträge in so eindrucksvoller Weise dargestellt haben. Ich möchte
mich hier nur auf einen, nämlich auf den *entscheidungstheoretischen* Aspekt dieses Problemkrei-
ses beschränken.

Uns ist im Bewußtsein der eigene seelische Zustand in Form von Gedanken, Gefühlen, Plä-
nen, Erwartungen und Befürchtungen für die Zukunft jeweils ganz unmittelbar gegeben. Von
Gehirnprozessen merken wir dabei nichts; es ist die Wissenschaft, die uns lehrt, daß Bewußtsein
eine Eigenschaft des menschlichen Gehirns ist. Die bewußtseinsnahe Hirnforschung führt dabei zu außerordentlich interessanten Ergebnissen, über die auch in Vorträgen dieses Symposiums berichtet wurde, zum Beispiel über neurobiologische Aspekte der Aufmerksamkeit und der
Kognition; über die Simulierbarkeit höherer Hirnfunktionen durch Computer; über die
Neuropsychologie der Unterschiede bewußter und unbewußter Zustände; über integrierende
Aktivitäten, die weite Bereiche des Gehirns miteinander verbinden. So interessant und für das
menschliche Selbstverständnis wichtig all diese Ergebnisse sind - sie bedeuten nicht, daß nun
eine allgemeine, in wesentlichen Aspekten vollständige Erklärung der Gehirn-Geist-Beziehung
ins Haus stünde. Die erwähnte Selbstbegrenzung der Naturwissenschaft, wie wir sie aus der
Quantenphysik und der Entscheidungstheorie kennen, führt eher zu der begründeten Vermu-
tung, daß es neben spannenden Einsichten auch prinzipielle Grenzen einer naturwissenschaftlichen Theorie des Bewußtseins geben kann.

Bewußtseinstheorie setzt immer schon Bewußtsein voraus. Sobald man objektive Definitio-
nen für menschliches Bewußtsein sucht, stößt man auf Schwierigkeiten: Notwendige Bedingungen für Bewußtsein zu finden, ist ziemlich leicht, hinreichende aufzustellen aber ist schwer.
Für die wohldefinierten Aspekte wird man schließlich auch naturwissenschaftliche Erklärungen
finden; für die nichtformalisierbaren aber kann das nicht gelten. Aus der Gültigkeit der Physik
im Gehirn und der Korrelation von Bewußtseins- mit Gehirnzuständen folgt keineswegs, daß es
ein allgemeines Verfahren geben muß, um mit endlichen Mitteln in endlicher Zeit eine umfassende Entschlüsselung, eine Dekodierung der Gehirn-Geist-Beziehung zu erreichen, zumal im
Hinblick auf selbstbezogene Prozesse im Gehirn. Wenn wir den Blick nach innen richten und
über unsere eigenen psychischen Zustände etwas mitteilen, könnte dies dann aber im Prinzip
mehr als das ergeben, was durch eine noch so umfangreiche Außenanalyse des Nervensystems
zugänglich wäre.

Alle solche Einsichten und begründete Vermutungen über Grenzen des Wissens sind wiederum unterschiedlichen erkenntnistheoretischen und naturphilosophischen Deutungen zugänglich. Man kann zum Beispiel Heisenbergs Unbestimmtheitsgesetz als letzte Antwort der Natur
auf unsere Fragen ansehen - dies entspricht auch meiner Auffassung - oder hinter ihr dann noch
irgendeine Art von eindeutig wirklichen Vorgängen vermuten; man kann die Gesetze mathe-

matischer Unentscheidbarkeit als Verweis auf intuitive Grundvoraussetzungen jedes menschlichen Denkens betrachten, wie ich das hier auch vertreten habe, oder aber diese Gesetze nur als rein formale Sätze über formale Sätze auffassen, wie dies von einem Teil der Mathematiker gesehen wird; man kann Bewußtsein als Urgegebenheit oder letztlich doch lediglich als ein Epiphänomen physikalisch-chemischer Prozesse im Nervensystem zu begreifen suchen.... Solche Deutungsalternativen sind wohl nicht deswegen so resistent gegen eindeutige Auflösungen, weil die Klugen die Dümmeren noch immer nicht überzeugt haben, sondern aus einem viel tieferen Grund: Die Welt *ist* also auf der metatheoretischen Ebene mehrdeutig, und das wird wohl auch so bleiben. Dies betrifft nicht zuletzt philosophische Kernfragen nach der Beziehung von menschlicher Einsicht und Realität und erscheint als der eigentliche Grund dafür, daß modernes naturwissenschaftliches Denken letztlich mit verschiedenen philosophischen, kulturellen und religiösen Interpretationen des Menschen und der Welt vereinbar ist: Mit verschiedenen, aber keineswegs mit allen! Man muß sich schon zuerst auf die rationalen wissenschaftlichen Erkenntnisse wirklich einlassen, auch wenn sie anti-intuitiv oder unbequem sind, um dann, in Übereinstimmung mit Tatsachen und logischem Denken, von der philosophischen Deutungsfreiheit Gebrauch zu machen. Nach meiner Ansicht kommt es dabei darauf an, unter den logisch denkbaren philosophischen Interpretationen nach solchen zu suchen, die auch einen Beitrag zur Lebenskunst leisten. Dies möchte ich an einem besonders wichtigen Problembereich erläutern, dem - durchaus begrenzten - Beitrag der Naturwissenschaften zur Diskussion um die menschlichen Werte.

Es geht um „Altruismus", „Kooperativität" und „internalisierte Werte". All dies hat etwas mit Moral zu tun. Nun vertragen sich Moralisten, die das Gute fordern und das Böse brandmarken, in der Regel nicht besonders gut mit Soziobiologen, die in manchmal aggressiver Grundstimmung darauf hinweisen, die biologischen Anlagen des Menschen seien nun einmal auf hohe Reproduktionschancen der eigenen Gene programmiert, daher in erster Linie egoistisch und könnten gar nicht anders sein. Umgekehrt sagen Sozialwissenschaftler den Soziobiologen oft ein biologisch reduziertes mechanistisch-materialistisches Welt- und Menschenbild nach, mit dem noch dazu reaktionäre politische Gedanken transportiert werden - zum Beispiel Rechtfertigungen von Sozial-Darwinismus. Biologen konnten entgegnen, der Sozial-Darwinismus sei ja nicht in erster Linie von Darwin - oder überhaupt von Biologen -, sondern von Soziologen propagiert worden.... Wenn man aber derartige, fast ritualisierte Auseinandersetzungen verfolgt hat, ist zu erkennen, daß sie sich mittlerweile überlebt haben oder überlebt haben sollten, denn im Grund wissen wir doch zwei Dinge ganz gut: Zum einen sind Grund- und Randbedingungen sozialen Verhaltens biologisch angelegt; zum anderen aber ist die Ausprägung offensichtlich eine Kulturleistung. So hat es ein führender Zwillingsforscher ausgedrückt: „Die Gene singen uns ein prähistorisches Lied, dem wir uns heutzutage bisweilen widersetzen sollten, aber es wäre eine Dummheit, es zu ignorieren".

Hören wir uns die eine oder andere Strophe dieses prähistorischen Liedes an: Was singen uns die Gene darüber, daß es überhaupt nicht-egoistische Anlagen in Lebewesen gibt? Biologische Anlagen zu altruistischem Verhalten wurden früher dadurch erklärt, daß sie der Art beziehungsweise der Gruppe nutzen. Die genauere Analyse zeigt aber, daß diese Erklärung so nicht, jedenfalls nicht immer, zutreffen kann; die Mechanismen der Evolution setzen nämlich am Individuum und dessen Genen, nicht an der Gruppe an, um die jeweils eigenen Reproduktionschancen zu erhöhen; und dies fördert egoistische Verhaltensanlagen. Altruismus gibt es ebenfalls, bedarf aber besonderer Erklärungen. Besonders zwei Erklärungen sind dabei Standard: zum einen gibt es altruistisches Verhalten zugunsten von Verwandten, denn dies fördert indirekt auch die Verbreitung der jeweils eigenen Gene und erhöht, wie der Fachausdruck lautet, die 'inclusive fitness'. Wenn ich, zum Beispiel, auf meine Kosten meinem Bruder helfe, der die Hälfte meiner Gene mit mir gemeinsam hat, so trage ich indirekt und statistisch zur Verbreitung meiner eigenen Gene bei. Darüber hinaus können Leistungen für andere sich immer dann lohnen, wenn Aussicht besteht, daß sie später durch Gegenleistungen kompensiert werden. Man nennt dies „reziproken Altruismus" - lassen Sie sich nicht stören, daß hier der Begriff Altruismus ziemlich gedehnt wird. Besonders groß ist die Kooperationsfähigkeit der Spezies „Mensch". Evolutionsbiologisch gesehen ist sie wohl in erster Linie aus der Familien-, Clan- und Stammesverwandtschaft entstanden, läßt sich aber von genetisch Verwandten auf Vertraute und darüber hinaus auf größere Sozialverbände extrapolieren, wenn auch nur in abgeschwächter und fragiler Form. Kooperation als Leistung in Erwartung von Gegenleistung gibt es nicht nur zwischen Individuen, sondern auch in größeren Gruppen; der in menschlichen Gesellschaften so ausgeprägte Stellenwert der Reputation - der Wissenschaftsbetrieb ist hierfür ein Beispiel - hat seinen evolutionsbiologischen Ursprung vermutlich auch in dem Bestreben, sich als kooperationsfähig und-willig darzustellen.

Es gibt aber noch eine weitere Quelle von Hilfs- und Kooperationsbereitschaft, die sich nicht ohne weiteres auf Verwandtenhilfe oder Reziprozität reduzieren läßt: die Empathie, das Mitgefühl mit anderen, besonders eine auf kognitiven Fähigkeiten des Menschen aufbauende Empathie, welche auch Szenarien und damit Hoffnungen, Erwartungen und Ängste für die Zukunft einschließt. Die Evolution der Empathie konnte auf tierischen Vorformen aufbauen; ihre menschliche, weite Zukunftsperspektiven einschließende Form aber dürfte, so kann man mindestens vermuten, als Nebenprodukt der Evolution des strategischen Denkens entstanden sein; denn das Mitempfinden mit anderen erleichtert es, deren Verhalten zu prognostizieren und erhöht damit die eigene 'Fitneß'. Mitempfinden motiviert dann aber dazu, durch helfendes Handeln die Befindlichkeit anderer zu verbessern. Die Evolution der Fähigkeit zur kognitionsgestützten Empathie könnte man sich vorstellen als Erweiterung von Selbst- zu Fremdrepräsentationen, die mit den eigenen Gefühlszentren vernetzt bleiben oder werden.

Die schwierigsten Fragen im Grenzbereich von Biologie und Ethik stellen sich in bezug auf internalisierte Werte. Bestimmte Handlungen würden die meisten aus ethischen Gründen auch dann nicht begehen, wenn es niemand merkt und wenn keine negativen Rückwirkungen zu befürchten sind - weil wir, wenn wir die Handlung doch begehen würden, schließlich uns selbst nicht gefielen. Vermittelt werden solche Werte vorwiegend durch Erziehung und Sozialisierung in der Jugendzeit. Dies führt uns zu der Frage nach der Auswahl und der Begründung von Werten. Wie schwer das ist, besagt der schöne Satz von Schopenhauer: „Moral predigen ist leicht, Moral begründen schwer". Schon in der antiken Philosophie stand aber im Hintergrund implizit auch die Frage: Wie hast du es mit der Biologie? Ist gutes Handeln eine Kulturleistung, die man den biologisch angelegten menschlichen Begierden abringen muß, wie es die stoische Philosophie lehrte? Oder soll man vielmehr - mit den Epikureern - positiv auf dem Streben nach Lust und Freude samt ihren biologischen Antrieben aufbauen und dieses Streben als Kulturleistung so generalisieren, daß es weite Zeitdimensionen und weitreichende zwischenmenschliche Beziehungen erfaßt? Der Respekt vor den allgemeinen, biologisch angelegten Motiven ist auch ein Beitrag zur Lebenskunst, und die modernen Erkenntnisse über menschliches Sozialverhalten sprechen durchaus dafür, die biologischen Grundlagen der Kulturfähigkeit ernst zu nehmen; sie begründen, aber sie begrenzen eben auch Spielräume kultureller Gestaltung. Ideen theoretischer Moral, die in der Praxis nirgends funktionieren, widersprechen wahrscheinlich den biologisch angelegten Motivationen von Menschen. Umgekehrt weisen Fälle größerer Unterschiede zwischen Gesellschaften auf soziokulturelle Gestaltungsmöglichkeiten innerhalb des weiten, biologisch angelegten Rahmens hin.

Ein Beispiel ist das Ausmaß und die Ausrichtung von Vertrauen in einer Gesellschaft. Das ist eine fragile Verhaltensdisposition, in der sich verschiedene Kulturen und Gesellschaften wesentlich unterscheiden. Sie ist von großer ökonomischer Bedeutung - ständig überwachte gesellschaftliche und wirtschaftliche Beziehungen führen zu ineffizienten Arbeitsorganisationen, zu Demotivation und ruinösen Kosten - vor allem aber bestimmt Vertrauen ganz wesentlich mit, ob es sich in einer Gesellschaft angenehm lebt oder nicht; es gehört zur Lebenskunst.

Nun halten manche Ökonomen überhaupt nicht viel von solchen Diskussionen über Werte - zu denen zum Beispiel Vertrauensbereitschaft gehört -, sie erkennen nur das egoistische Streben nach Geld und 'pleasure' als wirksames Verhaltensmotiv an, nicht wenige Soziobiologen sehen auch bei Menschen in erster Linie - wenn auch indirekt - Auswirkungen biologischer Anlagen zur Vergrößerung der eigenen Reproduktionschancen, während manche Soziologen eine fast unbegrenzte Formbarkeit des Menschen durch Erziehung vorausgesetzt haben. Derartig einseitige Auffassungen können dem komplexen Verhältnis kultureller Ausprägungen zu biologischen Anlagen nicht gerecht werden.

Einige der früheren Denker - über die Jahrhunderte - waren da eher besser, natürlich noch ohne moderne Biologie, allein mit analytischem Verstand und scharfsinniger Beobachtung tatsächlichen menschlichen und gesellschaftlichen Verhaltens: Zum Beispiel vor sechshundert Jahren der große nordafrikanisch-islamische Historiker Ibn Khaldun (1332-1406). So sehr seine Ideen auch in der Gesellschaft zu seiner Zeit verwurzelt sind, so enthalten sie doch auch bemerkenswerte allgemeine Einsichten in die menschliche Natur. Ibn Khaldun hat eine Soziologie des Gemeinsinns, „Asabiya", entworfen. Ihr Ursprung ist die natürliche Solidarität unter Stammesverwandten. „Asabiya" kann aber auch auf größere Gesellschaften verallgemeinert werden, insbesondere durch gemeinsame Sozialisation. Damit wird sie aber relativ anfällig und labil und kann zu Zyklen aufsteigender und absteigender politischer Systeme führen. Ibn Khaldun verlangt, die natürlichen Anlagen des Menschen zu respektieren und ihn deswegen nicht zu überfordern. Dies zeigt sich besonders in seinem Plädoyer für niedrige Steuersätze als Voraussetzung einer florierenden Wirtschaft. Die Bedeutung der Empathie kommt sehr eindrucksvoll in seinem bemerkenswerten Postulat zur Geltung, daß gute Herrscher nicht nur nicht zu dumm, sondern auch nicht zu klug sein sollten; zu kluge politische Führer nämlich „belasten Leute mit

Aufgaben, die jenseits ihrer Fähigkeiten sind. Denn die schlaue Person erkennt Dinge, die andere nicht begreifen... Zu große Klugheit ist mit tyrannischen und schlechten Regimen verbunden und mit einer Tendenz, die Leute Dinge machen zu lassen, die sie ihrer Natur nach nicht machen würden..." - ein erhellender Gesichtspunkt auch in der Gegenwart zu den ständigen Querelen zwischen Intellektuellen und Politikern. Gemeinsinn erwächst aus Solidarität unter Verwandten und Vertrauten, aus Reziprozität und Empathie - so bereits Ibn Khaldun im 14. Jahrhundert.

Am Anfang meines Vortrages warb ich dafür, Beiträge der Naturwissenschaft zu unserem Bild des Menschen sowohl in Erkenntnissen über die biologische Spezies Mensch, über seine Evolution, über Gehirn und Bewußtsein zu suchen, als auch in der Kulturleistung „Naturwissenschaft" als Testfall für die Reichweite und Grenzen des menschlichen Denkens überhaupt. Die Überlegungen laufen zusammengefaßt darauf hinaus, daß Extrempositionen der gewohnten wissenschaftstheoretischen Kontroversen die Wirklichkeit weniger treffen als die Einsicht, daß sie nicht ganz richtig und nicht ganz falsch sind. Dies gilt vor allem für Thesen des historischen und erkenntnistheoretischen Relativismus. Die historische Entwicklung der Naturwissenschaft erfolgte zwar kulturspezifisch, also relativistisch, aber ihre Erkenntnisse sind dann doch weitgehend kulturübergreifend, also universell vermittelbar; die Grundlage dafür bilden wohl die gemeinsamen biologisch angelegten kognitiven Fähigkeiten der Spezies Mensch. Die Wissenschaftsgeschichte ist zwar keine story gleichmäßigen Fortschritts, aber eben auch nicht eine Geschichte von lediglich sich ständig überlebenden Hypothesen; sie ergibt nicht nur, aber auch bestandsfähige Erkenntnisse über die Natur, ein irreversibles Sediment, wie Valentin Braitenberg das genannt hat. Naturwissenschaft ist zwar eine Konstruktion des menschlichen Geistes, aber ein Teil dessen, was wir uns ausdenken, entspricht doch einer von uns unabhängigen natürlichen Ordnung, so die Formel $E = mc^2$, so die Einsicht „DNS ist Erbsubstanz". Der radikale Konstruktivismus, der das bestreitet - der im Extremfall behauptet, der Tiger, der mich anspringt, frißt mich nicht in Wirklichkeit, sondern nur in meiner inneren Welt -, erscheint eher als Gedankenspiel als eine im wirklichen Leben tragfähige Idee. Es gibt aber auch Grenzen der Erkenntnis, nicht zuletzt, weil wir als Teil der Welt diese nur von innen und nicht von außen erfahren und weil wir uns selbst nicht vollständig zum Gegenstand objektiven Wissens machen können.

Zwei Grundeinstellungen, so scheint mir, werden unseren wissenschaftlichen Erkenntnissen am ehesten gerecht: Zum einen konsequenter Physikalismus - die Physik gilt für alle Vorgänge in Raum und Zeit, den Bereich des Lebendigen, nicht zuletzt die Gehirnprozesse eingeschlossen; zum anderen entscheidungstheoretische Skepsis: Man kann aus gegebenen Voraussetzungen mit endlichen Mitteln nicht alle wahren Schlüsse ziehen. Auf der metatheoretischen Ebene bleibt die Naturwissenschaft mehrdeutig, sie ist mit verschiedenen kulturellen, religiösen und philosophischen Deutungen des Menschen und der Welt vereinbar.

Lassen Sie mich an dieser Stelle auf das übergeordnete Thema unseres Symposiums zurückkommen, auf die Entstehung neuer Qualitäten in komplexen Systemen. Ein Aspekt davon ist die begrifflich-philosophische theoretische Frage, ob und in welchem Sinne es sich jeweils um Emergenz handelt und was unter Emergenz in diesem Zusammenhang genau zu verstehen ist.

An diesem interessanten, aber ausgesprochen schwierigen Problemkreis möchte ich mich hier aber nicht versuchen und stattdessen unmittelbar auf das reiche Spektrum anschaulicher Erkenntnisse verweisen, die in verschiedenen Beiträgen dieses Symposiums zur Sprache kamen, zumal in Bezug auf die Biologie. Wir lernen einiges über die Entstehung neuer Qualitäten in komplexen Systemen, wenn wir das Verhältnis der Biologie zur Physik reflektieren. DNS ist Erbsubstanz - wir verstehen sie nur deshalb, weil wir die Moleküle DNS physikalisch verstehen. Verhaltenssteuerung durch das Gehirn - Erklärungen hierzu beruhen letztlich auf physikalischen, zumal elektrischen Prozessen der Informationsverarbeitung in Nervennetzen. Besonders deutlich wird die physikalische Erklärungsbasis bei einem Problemkreis, der ein Schwerpunkt an unserem Max-Planck-Institut für Entwicklungsbiologie in Tübingen ist, die Neubildung von Strukturen in jeder Generation. Unter der Kontrolle der Gene entwickelt der Organismus - von der Eizelle zum Tier - seine komplexen Strukturen in jeder Generation neu. Dabei entstehen in zunächst uniformen Geweben stark unterschiedliche Teilstrukturen. Über Jahrhunderte wurde vermutet, solche biologische Strukturbildung verweise auf besondere Lebenskräfte; dann aber zeigte sich, daß es diese wohl nicht gibt. Ein Grundprozeß ist die Wechselwirkung von lokalen autokatalytischen, sich selbst verstärkenden Aktivierungen mit längerreichweitigen Hemmwirkungen, und die beruhen auf ganz gewöhnlichen physikalischen Prozessen der beteiligten Moleküle. Das Prinzip der Selbstverstärkung aber, das der Strukturbildung zugrunde liegt, findet man auch bei ganz anderen Systemen, bei der Bildung von Sternen und Galaxien - wo Materie ist, wird Materie angezogen -, von Wolken und Wellen, bei der Bildung von Städten - wo Leute sind, ziehen Leute hin -, aber auch im psychologisch-sozialen Bereich - Vertrauen erzeugt Vertrauen, Frust erzeugt Frust.

Die Komponenten der Organismen - Moleküle, Zellen, Gewebe - unterliegen den Grundgesetzen der Physik. Strukturbildung aber ist eine Systemeigenschaft, nicht eine Eigenschaft der Komponenten als solche, und deswegen erfordert ihr Verständnis zwar nicht *nur*, aber doch *auch* Systemtheorie, Systemmathematik. Dann allerdings bleibt es uns unbenommen, den einen oder anderen Aspekt interessanter zu finden, den materiellen (wir würden heute sagen: molekularbiologischen) im Sinne Demokrits, oder den mathematischen im Sinne von Pythagoras und Plato. Biologisches Verständnis erfordert zudem Anschauung wirklicher Lebensvorgänge und ihre Konzeptionalisierung in biologischen, nicht in physikalischen Begriffen. In diesem Sinne ist Biologie eben nicht auf Physik zu reduzieren. Man kann überhaupt für komplexe Systeme mit endlichen Mitteln keineswegs jeden Zusammenhang deduktiv aus den Gesetzmäßigkeiten ableiten, denen die Komponenten unterliegen. Dies ist nicht zuletzt bedenkenswert, wenn wir die Fähigkeiten der biologischen Spezies „Mensch" betrachten.

Diese Fähigkeiten wie die der Sprache, des strategischen Denkens, der erkenntnisgestützten Empathie sind Ergebnisse der biologischen Evolution des menschlichen Gehirns. Sind das, evolutionsbiologisch gesehen, wirklich *neue* Qualitäten? Sie bauen ja auf tierischen Vorläufern auf, und es gibt immer wieder eindrucksvolle und überraschende Erkenntnisse, was da alles schon bei höheren Tieren angelegt ist, sei es über Ansätze zu Empathie oder zur Fähigkeit des Zählens bei nichtmenschlichen Primaten. Wenn man sich auf die *Komponenten* des Systems 'Mensch' bezieht, so ist da vielleicht nicht so Vieles neu. Aber charakteristische *Systemeigenschaften* der Spezies Mensch sind eben doch *Innovationen* der biologischen Evolution des Menschen. Neu ist besonders die Entspezialisierung und Verallgemeinerung von Fähigkeiten, wie sich dies im menschlichen Sprachvermögen zeigt, das nicht zuletzt durch grammatische Strukturierungen erlaubt, fast alles auszudrücken und höhere Ebenen symbolischer Repräsentation und Abstraktion einzuführen; desgleichen im strategischen Denken mit dem Vergleich verschiedener Szenarien in einer weiten offenen Zukunft, in der wir in veränderter Form selbst vorkommen. Es handelt sich um sehr allgemein anwendbare und sehr vielfältig entwickelbare Fähigkeiten, in mancher Hinsicht vergleichbar mit allgemein anwendbaren Erfindungen der Technik. Für sie gilt - denken Sie an die Erfindung des Rades oder die Entdeckungen der Elektrizität -, daß nicht schon im ersten Ansatz alle künftigen Entwicklungsmöglichkeiten enthalten und aus den Bedingungen des Anfangs vollständig erklärbar und ableitbar sind. Entsprechendes dürfte für die biologische Evolution zutreffen. Allgemeine Fähigkeiten und Prinzipien mit unbegrenztem Anwendungsbereich geben oft einen Überschuß von Eigenschaften; es wird, wie Max Delbrück dies in Zusammenhang mit der Evolution der menschlichen Fähigkeiten einmal genannt hat, sozusagen 'mehr geliefert als bestellt'.

Es ist das *System* biologisch angelegter allgemeiner Fähigkeiten des menschlichen Gehirns, das seit vielleicht hunderttausend Jahren in eine neue Qualität, nämlich in die Eigendynamik der Kulturgeschichte geführt hat. Die biologisch angelegten Grund- und Randbedingungen sozialen Verhaltens grenzen das Spektrum gesellschaftlicher Ordnungen ein, lassen aber immer noch eine sehr große Vielfalt von Möglichkeiten offen für die kulturelle und politische Gestaltung. Dabei hängt die Lebensqualität, die eine Gesellschaft zu bieten hat, in hohem Maß von Kooperations- und Vertrauensbereitschaft, von Empathie und Gemeinsinn ab. Was eine der menschlichen Natur gemäße Ethik auszeichnet, ist die Tendenz, moralische Überforderungen zu vermeiden, die kaum je zu etwas Gutem geführt haben. Gemeinsinn ist eine wertvolle, reale, aber auch knappe und begrenzte Ressource der biologischen Spezies Mensch, eine Ressource, die eher behutsam zu aktivieren ist und deren Grenzen - jedenfalls, was Forderungen an andere oder an alle angeht - zu beachten sind.

---

* Ausführliche Darstellungen zum Thema und Literaturhinweise in: Alfred Gierer „*Im Spiegel der Natur erkennen wir uns selbst - Wissenschaft und Menschenbild*", Rowohlt Reinbek 1998

Gott ist rund und der Rasen heilig

Quasi-religiöse Aspekte der Fußballfaszination

Klaus Hansen

Wenn derzeit vom großen, professionellen Fußball gesprochen wird, dann zumeist über das viele Geld, das mittlerweile im Spiel ist, oder über die krude Gewalt einer Handvoll schwer zu bändigender Hooligans. Beides steht hier nicht zur Debatte. Vielmehr interessieren im folgenden allein die (quasi-)religiösen Dimensionen des Fußballspiels, die mutmaßlich ein Großteil seiner Faszination ausmachen.

Stadionfrömmigkeit: Liturgieähnlichkeiten zwischen Fußball und Meßfeier

Merkwürdiger Anblick für die Außerirdischen, wenn sie im Unbekannten Flugobjekt über das abendliche Deutschland schweben. Die Errungenschaften der künstlichen Helligkeit zeigen die Landstraßen als Lichterketten an und die Ortschaften als gebündelte Lichtpunkte. Was aber hat es mit den gleißend illuminierten grünen Rechtecken auf sich, die sich am Rande oder mitten in den Ortschaften befinden? Außerirdische könnten sie jederzeit als Ritualplätze identifizieren. Denn was offenbart sich ihnen, bei näherer Betrachtung? Sie erkennen flutlichthellte Rasengevierte mit schlichten weißen Markierungen; auf zwei Seiten befinden sich große Fischereigeräte, große Netze, die die Eingeborenen „Tore" oder, wie einige Erleuchtete sagen: „das Allerheiligste" nennen. Der Rasen ist von gestuften Rängen umrahmt. Man erkennt weiß gewandete Menschen auf der einen Seite, auf der anderen ein Meer aus schierem Rot. Man schwenkt Fahnen und rüttelt mit Steinen gefüllte Radkapseln, man trommelt, trompetet und klatscht in einfachen Rhythmen. Bei den Weißen ist auf einem großen handgeschriebenen Transparent zu lesen: „Unsere Religion: Bayern München – Unser Gott: Trainer Trapattoni". Die einen singen inbrünstig ein englisches Lied, das wie ein Wetterbericht beginnt:

„When you walk through a storm
Hold your head up high
And don't be afraid of the dark

At the end of a storm
There's a golden sky
And the sweet silver song of a lark".

Die anderen singen das Lied auf Deutsch:
„Geht weiter mit Hoffnung in euren Herzen
und ihr werdet niemals alleine gehn".

Dann singen beide Gruppen zusammen den Refrain auf Englisch:

„Hold on, hold on,
Walk on, walk on,
You'll never walk alone..."

Jetzt verschafft sich eine sonore Männerstimme über Lautsprecher Gehör. Sie teilt uns Namen mit. Die ersten 11 Namen bilden die gegnerische, die weiße Mannschaft. Und zum liturgischen Responsorium gehört es, daß jeder Name mit einem tausendkehligen „Na und!?" begleitet wird:

„Nummer 7 Mehmet Scholl" – „Na und!?"
„Nummer 10 Lothar Matthäus" – „Na und!?"

Die zweiten 11 Namen gehören zur einheimischen Mannschaft. Der Sprecher nennt nur die Vornamen und das Publikum ergänzt tausendkehlig den Zunamen:

„Unsere Nummer 8: Martin" - „Wagner!"
„Mit der Nummer 11: Olaf" – „Marschall!"

Dann klettern drei Meßdiener in den Kutten, Schals und Mützen des einheimischen Clubs über die Seitenumrandung, stürmen mit wehendem Wimpel, auf dem ein rotgehörnter Teufel zu erkennen ist, dem Mittelpunkt zu, breiten die Vereinsfahne aus und knien und beugen sich mehrmals über sie. Dabei murmeln sie ein Gebet, das einem Messias namens Otto huldigt, das „Otto Unser":

„Otto Unser auf dem Betze,
Geheiligt werden deine Erfolge,
Der Europacup komme,
Deine Siege geschehen,
Wie zuhause, so auch auswärts.
Unsere wöchentlichen drei Punkte gib uns heute,
Und vergib Friedel Rausch,

Wie auch wir vergeben den Erfolglosen.
Und führe uns nie mehr in die Zweite Liga,
Sondern erlöse uns von den Bayern.
Denn Dein ist der Betzenberg
Und der Pokal
Und die Meisterschaft
In Ewigkeit
Amen."

Aus einem Schacht unter der Tribüne treten jetzt drei schwarz gewandete Priester. Der mittlere, vermutlich der Oberpriester, trägt auf der flach vor der Brust gehaltenen Hand eine strahlend weiße Kugel. Hinter den schwarzen Männern reihen sich die beiden 11er-Mannschaften auf. Was mag nur die Elfzahl bedeuten, fragen sich die in der Zahlenmystik durchaus bewanderten Außerirdischen. Eine närrische Zahl, gewiß. Am Elften im Elften um 11 Uhr 11 erwachen bei den rheinischen Erdlingen die Elferräte. Andererseits liegt die Elf um eine Stelle über der Zehnzahl des Dekalogs und eine Stelle unter der Jüngerzahl Jesu. Eine sündhafte Zahl in jedem Fall. Das Geheimnis der Elfzahl ist bis heute nicht gelüftet. Jetzt setzen die Männer den Fuß auf das, was man in Wembley den „heiligen Rasen" und in Maracana, dem 200.000-Mann-Stadion von Rio de Janeiro, den „Altar des Fußballs" nennt. Einige Spieler bekreuzigen sich, andere bitten mit einem flehentlichen Blick gen Himmel um Beistand von oben. Schon bei den wenigen Lockerungsübungen wird der einheimische Mann mit der Nummer Eins auf dem Rücken enthusiastisch als „Fußballgott" gefeiert. – Ist das nicht Blasphemie? Nein. Erst als Jordi Cruyff, der Sohn des jüngst zu Europas bestem Fußballer des 20. Jahrhunderts gewählten Johan Cruyff, in die Fußstapfen seines Vaters trat und von den Rängen herab mit dem Kosewort „Gottessohn" gerufen wurde, erhob sich der Vorwurf der Blasphemie. So geschehen im Mai 1996 in Holland. Bevor nun der Oberpriester, ein „Krug aus Gelsenkirchen" genannter Mann, durch einen Pfiff den freien Zutritt auf den Ball eröffnet, küßt Giovane, der gegnerische Mittelstürmer, noch schnell die ruhende weiße Kugel. Jeder der 22 Spieler ist nun voll konzentriert und memoriert noch einmal für sich die wesentlichen Gebote aus der Fußball-Bibel, in der die Worte Sepps, des Fußball-Weisen aus Kurpfalz, verewigt sind. Sie lauten:

„Der Ball ist rund, das heißt alles ist möglich, nichts ist gewiß.
Das unmittelbar vor uns liegende Spiel ist immer das schwerste.
Jedes Spiel dauert 90 Minuten. Abgerechnet wird zum Schluß."

Gibt es eine trefflichere Übersetzung von Jesu Bergpredigt, in der es heißt: „Sorget nicht für den morgigen Tag, es ist genug, daß jeder Tag seine eigene Plage habe"?

Doch bei allem Kampf um den Sieg, so haben es die Kicker gelernt, geht es um mehr. Man hat „sauber" zu bleiben und den Geboten des Fairplay zu genügen. Darum versammeln sich die Männer jetzt im Kreis, fassen sich an den Händen und skandieren einen letzten Vorsatz:

„For when the one great scorer comes
To write against your name
He marks not that you won or lost
But how you played the game."

Ein Vorsatz, der den Kern der Fairneß-Idee trifft und den Herrn über Leben und Tod als vorbildlichen Sportsmann ausweist: Wenn der große Anschreiber dereinst die Punkte zusammenzählt, schaut er nicht darauf, ob du gewonnen oder verloren hast, sondern wie du das Spiel gespielt hast. - Wir befinden uns also in einem open-air-Gottesdienst, und zwar erst an dessen Anfang. Zu welchem anderen Schluß sollten unsere außerirdischen Gäste auch sonst kommen. Das Religiöse lebt, auch in den modernen westlichen Gesellschaften, man muß nur wisssen, wo!

Die soziologische These, die sich aus den Beobachtungen unserer außerirdischen Gäste herleiten läßt, lautet folgendermaßen:
Fußball übernimmt in modernen Gesellschaften die sozialen Funktionen einer verblassenden Kirchlichkeit: Heute wird in den Fußballstadien das lokale Gemeinde-Erlebnis gestiftet, daß früher den Kirchen oblag.
Desmond Morris war es, der in seinem Buch *Das Spiel,* 1981 in deutscher Übersetzung erschienen, genau in diese Richtung zielt, wenn er von der „ religiösen Bedeutung des Fußballs" spricht. Ich paraphrasiere seinen Gedankengang: Für einen großen Prozentsatz der Bevölkerung hat der Fußball den Gottesdienst von gestern ersetzt. In dem Maße nämlich, in dem sich die Kirchen geleert haben, ist in den Städten und Gemeinden eine wichtige Gelegenheit zu sozialen Zusammenkünften verlorengegangen. Die regelmäßigen Treffen am Sonntagmorgen hatten nicht nur dem gemeinsamen Gebet, sondern auch der Bestätigung der Gruppenidentität gedient. Sie hatten den Kirchgängern von gestern ein Gefühl der Zusammengehörigkeit gegeben. Die gutbesuchten Gottesdienste waren ebenso ein soziales wie ein religiöses Ereignis gewesen. Heute, da ihre Zeit vorüber ist und Individualisierung und Vereinzelung des Menschen zur postmodernen Signatur gehören, wächst das Interesse an Gelegenheiten zu großen Zusammenkünften, bei denen der Bürger sich als Teil der örtlichen Bevölkerung fühlen und zeigen kann. Seitdem fällt dem Fußball bei der Demonstration lokaler Verbundenheit eine wichtige Rolle zu. Wie ehedem zur kirchlichen Meßfeier, findet man sich heute beim Fußballspiel zusammen. Die Glaubensintensität scheint darunter nicht gelitten zu haben, denn an die Stelle der Gottheit ist die Mannschaft getreten, der Glaube, Hoffnung und Liebe gelten. So ist also unübersehbar, daß der Fußball in unserer Gesellschaft vor allem als Kompensationsform für die nachlassenden sozialen Funktionen einer verblassenden Kirchlichkeit dient. Das mag ein armseliger Ersatz sein, der aber auch seine positiven Seiten hat. Für viele Fans bedeutet das Fußballspiel am Wochenende einen Ausbruch aus der chronischen Monotonie der Woche. Für sie ist es ein Höhepunkt, da es ihnen die einzige Möglichkeit bietet, mit Fahnen, Emblemen und den Instrumenten archaischer Ekstaseproduktion – Klatschen, Trommeln und Trompeten - ihre Zugehörigkeit zur Gemeinschaft und ihren Glauben an eine gemeinsame Sache zu demonstrieren

und dabei ein erhebendes Communitas-Erlebnis in der Gemeinde der Gleichgesinnten zu erfahren. Der Umstand, daß die Sache, um die es geht, Sieg und Erfolg ihres Fußballvereins heißt und nicht etwa ein erhabenes politisches oder humanitäres Ziel ist, nimmt dem Vorgang nichts von seiner psychologischen Bedeutung. Ebenso wenig wie der Umstand, muß man hinzufügen, dass die Kluft zwischen den Stadionmassen und den Akteuren auf dem Spielfeld kaum größer sein könnte: hier oft genug arme Schlucker, dort millionenschwere Yuppies mit eigenen Bodyguards, die ihnen die Fans vom Leibe halten sollen. „Mit anderen Worten", schließt Desmond Morris seine Überlegungen, „man kann die Augen nicht vor der Tatsache verschließen, daß das Fußballspiel als eine Art Gottesdienstersatz ... eine wichtige Rolle spielt."

Ernüchterung: Einige Zahlen zur „schönsten Nebensache der Welt"

Von einer „Weltmacht Fußball" zu sprechen, ist der Sache durchaus angemessen. Fußball ist in allen Ländern dieser Erde zu Hause. Seine Organisation, die FIFA (Féderation International de Football Association), ist mit 203 Mitgliedsländern größer als die UNO. Und was sie zu bieten hat, findet mehr Anhänger als jede Religion. Ökonomisch betrachtet, gibt es auf dem Erdball kein umsatzstärkeres Unternehmen als die FIFA. Ihr Jahresumsatz ist beinahe doppelt so hoch wie der des größten multinationalen Konzerns der Welt, General Motors – und dürfte jetzt bei 300 Milliarden Dollar liegen. Die erfaßten Fernsehzuschauerzahlen bei den Weltmeisterschaften in Italien 1990 und den USA 1994 beliefen sich auf geschätzte 26 bzw. 32 Milliarden; bei der WM 1998 in Frankreich auf ca. 40 Milliarden. Statistisch gesehen hat sich damit jeder der 6 Milliarden Erdenbewohner sechs- bis siebenmal in die Turnier-Berichterstattung eingeschaltet. Was aber heißt das schon, wenn wir an die Aussagekraft der Statistik denken! Statistisch gesehen haben alle Menschen weniger als zwei Beine – und wären damit gar nicht in der Lage, Fußball zu spielen! Für den nationalen Raum belegen folgende Zahlen die außerordentliche Nachfrage nach Fußball. Betrachten wir die finanzielle Beziehung zwischen den deutschen Fernsehanstalten und dem deutschen Profifußball, so schauen wir auf eine schwindelerregend ansteigende Linie. Bei der Bundesliga-Gründung 1963 mußten die Vereine noch Geld für die Übertragungen ihrer Spiele bezahlen. Erstmals zur Saison 1965/66 gab es Honorare von den TV-Anstalten. 640.000 DM zahlten die Fernsehsender 1965 an den Deutschen Fußball-Bund (DFB). 1998 waren es 320 Millionen DM, das 500fache des Anfangshonorars. Acht der zehn meistgesehenen Sendungen des deutschen Fernsehens waren 1998 Fußballübertragungen. Der nunmehr 100jährige Deutsche Fußball-Bund (gegründet im Januar 1900) hat rund 6.300.000 Mitglieder. Der geregelte Spielbetrieb wird von rund 27.000 Clubs mit rd. 174.000 Mannschaften betrieben. Der DFB ist der größte Einzelsportverband der Welt. Die Bundesliga-Spiele der 18 besten Mannschaften sehen am Wochenende ca. 300.000 Menschen in den Stadien, ca. 6 Millionen in der Fernsehberichterstattung, und ca. 10 Millionen Hörer verfolgen die Reportagen im Radio. 70 Prozent aller Deutschen geben zu, sich für Fußball zu interessierten. Auch in randständigen Bereichen und skurrilen Hinsichten behauptet der Fußball seine Spitzenposition. Nur eine Zahl hierzu: Kein Wort taucht so oft in der deutschen Nachrichtensprache auf wie

Fußball. Die Deutsche Presse-Agentur kommt 1997 bei der Auswertung der rund 185.000 von ihr verbreiteten Meldungen, wie in den vorausgehenden Jahren übrigens auch, zu dem Resultat, daß Fußball (14.500 Nennungen) auch neue Boom-Wörter wie Reform (11.500) und Börse (10.500) hinter sich läßt. - Von der „schönsten Nebensache der Welt" zu sprechen, verkennt also die Lage gründlich. Fußball ist eine Welt- und Geldmacht allerersten Ranges.

Fußballfaszination: Was ist der Grund unseres rezeptiven Gefallens am Fußball?

Warum fasziniert Fußball den Zuschauer? Bei einer Sichtung der seit Mitte der siebziger Jahre beständig anwachsenden Literatur stößt man auf zahlreiche Antworten, die ich in *8 Argumentgruppen* bündeln möchte:

1.Schlichtheitsargumente: Fußball fasziniert, weil seine Regeln klar und einfach sind und darum auch für das schlichte Gemüt nachvollziehbar. Auch die Abseitsregel, der einzige Intelligenzquotient des Fußballs und „das letzte Geheimnis der Männer", wie Sportreporter Jörg Wontorra meint, stellt offenbar nur für weibliche Zuschauer eine intellektuelle Hürde dar. Zur Einfachheit des Fußballs gehört auch die relative Voraussetzungslosigkeit des Spiels; weder bedarf es besonderer körperlicher Eigenschaften noch sachlicher Mittel. Man muß weder, wie beim Basketball, ein Riese sein noch, wie beim American Football, ein Monster.

2. Spannungspsychologische Argumente: Die Leute gehen zum Fußball, soll Sepp Herberger gesagt haben, weil man nie wissen kann, wie es ausgeht. Im Fußball also sei Unvorhergesehenes und Überraschendes jederzeit möglich. Die Dramatik des Fußballspiels beruht auf Zufalls-, nicht auf Leistungsspannung und erschöpft sich darum bis zum Schlußpfiff nicht. Einem Fußballspiel zuzusehen bedeutet nie zu wissen, ob der Höhepunkt schon da war oder erst noch kommen wird. Eine Leistungsspannung liegt vor, wenn z.B. ein Leichtathlet versucht, einen bestehenden Rekord zu brechen. Die Zuschauer kennen die Marke, und die Spannung resultiert allein daraus, ob der Athlet die Marke übertreffen kann oder nicht. Die den Fußball charakterisierende Zufallsspannung ergibt sich daraus, daß hier Entscheidungen nicht selten durch Zufall herbeigeführt werden. Eine Mannschaft kann noch so viel geleistet haben, und doch genügt schon ein zufällig versprungener Ball, um das Ergebnis zu ihren Ungunsten zu wenden. Die typische Fußball-Spannung beruht folglich darauf, daß zwei Mannschaften zwar bemüht sind, durch Anstrengungen bis an die Leistungsgrenze zum Sieg zu kommen, daß dieser Versuch aber zugleich permanent der Gefahr ausgesetzt ist, durch unberechenbare Schicksalsmächte zufällig zunichte gemacht zu werden. Diese von Gumbrecht auch „existentielle Spannung" genannte Angespanntheitsstruktur unterscheidet den Fußball von anderen Sportarten.

3. Zivilisationskritische Argumente: Fußball ist bei aller Akribie der Trainer für die Ausbildung der Spieler und das Austüfteln von Spielsystemen ein „Plädoyer für das nicht Planbare" – und damit die ideale Phantasiefolie zum Eskapismus aus der Welt der Bürokratie und Termingeschäfte. Ganz bestimmt hat die Faszination des Fußballs etwas zu tun mit seinem Hang zur Anarchie. Wie kein anderer Sport schafft es dieser, sich gegen alle Vorschriften aufzulehnen, die ihn zu einem gezähmten, gesitteten Ereignis machen wollen. So produziert er stänig Situationen und Phänomene, die niemand zuvor für möglich gehalten hätte. Damit zusammenhängend:

4. Ventilsittliche Argumente: Die Zivilisierung des Menschen bedeutet fortgesetzte Affekt-dämpfung und Körperdisziplinierung, die einen Überdruck erzeugen, der von Zeit zu Zeit ventiliert sein will. Das Fußballstadion ist ein ideales Ventil, eine grandiose „öffentliche Bedürfnisanstalt"; hier, wo die Raserei legalisiert ist, kann man alle Benimmregeln vergessen und richtiggehend „die Sau rauslassen". Wie überhaupt das Fußballstadion ein ganz besonderes Reservat einer männlichen Gesellschaft darstellt: Nur im Stadion können erwachsene Männer sich öffentlich küssen, ohne in den Verdacht der Homosexualität zu geraten.

5. Erlebnisgesellschaftliche Argumente: Das Fußballstadion eignet sich besonders als Bühne der Selbstinszenierung der Massen: Mit Chorgesängen, größer als jeder Fischer-Chor, und gigantischen „La-Ola-Wellen" nimmt das Publikum nicht nur Einfluß auf das Spielgeschehen – als der gefürchtete „12. Mann" -, sondern unterhält und vergnügt sich an sich selbst.

6. Kommunikationssoziologische Argumente: Fußball als Gesprächsthema hebt die „Kultur der Separation" auf; über Fußball kommt man leicht ins Gespräch, sowohl mit Wildfremden als auch über Klassen- und Generationsbarrieren hinweg, was unter anderem auch daran liegt, daß Fußballexpertentum immer eine selbsternannte Qualifikation ist. Die Wörter des Fußballs wirken mitunter wie Zauberworte. Man sagt heute nicht mehr „Sesam, öffne dich", wie einst Aladin mit der Wunderlampe. Es gibt mittlerweile modernere Zauberworte, schreibt Evi Simeoni in der FAZ, die in der ganzen Welt ihre Wirkung tun. „Ein paar klitzekleine Silben, und finstere Mienen hellen sich auf... Man muss nur die richtigen Zauberwörtchen fallen lassen. Zum Beispiel ‚Beckenbauer'. Plötzlich strahlt ein wildfremdes Gesicht, ob nun im Kongo oder in Alaska." Fußballer-Namen haben Menschen schon aus äußerst prekären Situationen gerettet. So berichtet Marcel Reich-Ranicki in seiner Autobiographie „Mein Leben", wie er kurz nach dem Einmarsch der Deutschen in Warschau gemeinsam mit seinem Bruder zu einem Arbeitseinsatz kommandiert worden war. Doch die Erwähnung von Hertha BSC Berlin und des berühmten Spielers Hanne Sobeck veranlaßte den aufsichtführenden Berliner Soldaten und Hertha-Fan dazu, die beiden jungen Männer wieder nach Hause zu schicken.

7. Kulturhistorische Argumente: Fußball ist in Deutschland „Leitsport", das heißt der verbreitetste und beliebteste Sport, sowohl als Aktiven- als auch als Zuschauersport, vor allem bei Jungen und Männern. Seit 1913, als Kronprinz Friedrich Karl von Preußen, der selbst kickte, den Fußball in einer Grußadresse an den jungen Deutschen Fußball-Bund nobilitierte, genießt der Fußball in Deutschland hohe gesellschaftliche Anerkennung. Jeder hier wächst mit Fußball auf, viele hängen schon als Kind einem Verein an, identifizieren sich gar mit ihm, sodaß man auch selbst verliert, wenn der eigene Club verliert. Was auch immer passiert, man geht mit

seinem Verein durch dick und dünn. Die Vereinstreue des Fußballfans ist das Urbild der Monogamie. „Fußball verlangt Monogamie, bis daß der Tod uns scheidet", schreibt Salman Rushdie
und bekennt damit seine inzwischen 40jährige Liebe zu Tottenham Hotspur. Der spanische
Romancier Javier Marias paraphrasiert seinen Autorenkollegen Vázquez Montalbán, wenn er
schreibt: „Wir Menschen wechseln heutzutage alles bis auf eines: die Weltanschauung, die Religion, die Ehefrau oder den Ehemann, die Partei,...das Haus,...die Gewohnheiten, die Hobbys,
unsere Arbeitszeiten, alles unterliegt einem zum Teil sogar mehrfachen Wandel.... Das einzige,
wo wir anscheinend keine Veränderungen zulassen, ist der Fußballverein, zu dem man von
Kindesbeinen an hält." Weil Fußball in Deutschland eine Hauptsache ist („Fußball ist unser
Leben"), sind Fußballübertragungen im Fernsehen ein Zuschauermagnet und gelten als allerbe-
stes Werberahmenprogramm. Also bringt das quotensüchtige Fernsehen immer mehr Fußball,
was die Allgegenwart des Sports noch verstärkt. – Anderswo ist das anders, ganz anders. In einer
vom ungleich komplizierteren und voraussetzungsreicheren American Football und seinen
Wahrnehmungsgewohnheiten geprägten Kultur gilt „Soccer" als weich, langsam und wegen der
geringen Trefferausbeute als höhepunktarm. In den USA gilt Fußball als typischer Mädchen-
sport. Nicht von ungefähr, daß die USA den zweimaligen Weltmeister des Frauenfußballs stellen, während die Männer als zweitklassig gelten.

8. *Nationale Argumente:* „Auferstanden durch drei Tore", so könnte die gesamtdeutsche Na-
tionalhymne beginnen. Der 4. Juli 1954 habe den 8. Mai 45 vergessen lassen, spottet Norbert
Seitz in seiner Realsatire „Bananenrepublik und Gurkentruppe". Für die Deutschen in Ost und
West stellt der erste Weltmeistertitel, das sogenannte „Wunder von Bern", ein außerordentliches
kollektives Wiedergeburtserlebnis dar, neun Jahre nach der totalen Kapitulation. Auch ein DDR-
spezifischer Nationalstolz läßt sich am Fußball festmachen und ist mit dem 22. Juni 1974 verbunden. Noch heute erlebt das sogenannte „Sparwasser-Tor" Erinnerungen und publizistische
Würdigungen, wie das Ende 1998 von Elke Wittich herausgegebene Buch „Wo waren Sie, als
das Sparwasser-Tor fiel?" bezeugt.

Jede der vorgenannten Erklärungen bietet plausible Ansätze zum Verständnis dessen, was sich
bei uns rund um den Fußball abspielt. Doch hält sich hartnäckig der Verdacht, das letzte Wort
zur Fußballfaszination sei damit noch nicht gesprochen. Werfen wir darum einen genauen Blick
auf die elementaren Ingredienzien des Fußballspiels, wenden wir uns dem Ball und dem Fuß zu!

„Das Geheimnis des Fußballs ist ja der Ball!" Ob sich der Autor des Satzes, Uwe Seeler, das
deutsche Fußballidol zwischen Fritz Walter und Franz Beckenbauer, der Tragweite seiner Aussage bewußt ist? Ein solcher Satz kann nur aus dem Mund eines Fußballers kommen. Für andere
Ballartisten wäre er undenkbar. Kein Tennis- noch Golfspieler, kein Hand-, Volley- noch Bas-
ketballer würde das Geheimnis seines Sports im Ball suchen. Fußballer aber tun es, und sie
verehren ihr Sportgerät auf abgöttische Weise. Der Ball gilt als „kleine Persönlichkeit"; der Ball
macht „keine Kompromisse"; der Ball „ist ehrlich"; der Ball „verzeiht keine Fehler": Das ist
Fußballersprache, und von manchem Fußballer weiß man, daß er vor bedeutenden Spielen den

Ball mit ins Bett nimmt. Alfredo di Stefano, einer der besten Spieler aller Zeiten, errichtete dem Ball, der „bola", vor seiner Villa ein Denkmal aus Bronze. Nur zwei Worte schmücken die Inschrift: „Danke, Süße". – Worum handelt es sich? Wer oder was ist der Fußball? „Der Ball ist ein Faktor, wo kein Mensch überschaut", hat Jürgen Klinsmann in schwäbischer Gottergebenheit festgestellt. Nun, der Ball ist nicht nur rund – das ist auch der Eishockey-Puck -, der Ball ist rundherum rund, und zudem ist er elastisch. Es handelt sich also um eine elastische Kugel. Man spielt ja nur mit etwas, was wiederum mit dem Spieler spielt. Das tut der elastische Ball wie kein anderer. Der elastische Körper ist von Haus aus ein vortrefflicher Gegenspieler, denn er ‚antwortet'auf jeden Druck oder Stoß mit einem Gegendruck oder Gegenstoß und lockt in dieser Gegenwirkung immer aufs neue die Aktivität des Spielers heraus.

Mit welchen Bällen spielte und spielt man auf der ganzen Welt? Immerhin reicht die Überlieferung bis ins China des 3. vorchristlichen Jahrtausends zurück. Maya und Azteken sollen gegen höchst störrische Totenköpfe gekickt haben, und es galt als großer Elastizitätsfortschritt, als man begann, die Schädel mit einer Schicht Kautschuk zu umgeben. Man spielte mit gebündelten Korkresten, und trat gegen Stofflumpen. Die Eskimos spielten mit Bällen aus Robbenleder, die mit Fellbüscheln gefüllt waren. Bei den Aborigines wurde der Hodensack eines Känguruhs mit Gras ausgestopft. Auf den Fidji-Inseln kickte man gegen widerstandsfähige Pampelmusen. Seit dem 17. Jahrhundert kennen wir bei uns den Lederball mit stabiler Luftblase – meist einer Schweins- oder Ochsenblase. Das ändert freilich nichts daran, daß noch ein Pelé in der Mitte des zwanzigsten Jahrhunderts das Fußballspielen an mit Lumpen und Zeitungspapier ausgestopften Herrensocken erlernte.

Das Runde und die runde Kugel sind seit jeher auch religiöses Symbol. „Überall in der Welt (besitzt) der Kreis für den Menschen eine magische Bedeutung" (F.J.J. Buytendijk), vor allem wegen seiner Formverwandtschaft mit der Sonne und dem Mond. „In der Religion", schreibt der Pfarrer Thomas Schalla, steht der Kreis „für göttliche Vollkommenheit. Er symbolisiert die Schöpfung Gottes, die Unendlichkeit, die Bewegung und die Dynamik . Die äußere Gestalt des Balles spricht also dafür, daß wir es mit einem Symbol des Heiligen zu tun haben." Wenn Dirk Schümer sein 1996 erschienenes Fußballbuch mit einem Vers von Armando Nogueira „Gott ist rund" betitelt, dann spielt er damit gewiß auf die Heiligkeit des Balles an.

An das Symbol Ball heften sich seit langem neben Glücks- auch Vanitas-Gefühle und Memento-mori-Gedanken. Horst Bredekamp erinnert in seinem Buch über „Florentiner Fußball", ein wie hoch beladenes Symbol Ball und Spiel zwischen dem 15. und 17. Jahrhundert im Florenz der Medici waren. Die Unberechenbarkeit des Spiels und der Bewegungen des Balles stiegen zum Symbol für die Unwägbarkeiten des Lebens auf. In seinem Loblied des Calcio hat der Dichter Capradosso 1630 die Eigenwilligkeit des Balles als eines Instruments der Glücksgöttin Fortuna besungen:

„Ball, der in sich den Lufthauch
einschließt, der ihn formt und bewegt:
verhängnisvoller Apfel, den Mars
mit List und Trug umkämpft, und den Fortuna dreht:

Globus, der wie eine Donnerbüchse,
von kräftiger Hand bewegt, die Luft zerteilt:
Runder Luftraum, mit Mühe eingeschlossen,
da gibt er nach und schweigt,
und zwischen Stößen und Angriffen hält er an und ruht ...."

Capradossa zufolge macht die Unwägbarkeit des Balles den Sieg im Calcio um so ehrwürdiger. Der Dichter Allessandro Adimari sieht im Fußball ein Symbol der Vergeblichkeit. In einem Sonett von 1641 schreibt er:

„Wir folgen alle einem Ball, der voller Luft ist,
aus dem man nichts als Staub und Schweiß zieht.
Siehe, ein Gieriger sucht ihn, andere erwarten ihn,
einer stößt, einer hebt ihn, andere lassen ihn fallen:
Schließlich ist am stärksten verletzt, wer ihn am häufigsten berührt."

Nun spielen aber auch andere Sportarten mit der elastischen Kugel; auch bei anderen Wettkämpfen weiß man nicht, wie es ausgeht; auch andere Spiele sind populär in Deutschland. Was also macht die Einzigartigkeit des Fußballs aus?

Bei jedem Sport geht es um körperliche Aktionen, die nach bestimmten Regeln ausgeübt werden, Regeln, die die Aktionen absichtlich erschweren. Die besondere Art der freiwilligen Selbsterschwerung, die sich der Mensch im Fußball auferlegt, unterscheidet das Fußballspiel von allen anderen Spielen. Im Fußball wird das perfekte Spielgerät Ball mit einem ungeeigneten Organ zusammengebracht: dem Fuß. Hand und Arm werden weitgehend tabuisiert. Füße sind, ganz anders als Hände, nicht dazu gemacht, elastische Kugeln zu beherrschen. Das Fangen und Werfen des Handballs ist etwas ganz anderes als das Stoppen und Treten des Fußballs. Die Hand ist gegenüber dem Fuß das gebildetere, das geübtere Organ. Fangen ist leichter als Stoppen. Beim Fangen strebt der Ball „dem Becher hoher Hände zu", wie Rilke dichtete; es ist immer ein Empfangen und bedeutet ein Höchstmaß an Kontrolle über das Spielgerät. Beim Stoppen des Fußballs hingegen kommt es immer zu einer Konfrontation. Der Spann des Fußes ist dem Ball entgegengesetzt gewölbt, konvex trifft auf konvex. „Füße sind fürs Fußballspielen absolut unsinnig konstruiert", befindet der Schuhmachermeister Eckhard Hermstedt, Erfinder des „Predator", eines diesen Nachteil ausgleichen wollenden Fußballschuhs. Der Fußballer muß sich viel mehr als alle Sportler, die den Ball mit der Hand spielen (Rugby und American Football eingeschlossen) einfühlen in die Bewegung und Dingeigenschaften des Balls: Er muß in seiner eigenen Bewegung die Bewegung des Balls gleichsam verlängern; weil er den Ball nie ganz unter Kontrolle hat, muß er sich der Bewegung und Flugbahn des Balls sozusagen anschmiegen. Die Schönheit dieses Vorgangs läßt sich an Könnern wie Fritz Walter, Pelé oder Maradona bewundern. Von Maradona wurde geschrieben, er habe „Hände an den Füßen", denn er könne einen scharf geschossenen Paß in zwei Metern Höhe mit der Fußspitze so stoppen, daß der Ball wie „ein vom plötzlichen Herzinfarkt ereilter Spatz" zu Boden falle. Einzig im Fußball kommt dem niedrigen und unscheinbaren Körperorgan Fuß kulturelle Gestaltungskraft zu.

Das Treten des Fußballs ist wiederum, ganz anders als das Stoppen, eine archaische Bewegung und von Hause aus aggressiver als das Werfen. Auch ist das Treten eines Balles gewagter als das Werfen, weil es einen Verlust an Sicherheit in der Körperhaltung mit sich bringt. Als der Fußball in Deutschland populär zu werden begann, benutzte der Turnlehrer Karl Planck die oft kuriose Körperhaltung des Fußballers, um vor diesem Sport, der „englischen Krankheit", wie er sie nannte, zu warnen. In seinem 1898 erschienenen Buch „Fußlümmelei" beschreibt Planck die Hässlichkeit des Fußballers beim Tritt gegen den Ball so: „Das Einsinken des Standbeins ins Knie, die Wölbung des Schnitzbuckels, das tierische Vorstrecken des Kinns erniedrigt den Menschen zum Affen..." Der beabsichtigte Abschreckungseffekt der Beschreibung war, wie wir heute wissen, gering.

Fassen wir nunmehr zusammen: Fußball begeistert deswegen Milliarden, weil er Milliarden von Menschen von Kindesbeinen an durch eigenes Tun vertraut ist; weil er einfach zugänglich und einfach zu verstehen ist; weil er dennoch immer abwechslungsreich, komplex und unvorhersehbar in seinem Verlauf ist; weil der Ball in seiner Eigenbewegung den Spielverlauf mitbestimmt; weil durch die Unzulänglichkeit der Füße anspruchsvolle Kunstfertigkeit und klägliches Mißlingen nahe beieinanderliegen, was auf der Zuschauerseite ein permanentes Wechselspiel von Bewunderung und Überheblichkeit zur Folge hat; weil der Ball immer „frei" bleiben muß, wie es die Regel vorschreibt, und daher ständig von 44 Füßen umstritten ist; weil ein Torerfolg eher unwahrscheinlich und eine Rarität ist, was ihn um so wertvoller macht. Dieses Ensemble an Eigenheiten macht den Fußball einmalig und für Milliarden von Menschen faszinierend.

Quasi-Religion: Vom Trost- und Erlösungspotential des Fußballs

Was der Fußballfreund im Stadion sucht und findet, ist mehr als oberflächliches Vergnügen. Das Fußballstadion ist ein Ort außeralltäglicher Erlebnisse und existenzieller Erfahrungen.

1. Einem Fußballspiel beizuwohnen heißt, Unveränderlichkeit und Konstanz zu erfahren, die in der neophilen Moderne selten geworden sind.

Die Regeln des Fußballspiels haben seit über 100 Jahren keine wesentlichen Veränderungen erfahren. 1991 feierten wir den 100. Geburtstag des Elfmeters, eine der letzten gravierenden Neuerungen im Regelwerk. Seit 40 Jahren gehe ich ins Duisburger Wedau-Stadion und finde meinen Platz in der Nordkurve, und zwar in Höhe der zweiten, die Stadionkrone bekränzenden Platane von rechts. Immer wieder treffe ich inzwischen sanft ergraute Schülerfreunde, mit denen ich schon als 10jähriger dort stand, und wir warten zusammen mit vielen altbekannten, jedoch namenlosen Gesichtern ungeduldig darauf, ob auch SIE noch da ist, die „Stimme der Wedau". Wenn dann die sonore, an Heribert Zimmermann und Kurt Lavall erinnernde Fußballstimme endlich über den Stadionlautsprecher kommt, wissen wir, es ist noch alles so wie im August 1963, als Günter Stork, der heute 79jährige, seine Tätigkeit als Stadionsprecher mit dem ersten Bundesligaheimspiel des Meidericher Spielvereins (3:1 gegen Eintracht Frankfurt übrigens) begann.

Der Erkenntnis, daß der beständige, gleichbleibende Raum als Träger eines kollektiven Gedächtnisses dient, ist Maurice Halbwachs in seinem Buch „Das kollektive Gedächtnis" nachgegangen. Ähnlich wie Halbwachs die Bedeutung des religiösen Raumes für die Gläubigen beschreibt, schwärmen die Fußballfans von ihrer Kurve, ihrem Block, ihrem festen Revier. Halbwachs schreibt: Sobald der Gläubige die „geheiligte Stätte betritt, weiß er, daß er dort von neuem in einen Gemütszustand versetzt wird, den er oft schon erfahren hat, und daß er mit anderen Gläubigen zur gleichen Zeit wie eine sichtbare Gemeinschaft eine gemeinsame Denkart und gemeinsame Erinnerung wieder aufleben lassen wird – die, die während vorhergegangener Epochen an diesem selben Ort entstanden und genährt worden sind." Ein Anzeichen für den besonderen, ja heiligen Status des Stadions ist auch der Umstand, daß es zwischen den Spielen ein leerer, ungebrauchter Raum ist. Und das, obwohl es häufig in städtischen Gegenden liegt, wo die Grundstückspreise zwingen, in die Höhe zu bauen. Das Stadion bleibt allein den Spielen vorbehalten und widersetzt sich seiner Profanierung durch weitere Nutzung oder gar rentable Auslastung.

2. Einem Fußballspiel beizuwohnen heißt, die Dürftigkeit menschlicher Fähigkeiten und Fertigkeiten in Demut anzuerkennen.

Im Fußball herrscht die Kontingenz, das heißt das meiste, was sich ereignet, liegt außerhalb der Kontrolle der Spieler. Die Regel ist doch, daß der Ball mit dem Spieler spielt und nicht umgekehrt. Und die Genialität eines Spielers besteht darin, dem Ball dabei nicht im Wege zu stehen. Ein Fußballer ist also ein Mensch, der in aller Öffentlichkeit und mit oft hoher Virtuosität ewas zu tun versucht („Ballbeherrschung"), was er nicht kann. Jedes Fußballspiel ist eine großartige Zelebration des menschlichen Versagens. Es bedarf Hunderter von Fehlpässen, von mißlungenen Spielzügen und verkorksten Schüssen, damit vielleicht einer darunter ist, der den Weg ins Tor findet. Selbst das Zuspiel in den eigenen Reihen geht ohne äußere Bedrängnis und auf kürzeste Distanz immer wieder daneben. Würden Flugzeuge, Autos, Fahrräder mit einem ähnlichen Fehlerquotienten betrieben wie der Fußball, die Menschheit wäre längst ausgestorben. Was bei Handball und Basketball die Ausnahme bildet, ist beim Fußball die Regel. 80 bis 90 Prozent aller Angriffe einer Handballmannschaft führen, wenn nicht zum Torerfolg, so aber doch zum Torwurf. Wie oft erleben wir beim Fußball, daß bei 100% aller Aktivitäten buchstäblich „null" herauskommt. Das macht den Fußball zu einem Ereignis der Demut. Trotzdem sprechen wir von einem „guten Spiel", erinnern uns flüssiger Ballstafetten und heben hervor, daß sich der Halbrechte und der Mittelstürmer heute aber gut verstanden haben. Dergestalt trösten wir uns mit kleinen Erfolgen über die großen Mysterien der Kontingenz.

3. Einem Fußballspiel beizuwohnen heißt, auf Wunder gefaßt zu sein.

Im Fußballstadion sind Wunder selten, aber nicht so selten, daß nicht jeder deutsche Mann über 15 von mindestens einem zu berichten wüßte. Gemeinhin werden wundersame Stadionerlebnisse mit dem fatalistischen Satz kommentiert: „So ist Fußball" oder „Das ist Fußball". Man wohnt Geschehnissen bei, die jeder menschlichen Disposition entzogen zu sein scheinen - und das eher unwahrscheinliche Ereignis des Torerfolgs tritt auf nicht für möglich gehaltenem Wege tatsächlich ein. Wir schreiben den 26. Mai 1999. Das wichtigste Spiel des Jahres ist so gut wie vorüber, die 90 Minuten sind abgelaufen und Bayern München führt mit 1:0 gegen den Favoriten Manchester United im Endspiel um die Vereins-Europameisterschaft. Der Fernsehreporter ist bereits beim stolzen Resümee der Begegnung; der Schiedsrichter hat bereits die Pfeife im Mund; und der Fernsehzuschauer befindet sich bereits auf dem Klo, weil auch er weiß, da brennt nichts mehr an! Aber 2 Minuten auf der Toilette genügen, um ihn, vor den Bildschirm zurückgekehrt, fassungslos zu erleben: Es steht nicht mehr 1:0 für Bayern, sondern 2:1 für Manchester, und der Schlußpfiff ist soeben ertönt.

Diese Verdichtung der Unglaublichkeiten bietet allein der Fußball. In der Intensitäts-Skala des Fußball-Erlebens stehen spielentscheidende last-minute-goals an oberster Stelle. Keiner der Augenblicke, die Menschen als die schönsten in ihrem Leben bezeichnen, schreibt Nick Hornby (in seinem Roman „Ballfieber"), „scheint vergleichbar zu sein mit einem solchen letzten Tor für deinen Verein." Und er beginnt zu vergleichen: Der Orgasmus „ist vorhersehbar und wiederholbar." Die Geburt von Kindern ist „außerordentlich bewegend ..., aber sie hat nicht wirklich das entscheidende Moment der Überraschung und dauert in jedem Fall zu lange; die Erfüllung persönlicher Wünsche – Beförderungen, Ehrungen, was weiß ich – hat nicht das In-letzter-Minute-Zeitmoment und auch nicht das Element der Machtlosigkeit", das du als Fan erlebst, wenn das Spiel so gut wie aus und das Tor noch immer nicht gefallen ist. Doch: Wer kennt nicht die Fau an seiner Seite, die auch von zwei entscheidenden Toren binnen 90 Sekunden der Nachspielzeit gegen eine deutsche Mannschaft im Championsleague-Finale nicht zu erschüttern ist! Wer verständnislos vor dem Spiel steht und immer wieder empfiehlt, man möchte statt mit einem doch mit 22 Bällen spielen, damit jeder Spieler einen bekomme; wer keine Zuneigung für, geschweige denn Identifikation mit einer Mannschaft kennt; wer wichtige von unwichtigen Spielen nicht unterscheiden kann; wer Fußball als Kontaktmedium und Gesprächsanlaß nie wohltuend erfahren hat -, wer also nicht fußballerisch sozialisiert ist, den Code des Spiels nicht kennt und nicht zur „Szene" gehört, dem bereitet der Sport allenfalls bohrende Langeweile.

So mag die Ehefrau, die während des Elfmeterschießens den Fernsehstecker aus der Steckdose zog, sodaß ihrem Mann das alles entscheidende Tor entging, als Verkörperung der Erkenntnis dienen, daß der Fußball von Voraussetzungen lebt, die er selbst nicht schaffen kann. Auch das hat er mit den Religionen gemein.

4. Einem Fußballspiel beizuwohnen heißt, persönliche Erlösung zu erfahren.

Friedrich Christian Delius beschreibt in seiner Erzählung „Der Sonntag, an dem ich Weltmeister wurde", welches persönliche Wunder der Fußball an ihm getan hat. Es geht um die WM 1954 in der Schweiz. Am 4. Juli wird der große Fritz (Walter) Weltmeister. Der kleine Fritz (Delius) ist 11 Jahre alt und fühlt sich als chronischer Versager. Delius erinnert sich an einen allumfassenden Nichtskönner: Er kann nicht schwimmen und nicht richtig sprechen, er stottert. „Mein Körper war nicht kräftig, nicht schnell, nicht groß und nicht sportlich." Sein Vokabelgedächtnis ist schlecht, sein Rechengedächtnis „erbärmlich". Und dazu kommt die Schuppenflechte. Den 4. Juli 54 erlebt der kleine Delius daheim im strengen evangelischen Pfarrhaus zu Korbach in Hessen. Was er an diesem Nachmittag aus dem Radio zu hören bekommt, das bewegt ihn von der Fahne zu gehen: er desertiert zur Ersatzreligion Fußball. Nun heißt sein Gott Toni Turek und der Teufel Ferenc Puskas. Er selbst fühlt sich als Werner Liebrich, der wie ein Heiliger Georg in der Schlacht den magyarischen Angriffswellen trotzt. Die Reportage von Herbert Zimmermann gleicht mehr und mehr einer Offenbarung. Und die Halbzeit wird für den kleinen Fritz zum Pfingsterlebnis, denn die frohe Botschaft aus dem Radio – nach einem 0:2-Rückstand hatte die deutsche Elf noch das 2:2 geschafft - löst seine störrische Zunge: „Ich hatte plötzlich ‚zwei-zu-zwei‘ gesagt, hatte die schwierigsten Wörter über die Zunge gebracht ohne zu stottern." Als der Abpfiff ertönt, ist es wie eine Erlösung: „Die Reporterstimme klang im ganzen Körper nach, und der Sieg stieß mich in einen Zustand des Glücks, in dem ich Stottern und Nasenbluten vergaß und das Gewissen und alle Gotteszangen von mir abließen....und unter dem pulsierenden Siegesgefühl lag eine tiefe, verzweifelte Ahnung, was es heißen könnte, befreit zu sein...". – Wieder einmal hat der Fußball einen Menschen zu sich selbst befreit. Wir eingeweihten Fans wissen, wie das ist, haben wir doch selbst viele kleine Wehwehchen – Halsschmerz, Fieber, Zahnweh – nicht mit Hilfe der Medizin, sondern mit Hilfe eines tollen Spiels unserer Mannschaft überwunden. Darum glauben wir F.C. Delius jedes Wort.

5. Einem Fußballspiel beizuwohnen heißt, sich seines Lebens inne zu werden – und erträglich zu altern.

Das Leben eines durchschnittlichen deutschen Mannes läßt sich in drei große Abschnitte einteilen: Vom fünften bis zum zwanzigsten Lebensjahr sieht der Knabe und Jüngling zu den Fußballstars auf, die nächsten 15 Jahre steht er gleichsam mit seinen Idolen auf einer Stufe, würde selbst in der Nationalmannschaft spielen und Tore schießen, wenn nur ein Talentsucher ihn entdeckt hätte. Und eines Tages bemerkt der über die Blindheit der Talentsucher melancholisch gewordene Fan, daß die Spieler immer jünger werden. Sein Stern beginnt sich langsam zu neigen. Er nimmt Abschied vom aktiven Fußball in der Kreisliga C, feuert nicht mehr aus der Südkurve seine Mannschaft an, sondern nimmt beinahe lustlos zwischen alternden Bonzen und fragwürdigen Eintagsberühmtheiten einen Tribünenplatz ein, um von nun an bis zu seinem Tod mit einer gewissen Altersweisheit auf Tabelle und Tordifferenz zu blicken. Und doch bleibt auch der alternde Fußballfreund in seinem Innersten immer ein Kind. Fußball wirke auf ihn „entwicklungsverzögernd", bekennt Nick Hornby. Inzwischen 40 Jahre alt, sei er für die Dauer der Spiele ein Elfjähriger. Und werde es immer bleiben. Jedoch vermag auch der alternde Fußballfreund seine Augen nicht vor der Wirklichkeit zu verschließen, zumal wenn er an sich herabsieht und der Vergleich mit den jungen Athleten sich aufdrängt. Wenn der „Mann in den Fünfzigerjahren", so George Haldas in seiner „Legende vom Fußball", die athletischen Körper der Spieler sieht, „ihre von eingeriebenem Öl glänzenden Beine, ihre massiv gezimmerten Rücken und der bei den meisten dichte Haarwuchs", dann kann er es nicht unterlassen, an seine eigene körperliche Verfassung zu denken. Er sieht seinen Leib vor sich, „der, an der Seite seiner Frau, nur noch ein Haufen weichen, weißlichen Fleisches ist, eine bloße Karikatur." Und so wird er sich inmitten des höllischen Stadiongekreisches seiner Morbidität inne. Dann allerdings meldet sich urplötzlich der Elfjährige in ihm, um nach dem nächsten gelungenen Angriff seines Vereins alle schwarzen Gedanken so gründlich beiseite zu wischen, als hätte es sie nie gegeben. – Auf diese Weise glücklich bagatellisierter Selbsterkenntnis macht der Fußball das Altern erträglich.

6. Einem Fußballspiel beizuwohnen heißt, an einem besonderen gesellschaftlichen Gemeinschaftserlebnis teilzunehmen.

Das Fußballstadion ist der Ort – „der letzte Ort", wie Dirk Schümer meint -, der alle Klassen, Berufe und Gemütsarten der Gesellschaft versammelt, um sich gemeinsam zu erregen. Im Schmelztiegel Stadion finden sich also auch Intellektuelle wieder. Von Heinrich Heine bis Walter Jens gilt als eines der Kennzeichen des Intellektuellen, daß er zwar die Massen liebt, nicht aber die Berührung mit ihnen. Im Fußballstadion berühren sich beide aufs engste, und der gebildete Mann lernt seinen grobschlächtigen Nachbarn von einer ganz neuen Seite kennen und schätzen. In der folgenden Passage sind ausgewählte Sätze von George Haldas, die ich unwesentlich redigiert habe, mit einem Fußballsonett von Ror Wolf collagiert, um der intellektuellen Verehrung des einfachen Menschen den geboten ironischen Ausdruck zu geben:

Bei bestimmten Zuschauern von ungeschlachtem, ja borniertem Aussehen habe ich zu meiner angenehmen Überraschung bemerkt, wie fein abwägend sie trotz aller Parteinahme für die Mannschaft ihres Herzens ein Spiel kommentieren.

Das ist doch nein die schlafen doch im Stehen.
Das ist doch ist das denn die Möglichkeit.
Das sind doch Krücken. Ach du liebe Zeit.
Das gibts doch nicht. Das kann doch gar nicht gehen.

Und wie sachkundig sie sich darüber zu äußern vermögen, ob ein Paß richtig war oder ein Schuß aufs Tor im günstigen Moment gefeuert wurde oder ein Spieler zwar eine gute, doch von den Teamkameraden nicht verstandene Absicht hatte.

Die treten sich doch selber auf die Zehen.
Die spielen viel zu eng und viel zu breit.
Das sind doch nein das tut mir wirklich leid.
Das sind doch Krüppel. Habt ihr das gesehen.

Auch einen verpatzten Zug oder eine Ungeschicklichkeit bewerteten sie mit der Nachsicht desjenigen, der verhindert ist, es besser zu tun, weil ihn sein verkanntes Talent auf die Stehränge statt aufs Spielfeld verschlagen hat.

Na los geh hin! Das hat doch keinen Zweck.

Seht euch das an, der kippt gleich aus den Schuhn.
Ach leck mich fett mit deinem Winterspeck.

Eine Fehlleistung schrieben sie den schlechten Bodenverhältnissen, der in der Endphase eines Spiels aufkommenden Müdigkeit oder einer vorübergehenden Schwäche zu, wie sie selbst unter den besten Spielern möglich ist.

Jetzt knickt der auch noch um, na und was nun?
Was soll denn das oh Mann ach geh doch weg.
Das hat mit Fußball wirklich nichts zu tun.

Was mir an dieser aus einfachem Volk gebildeten Menge immer wieder auffällt, ist ein uneingestandenes Leiden, vermischt mit Auflehnung. Eine Art Energie, die enttäuscht ist und traurig darüber, daß sie schlecht verwendet, ja verschwendet wird.

So nährt der Stadionbesuch einen intellektuellen Proletkult, der hinter der Leidenschaft der einfachen Fußballanhänger eine fehlgeleitete revolutionäre Energie entdeckt. Daß es sie überhaupt noch gibt, die revolutionäre Energie der Massen, ist wahrlich ein Anlaß zur Hoffnung - und das Fußballstadion entpuppt sich als Ort des politischen Adventismus! Das allerdings ist neu. Bisher galt unangefochten Galeanos Gottesvergleich. „Worin ähnelt der Fußball Gott?" hatte Eduardo Galeano einst gefragt, um folgende Antwort zu geben: „In der Ehrfurcht, die ihm viele Gläubige entgegenbringen, und im Mißtrauen, mit dem ihm viele Intellektuelle begegnen."

7. Einem Fußballspiel beizuwohnen heißt alles bisher Gesagte zu vergessen – und die wunderbare kathartische Erfahrung des entleerten Kopfes zu machen.

Ein Fußballspiel hat keinen über sich selbst hinausweisenden Sinn. Es erschöpft sich in der schieren Präsenz seiner 90 Minuten. Gerade darum erlaubt es den Zuschauern, eine kollektive Auszeit von den Kontinuitäten ihres Lebens zu nehmen. Wie nichts anderes macht Fußball den Kopf frei. „Für neunzig Minuten", bekennt der Sportjournalist Christoph Biermann, „gibt es kein Grübeln und keine Gedanken, die über das Spiel hinausgehen. Neben der leichten, schwebenden Leere ist nur noch für ganz einfache Fragen Platz. Wird er seinen Gegner umdribbeln? Wird die Flanke präzise genug sein? ... Wird der Vorsprung halten? Das Denken wird schlicht, und man gerät in eine wunderbare Balance von Gelöstheit und völliger Anspannung. Je mehr man sich dem Spiel ausliefert, ... desto größer wird die Anspannung. Und um so weiter wird man aus der Welt hinausgetragen. Teilt man diesen Zustand mit vielen Menschen, wird der Sog noch größer. In einem Fußballspiel kann ich versinken. Das unterscheidet Fußball von allen anderen kulturellen Veranstaltungen. In Musik, Bildern oder Büchern versinke ich nie, eher fliegen die Gedanken davon. Nur im Fußball gehe ich verloren." Was Christoph Biermann hier zum Ausdruck bringt, dieses „Verlorensein in konzentrierter Intensität", mögen Theologen einen Gnadenzustand nennen; die Psychologen sprechen von einem Flow-Erlebnis. Jedenfalls gleicht das Fußballspiel einem Rausch, in dem die Fesseln nagender Reflexivität sich lösen und der im Korsett alltäglicher Üblichkeiten geknechtete Zeitgenosse das „ganz Andere" erlebt.

Die Bundesliga-Elf Gottes...

Haßdenteufel
(1.FC Saarbrücken)
Matthäus
(Bayern München)

Pater	Paulus	Fromm	Abbé
(VfL Bochum)	(Kickers Offenbach)	(VfL Bochum)	(Eintracht Frankfurt)

Demuth　　　Küsters
(FC St. Pauli)　(Bayer Uerdingen)

Seeliger	Wunder	Bittengel
(Fortuna Düsseldorf)	(MSV Duisburg)	(Bayer Uerdingen)

Trainer: **Lucas**

Warum die Zukunft uns nicht braucht

Die mächtigsten Technologien des 21. Jahrhunderts - Robotik, Gentechnik und Nanotechnologie - drohen den Menschen zu einer gefährdeten Art zu machen.

Bill Joy

Seit ich mich mit der Entwicklung neuer Technologien befasse, haben deren ethische Dimensionen mich interessiert, aber erst im Herbst 1998 wurde mir bewußt, welche Gefahren uns im 21. Jahrhundert erwarten. Mein Unbehagen nahm seinen Anfang, als ich Ray Kurzweil begegnete, dem verdientermaßen berühmten Erfinder der ersten Lesemaschine für Blinde und vieler anderer erstaunlicher Dinge.

Wir hatten beide einen Vortrag auf der George Gilder's Telecosm Conference gehalten, und ich traf ihn zufällig in der Hotelbar, nachdem wir unsere Sitzungen hinter uns gebracht hatten. Ich saß mit John Searle zusammen, einem Philosophen aus Berkeley, der sich mit Fragen des Bewußtseins beschäftigt. Ray setzte sich zu uns und es begann ein Gespräch, dessen Gegenstand mir bis heute nachgeht.

Ich hatte Rays Vortrag verpaßt und ebenso die anschließende Diskussion, an der er und John teilgenommen hatten; die beiden griffen den Faden dort wieder auf, wo sie ihn hatten fallen lassen, und Ray erklärte, die technische Entwicklung werde sich weiter beschleunigen, wir würden selbst zu Robotern oder mit ihnen verschmelzen, und John entgegnete, das werde nicht geschehen, weil Roboter kein Bewußtsein entwickeln könnten.

Solche Dinge hatte ich schon früher gehört und dabei stets gedacht, empfindungsfähige Roboter gehörten in das Reich der Science-Fiction. Doch nun brachte jemand, den ich respektierte, überzeugende Argumente für die These vor, daß solche Roboter schon bald Wirklichkeit werden könnten. Ich war vor allem deshalb verblüfft, weil Ray bereits bewiesen hatte, daß er die Zukunft vorauszusehen und zu gestalten vermochte. Ich wußte bereits, daß neue Technologien wie Gentechnik und Nanotechnologie uns die Möglichkeit geben, die Welt grundlegend zu verändern, aber ein realistisches Szenario für intelligente Roboter in allernächster Zukunft überraschte mich.

Man kann solcher Durchbrüche leicht überdrüssig werden. Fast täglich hören wir in den Nachrichten von irgendeinem technologischen oder wissenschaftlichen Fortschritt. Aber dies war keine gewöhnliche Voraussage. In der Hotelbar gab Ray mir einen Vorabdruck mit einem Auszug aus seinem damals im Erscheinen begriffenen Buch *The Age of Spiritual Machines* (deutsch: *Homo Sapiens. Leben im 21. Jahrhundert*), in dem er eine Utopie vorstellt und die Voraussage macht, daß die Menschen durch die Verschmelzung mit der Robotertechnik nahezu Unsterblichkeit erlangen werden. Die Lektüre verstärkte mein Unbehagen noch; ich war mir sicher, daß er die Gefahren und die Wahrscheinlichkeit eines schlechten Ausgangs dieser Entwicklung noch untertrieben darstellte.

Am stärksten beunruhigte mich eine Passage, in der ein dystopisches Szenario geschildert wurde:

„Die neue ludditische Herausforderung: Setzen wir zunächst einmal voraus, daß es Computerwissenschaftlern gelingt, intelligente Maschinen zu entwickeln, die alles besser können als Menschen. In diesem Fall werden vermutlich riesige, hochkomplexe Maschinensysteme die gesamte Arbeit verrichten, so daß menschliche Arbeit überflüssig wird. Daraus ergeben sich zwei Möglichkeiten: Entweder der Mensch läßt es zu, daß die Maschinen selbst Entscheidungen treffen, ohne Kontrolle durch den Menschen, oder er behält die Kontrolle über die Maschinen. Wenn wir zulassen, daß die Maschinen alle Entscheidungen selbst treffen, können wir keine Mutmaßungen über die Ergebnisse anstellen, denn es läßt sich unmöglich sagen, wie sich solche Maschinen verhalten werden. Wir weisen nur darauf hin, daß das Schicksal der Menschheit dann von den Maschinen abhängen würde. Dagegen ließe sich nun einwenden, daß die Menschheit niemals so dumm sein würde, alle Macht an die Maschinen abzutreten. Doch wir behaupten ja gar nicht, daß die Menschen den Maschinen freiwillig die Macht überlassen oder daß die Maschinen absichtlich die Macht ergreifen würden. Wir behaupten lediglich, daß die Menschheit leicht in eine Abhängigkeit von den Maschinen geraten könnte, so daß ihr faktisch gar keine andere Wahl bliebe, als die Entscheidungen der Maschinen zu akzeptieren. Wenn die Gesellschaft und die Probleme, denen sie gegenübersteht, immer komplexer und die Maschinen immer intelligenter werden, lassen sich die Menschen von den Maschinen immer mehr Entscheidungen abnehmen, und zwar aus dem einfachen Grund, weil die von Maschinen getroffenen Entscheidungen zu besseren Resultaten führen als ihre eigenen. Schließlich wird ein Punkt erreicht, an dem die Entscheidungen, die zur Aufrechterhaltung des Systems notwendig sind, so komplex werden, daß die Menschen selbst nicht mehr in der Lage sind, sie in intelligenter Weise zu treffen. In diesem Stadium üben die Maschinen faktisch die Kontrolle aus. Die Menschen haben nicht mehr die Möglichkeit, die Maschinen abzustellen, denn sie sind von ihnen so abhängig geworden, daß Abschalten einem Selbstmord gleichkäme. Auf der anderen Seite ist es möglich, daß die Menschen die Kontrolle über die Maschinen behalten. In diesem Fall hätte der Durchschnittsmensch die Kontrolle über bestimmte Maschinen in seinem Privatbereich wie etwa sein Auto oder seinen Personal Computer, doch die Kontrolle über die großen Maschinensysteme läge in den Händen einer kleinen Elite - genau wie heute, nur mit zwei Unterschieden. Dank der verbesserten Technik wird die Elite die Massen wirkungsvoller kontrollieren können; und weil menschliche Arbeit überflüssig ist, werden auch die Massen überflüssig und nutzlos, mithin zu einer Belastung des Systems. Ist die Elite rücksichtslos, so kann sie einfach beschließen, die Masse der Menschen auszurotten. Ist sie human, so könnte sie mit propagandistischen oder anderen psychologischen oder biologischen Mitteln die Geburtenraten drücken, bis die Masse der Menschen ausstirbt und der Elite die Welt überläßt. Die Elite kann aber auch, wenn sie aus weichherzigen, liberal denkenden Menschen besteht, beschließen, für den Rest der Menschheit den guten Hirten zu spielen. Dann sorgt sie dafür, daß die materiellen Bedürfnisse eines jeden befriedigt werden, daß alle Kinder unter psychologisch günstigen Bedingungen aufwachsen, daß jeder ein sinnvolles Hobby bekommt, das ihn ausfüllt, und daß jeder Unzufriedene einer ‚Behandlung‘ unterzogen wird, die ihn von seinem ‚Leiden‘ kuriert. Natürlich wird dieses Leben so sinnlos sein, daß die Menschen biologisch oder psychologisch manipuliert werden müssen, entweder um ihr Bedürfnis, an Entscheidungsprozessen mitzuwirken, zu unterdrücken oder sie dazu zu bringen, ihren Machttrieb zu ‚sublimieren‘ und in einem harmlosen Hobby auszuleben. Diese manipulierten Menschen mögen in einer solchen Gesellschaft glücklich sein, aber sie sind mit Sicherheit nicht frei. Sie sind zu Haustieren degradiert.“ (*Homo sapiens*, S. 281f.)

In Kurzweils Buch erfährt man erst nach der Lektüre der Passage, daß ihr Autor Theodore Kaczynski ist - der Unabomber. (Die zitierte Passage stammt aus Kaczynskis Unabomber-Manifest, das die *New York Times* und die *Washington Post* unter Vorbehalten veröffentlichten, um seinem Treiben ein Ende zu setzen. Ich stimme mit David Gelernter überein, der über diese Entscheidung gesagt hat: „Es war ein schwerer Entschluß. Ja zu sagen hieß, sich auf den Terror einzulassen, und nach allem, was sie wußten, log er ohnehin. Es bestand auch die Chance, daß jemand den Text las, der daraus auf seinen Autor schließen konnte. Und genau das geschah; sein Bruder las den Text, und da läutete bei ihm eine Glocke. Ich hätte ihnen wohl geraten, den Text nicht zu veröffentlichen. Zum Glück haben sie mich nicht gefragt.“ *Drawing Life: Surviving the Unabomber*, 1997, S. 120.) Ich setzte mich wahrhaftig nicht für Kaczynski ein. In einer 17 Jahre dauernden Terrorkampagne haben seine Bomben drei Menschen getötet und zahlreiche andere verwundet. Mein Freund David Gelernter, einer der brillantesten und weitsichtigsten Computerwissenschaftler unserer Zeit, ist von einer dieser Bomben schwer verletzt worden. Wie viele meiner Kollegen hatte auch ich das Gefühl, ich könne durchaus das nächste Ziel des Unabombers sein.

Kaczynskis Taten waren mörderisch und kriminell. Er ist eindeutig ein Maschinenstürmer, aber damit hat man seine Argumentation noch nicht entkräftet. So schwer es mir auch fiel, ich mußte zugeben, daß der in dieser Passage geäußerte Gedanke nicht ganz abwegig war. Ich fühlte mich gedrängt, ihm zu widersprechen.

Kaczynskis dystopische Vision beschreibt unbeabsichtigte Folgen, ein bekanntes Problem in der Entwicklung und Anwendung von Technologien, das eng mit Murphys Gesetz zusammenhängt: „Was schiefgehen kann, das geht auch irgendwann einmal schief.“ (Eigentlich stammt das Gesetz von Finagle und müßte daher Finagles Gesetz heißen - was wiederum beweist, daß Finagle Recht hatte.) Der übermäßige Einsatz von Antibiotika hat zu dem wohl größten Problem dieser Art geführt: zur Entstehung antibiotikaresistenter und daher weitaus gefährlicherer Bakterien. Aus dem Versuch, die Malariamücken mit DDT auszurotten, sind DDT-resistente

Mücken entstanden, und auch die Malariaerreger haben mehrfachresistente Gene erworben (siehe Laurie Garrett, *The Coming Plague*, 1994).

Die Ursache solcher Überraschungen scheint klar: Die betreffenden Systeme sind komplex; sie umfassen Wechselwirkungen und Rückkopplungsprozesse zwischen zahlreichen Teilen. Jede Veränderung solch eines Systems löst eine Kette von Reaktionen aus, die sich nur schwer voraussehen lassen; das gilt insbesondere für Systeme, in denen menschliches Handeln eine Rolle spielt.

Ich begann, Freunden das Kaczynski-Zitat aus Kurzweils Buch zu zeigen; ich gab ihnen das Buch, ließ sie das Zitat lesen und beobachtete ihre Reaktion, wenn sie entdeckten, wer das geschrieben hatte. Etwa um dieselbe Zeit stieß ich auf Hans Moravecs Buch *Robot: Evolution from Mere Machine to Transcendent Mind* (deutsch: *Computer übernehmen die Macht*). Moravec gehört zu den führenden Forschern auf dem Gebiet der Robotik und war Mitbegründer des weltweit größten Robotik-Forschungsprogramms an der Carnegie Mellon University. Sein Buch gab mir weiteres Material an die Hand, das ich an meinen Freunden ausprobieren konnte, Material, das Kaczynskis Argumentation überraschenderweise stützte.

„Kurzfristig (frühes 3. Jahrtausend): Biologische Arten überleben meist nicht die Begegnung mit überlegenen Konkurrenten. Vor zehn Millionen Jahren waren der süd- und der nordamerikanische Halbkontinent voneinander getrennt, weil die Landbrücke des heutigen Panama unter dem Meeresspiegel lag. Damals lebten in Südamerika wie heute in Australien zahlreiche Beuteltiere, darunter marsupiale Entsprechungen unserer plazentalen Ratten, Hirsche und Tiger. Als die Meerenge zwischen Nord- und Südamerika sich schloss, dauerte es nur wenige tausend Jahre, bis die plazentalen Säugetiere des Nordens mit ihrer nur gering höheren Effizienz im Bereich des Stoffwechsels, der Fortpflanzung und des Nervensystems nahezu alle Beuteltiere Südamerikas verdrängt und eliminiert hatten. In einem vollkommen freien Markt würden Roboter ohne Zweifel eine ähnliche Wirkung auf die Menschen ausüben wie die nordamerikanischen Säugetiere einst auf die Beuteltiere des Südens (und wie die Menschen auf zahlreiche Spezies). Die Roboterindustrien würden untereinander heftig um Rohstoffe, Energie und Raum konkurrieren, so daß deren Preis die Möglichkeiten der Menschen schon bald überstiege. Die biologischen Menschen würden aussterben, weil sie sich die nötigen Lebensgrundlagen nicht mehr beschaffen könnten. Wahrscheinlich gibt es einen gewissen Spielraum, weil wir nicht in einem vollkommen freien Markt leben. Der Staat übt starke, nicht den Marktgesetzen gehorchende Einflüsse aus, vor allem durch die Erhebung von Steuern. Klug eingesetzt, könnten staatliche Maßnahmen dafür sorgen, daß die Menschen sich möglicherweise lange Zeit auf einem hohen, von den Früchten der Roboterarbeit gespeisten Lebensniveau zu halten vermögen."

Eine lehrbuchmäßige Dystopie - und Moravec fängt gerade erst an. Er erklärt, daß es im 21. Jahrhundert unsere Hauptaufgabe sein werde, die „Zusammenarbeit seitens der Roboterindustrie nachhaltig zu sichern" und sie durch staatliche Gesetze zu zwingen, „nett" zu uns zu sein. Und dann beschreibt er, wie gefährlich es sein kann, Menschen in unkontrollierte superintelligente Roboter zu verwandeln. Er ist der Ansicht, daß die Roboter uns eines Tages ablösen werden, die Menschheit also vor ihrer Auslöschung steht. (Die bekannteste Darstellung des Verhaltens von Robotern aus ethischer Perspektive stammt von Isaak Asimov. In seinem Buch *Robot* (deutsch:

Roboter) formulierte er 1950 drei Gesetze der Robotik: 1. Roboter dürfen keinen Menschen verletzen oder durch Unterlassung zulassen, daß Menschen verletzt werden. 2. Roboter müssen den von Menschen gegebenen Befehlen gehorchen, soweit diese Befehle nicht im Widerspruch zum ersten Gesetz stehen. 3. Roboter müssen sich selbst schützen, sofern dieser Selbstschutz nicht im Widerspruch zu den ersten beiden Gesetzen steht.)

Ich beschloß, mit meinem Freund Danny Hillis zu reden. Danny hat sich einen Namen als Mitbegründer der Thinking Machines Corporation gemacht, die einen sehr leistungsfähigen Parallel-Supercomputer gebaut hat. Obwohl ich gegenwärtig die Position des *Chief Scientist* bei Sun Microsystems bekleide, bin ich doch eher Rechnerarchitekt als Wissenschaftler, und ich schätze Danny wegen seiner Kenntnisse auf dem Gebiet der Informatik und der Physik mehr als jeden anderen. Außerdem ist er ein angesehener Zukunftsforscher, der in langen Zeiträumen denkt - vor vier Jahren gründete er die Long Now Foundation, die eine Uhr mit einer geplanten Lebensdauer von 10000 Jahren baut, um die Aufmerksamkeit auf die beschämende Kurzsichtigkeit der Gesellschaft zu lenken.

Ich flog nach Los Angeles, um mit Danny und seiner Frau Pati essen zu gehen. Ich spulte mein inzwischen vertrautes Routineprogramm ab, trug die Ideen und Passagen vor, die mir solches Unbehagen bereiteten. Dannys Antwort - vor allem im Blick auf Kurzweils Szenario einer Verschmelzung des Menschen mit den Robotern - kam rasch und setzte mich in Erstaunen. Er sagte nur, die Veränderungen erfolgten schrittweise, so daß wir uns daran gewöhnten.

Aber ich war nicht vollkommen überrascht. In Kurzweils Buch hatte ich ein Zitat von Danny gelesen, in dem er sagte: „Ich liebe meinen Körper nicht mehr oder weniger als andere, aber wenn ich mit einem Körper aus Silicium 200 Jahre alt werden kann, werde ich ihn nehmen." Offenbar hatte er seinen Frieden mit dieser Entwicklung und ihren Risiken gemacht, während mir das schwerfiel.

Als ich so über Kurzweil, Kaczynski und Moravec redete und nachdachte, kam mir ein Roman in den Sinn, den ich vor fast 20 Jahren gelesen hatte: *The White Plage* von Frank Herbert (deutsch: *Die weiße Pest*); darin wird ein Molekularbiologe durch die sinnlose Ermordung seiner Familie in den Wahnsinn getrieben. Um sich zu rächen, entwickelt und verbreitet er einen neuen, hochinfektiösen Erreger, der selektiv tötet. (Ein Glück, daß Kaczynski Mathematiker und kein Molekularbiologe war.) Ich mußte auch an die Borg aus *Star Trek* denken, diese halbbiologischen Roboterwesen mit stark destruktiven Neigungen. Katastrophen nach Art der Borg sind eine Spezialität der Science-Fiction. Warum hatte ich mich nicht schon früher mit solchen Roboter-Dystopien befaßt? Und warum kümmerten andere Menschen sich so wenig um diese alptraumhaften Szenarien?

Ein Teil der Antwort liegt sicher in unserer Einstellung gegenüber dem Neuen, in unserer Neigung, Neues sogleich als vertraut zu empfinden und es fraglos anzunehmen. Da wir ständig neue wissenschaftliche Durchbrüche erleben, müssen wir uns erst noch klar machen, daß die stärksten Technologien des 21. Jahrhunderts - Robotik, Gentechnik und Nanotechnologie - ganz andere Gefahren heraufbeschwören als die bisherigen Technologien. Vor allem Roboter, technisch erzeugte Lebewesen, und Nanoboter besitzen eine gefährliche Eigenschaft: Sie können sich selbständig vermehren. Eine Bombe explodiert nur einmal, aus einem einzigen Roboter können viele werden, die rasch außer Kontrolle geraten.

In den letzten 25 Jahren hat man viel an der Entwicklung von Computernetzen gearbeitet, in denen das Senden und Empfangen von Nachrichten die Möglichkeit unkontrollierter Vermehrung eröffnet. In einem Computer oder Computernetz kann solche Vermehrung lästig sein; schlimmstenfalls legt sie den Computer oder das Netzwerk lahm. In den neuen Technologien dagegen gehen von der unkontrollierten Vermehrung sehr viel größere Gefahren aus; dort drohen erhebliche Schäden an der materiellen Welt.

Jede dieser Technologien eröffnet auch ungeahnte Möglichkeiten: Die Aussicht auf annähernde Unsterblichkeit, die Kurzweil in seinen Roboterträumen voraussieht, treibt uns voran; die Gentechnik wird schon bald zur Behandlung und vielleicht auch Heilung der meisten Krankheiten eingesetzt werden; Nanotechnologie und Nanomedizin werden diese Möglichkeiten noch erweitern. Zusammen könnten sie unsere Lebenserwartung beträchtlich verlängern und die Lebensqualität verbessern. Die vielen kleinen, individuell erfahrbaren Vorteile dieser neuen Technologien führen jedoch zu einer gewaltigen Ansammlung von Macht und zugleich zu großen Gefahren.

Was war im 20. Jahrhundert anders? Natürlich bargen die Technologien, die den nuklearen, chemischen und biologischen Massenvernichtungswaffen zugrunde lagen, gewaltige Potentiale, und die Waffen stellten eine ebenso große Gefahr dar. Aber zum Bau von Atomwaffen benötigte man zumindest in der Anfangszeit seltene - tatsächlich sogar nahezu unerreichbare - Rohstoffe und ein durch Geheimhaltung geschütztes Wissen; auch der Bau biologischer chemischer Waffen verlangte einigen Aufwand.

Die Technologien des 21. Jahrhunderts - Genetik, Nanotechnologie und Robotik - bergen dagegen Gefahren, die sich in ganz anderen Dimensionen bewegen. Und am gefährlichsten ist wohl die Tatsache, daß selbst einzelne und kleine Gruppen diese Technologien mißbrauchen können. Dazu benötigen sie keine Großanlagen und keine seltenen Rohstoffe, sondern lediglich Wissen.

An die Stelle der Massenvernichtungswaffen tritt damit die Gefahr einer wissensbasierten Massenvernichtung, die durch das hohe Vermehrungspotential noch deutlich verstärkt wird.

Ich denke, es ist nicht übertrieben, wenn ich sage, wir stehen an der Schwelle zu einer weiteren Perfektion des Bösen in seinen extremsten Ausprägungen; und diesmal werden die so geschaffenen schrecklichen Möglichkeiten nicht nur Nationalstaaten zur Verfügung stehen, sondern auch einzelnen Extremisten.

Als ich begann, mich mit Computern zu befassen, deutete nichts darauf hin, daß ich einmal mit solchen Problemen konfrontiert würde.

Mein Leben lang habe ich das Bedürfnis gehabt, Fragen zu stellen und Antworten zu suchen. Schon mit drei Jahren konnte ich lesen, und mein Vater stellte mich dem Schulleiter der Grundschule vor; auf seinem Schoß sitzend, las ich ihm eine Geschichte vor. Ich kam früh in die Schule, übersprang später eine Klasse und flüchtete mich in Bücher - ich hatte einen unglaublichen Drang zu lernen. Ich stellte zahllose Fragen und trieb die Erwachsenen damit manchmal zur Verzweiflung.

Als Teenager interessierte ich mich sehr für Naturwissenschaft und Technik. Ich wäre gerne Amateurfunker gewesen, hatte aber nicht das nötige Geld für die Ausrüstung. Der Amateurfunk war das Internet der damaligen Zeit; es bestand die Gefahr, daß man süchtig danach wurde und sich in seinem Zimmer verkroch. Ganz abgesehen von den Kosten, war meine Mutter entschieden dagegen; Amateurfunk kam nicht in Frage, ich war schon ungesellig genug.

Ich mag nicht viele Freunde gehabt haben, aber ich steckte voller Ideen. Als ich zur Highschool ging, entdeckte ich die großen Science-Fiction-Autoren. Ganz besonders erinnere ich mich an Heinleins *Have Spacesuit - Will Travel* (deutsch: *Piraten im Weltraum*) und an Asimovs *Robot* (deutsch: *Roboter*), mit den drei Gesetzen der Robotik. Ich war begeistert von den Schilderungen der Raumfahrt und wollte unbedingt ein Fernrohr haben, um die Sterne zu beobachten. Da ich kein Geld hatte, mir eines zu kaufen oder zu bauen, sah ich mir in der Bibliothek statt dessen Bücher über die Herstellung von Fernrohren an und beschränkte mich auf Gedankenflüge.

Donnerstagabends gingen meine Eltern zum Bowling; wir Kinder blieben allein zu Haus. Und Donnerstags wurde Gene Roddenberrys ursprüngliche *Star-Trek*-Serie gesendet, die großen Eindruck auf mich machte. Von dort übernahm ich den Gedanken, daß die Menschen eine Zukunft im Weltraum haben, ganz wie im Western, mit Heldengestalten und Abenteuern. Roddenberrys Vision der kommenden Jahrhunderte war stark durch moralische Werte geprägt, die ihren Niederschlag in Regeln wie der Hauptdirektive fanden; danach sollte vermieden werden, in die Entwicklung technisch weniger weit fortgeschrittener Zivilisationen einzugreifen. Das machte großen Eindruck auf mich; nicht Roboter, sondern Menschen mit sittlicher Verantwortung beherrschten diese Zukunft, und ich machte mir Roddenberrys Traum zu eigen.

In der Highschool war ich besonders gut in Mathematik, und als ich mein Ingenieurstudium an der University of Michigan begann, belegte ich gleich Mathematikvorlesungen für höhere Semester. Die Lösung mathematischer Probleme war eine aufregende Herausforderung, doch als ich die Computer entdeckte, fand ich sie noch interessanter: Maschinen, denen man ein Programm eingab, das Probleme zu lösen versuchte und die Lösung gleich noch überprüfte. Der Computer wußte sehr genau, was korrekt oder nicht korrekt, wahr oder falsch war. Waren meine Ideen korrekt? Der Computer konnte es mir sagen. Das war sehr verführerisch.

Ich hatte das Glück, einen Job als Programmierer früher Supercomputer zu finden, und ich entdeckte die erstaunliche Fähigkeit großer Rechenanlagen, fortgeschrittene Entwürfe numerisch zu simulieren. Als ich Mitte der 70er Jahre in Berkeley mein Promotionsstudium aufnahm, begann ich bis spät in die Nacht und manchmal ganze Nächte hindurch aufzubleiben und neue Welten im Computer zu erfinden. Probleme zu lösen. Den Code niederzuschreiben, der unbedingt geschrieben werden wollte.

In seinem biographischen Roman *The Agony and the Ecstasy* (deutsch: *Michelangelo*) beschreibt Irving Stone sehr lebendig, wie Michelangelo die Figuren aus dem Stein befreite, den „Bann des Marmors" brach und den Bildern in seinem Kopf Gestalt verlieh. („Es kann der größte Künstler nichts ersinnen, / was unter seiner Fläche nicht ein Marmor / in sich enthielt, und nur die Hand, die ganz / dem Geist gehorcht, erreicht das Bild im Steine", schrieb Michelangelo in einem Sonett. Irvin Stone erläutert seine Arbeitsweise: „Er arbeitete nicht nach Zeichnungen oder Tonmodellen; sie waren alle beiseite gelegt. Er gestaltete nach inneren Bildern. Augen und

Hände wußten, wo eine jede Linie, Rundung, Form zutage treten, und in welcher Tiefe des Blocks das Flachrelief entstehen mußte", *Michelangelo*, S. 137, 522.) In meinen ekstatischsten Augenblicken entstand die Software im Computer auf ganz ähnliche Weise. Wenn ich sie mir vorstellen konnte, hatte ich das Gefühl, sie existierte bereits in der Maschine und müsse nur noch freigesetzt werden. Die ganze Nacht aufzubleiben schien da nur ein kleiner Preis, um sie zu befreien und der Idee konkrete Gestalt zu verleihen.

Nach einigen Jahren in Berkeley begann ich, an andere Besitzer von PDP-11- und VAX-Minicomputern Software zu verschicken, die ich geschrieben hatte - ein Pascal-Lernsystem, Unix-Utilities und einen Text-Editor namens vi (der zu meiner Verwunderung auch nach 20 Jahren noch weithin eingesetzt wird). Aus diesen Software-Abenteuern entwickelte sich schließlich die Berkeley-Version des Betriebssystems Unix, die für mich insofern zu einem „katastrophalen" persönlichen Erfolg wurde, als ich wegen der großen Nachfrage nie dazu kam, meine Promotion abzuschließen. Statt dessen übernahm ich einen Job bei Darpa, stellte die neue Unix-Version ins Internet, arbeitete an der Verbesserung ihrer Zuverlässigkeit und kümmerte mich um einige umfangreiche Forschungsanwendungen. Das alles machte großen Spaß und war sehr befriedigend. Und offen gesagt, einen Roboter habe ich damals nicht gesehen.

Anfang der 80er Jahre ertrank ich fast in Arbeit. Unix war sehr erfolgreich, mein kleines Projekt hatte bald genug Geld und Personal beisammen, aber nicht das Geld war in Berkeley das Problem, sondern der Platz - es gab einfach keine Räume für die Leute, die das Projekt benötigte. Als die anderen Gründer von Sun Microsystems an mich herantraten, ergriff ich daher die Gelegenheit und schloß mich ihnen an. Bei Sun blieb es dann in der Frühzeit der Workstations und Personalcomputer bei den langen Arbeitstagen, und ich hatte das Glück, an der Entwicklung fortgeschrittener Mikroprozessor- und Internettechnologien wie Java und Jini mitwirken zu können.

Aus alledem dürfte hinreichend hervorgehen, daß ich kein Maschinenstürmer bin. Ich war schon immer davon überzeugt, daß wissenschaftliche Forschung von großem Wert für die Wahrheit ist und Technik materiellen Fortschritt bewirken kann. Die industrielle Revolution hat die Lebensqualität der Menschen in den letzten Jahrhunderten beträchtlich verbessert, und was mein eigenes Berufsleben angeht, hatte ich stets vor, nach sinnvollen Lösungen für reale Probleme zu suchen - ein Problem nach dem anderen.

Ich bin nicht enttäuscht worden. Meine Arbeit hat größere Wirkung erzielt, als ich jemals gehofft hätte, und findet so weite Anwendung, wie ich es unmöglich hätte erwarten können. In den letzten 20 Jahren habe ich herauszufinden versucht, wie Computer die Zuverlässigkeit erreichen können, die ich mir wünsche (sie sind noch längst nicht dort angelangt), und wie ihre Anwendung sich möglichst einfach gestalten läßt (von diesem Ziel sind wir sogar noch weiter entfernt). Trotz mancher Fortschritte erscheinen die verbleibenden Probleme fast entmutigend schwierig.

Ich war mir zwar immer schon der kaum lösbaren ethischen Probleme bewußt, die im Zusammenhang mit den Folgen der Technik auf Gebieten wie der militärischen Forschung auftreten, doch hatte ich nicht erwartet, auch auf meinem Gebiet mit solchen Problemen konfrontiert zu werden, oder zumindest nicht so bald.

Vielleicht ist es auf dem Höhepunkt des Wandels besonders schwer, die Folgen zu überblikken. Offenbar erkennen Wissenschaftler und Techniker die Folgen ihrer Entdeckungen und Innovationen häufig nicht, solange das Fieber der Neuerungen sie gefangen hält. Wir haben uns lange von dem unbändigen Wunsch nach Erkenntnis treiben lassen, der das Wesen der Wissenschaft ausmacht, und dabei übersehen, daß der ständige Drang zu neuen, leistungsfähigeren Technologien ein Eigenleben entwickeln kann.

Mir ist schon lange klar, daß die großen Fortschritte im Bereich der Informationstechnologie nicht von Computerwissenschaftlern, Rechnerarchitekten oder Elektroingenieuren ausgehen, sondern von Physikern. Die Physiker Stephen Wolfram und Brosl Hasslacher führten mich Anfang der 80er Jahre in die Chaostheorie und die Theorie nichtlinearer Systeme ein. In Gesprächen mit Danny Hillis, dem Biologen Stuart Kauffman, dem Physiker und Nobelpreisträger Murray Gell-Mann und anderen lernte ich in den 90er Jahren komplexe Systeme kennen. In jüngster Zeit schließlich gaben mir Hasslacher sowie der Elektroingenieur und Apparatephysiker Mark Reed Einblick in die unglaublichen Möglichkeiten der Molekularelektronik.

In meiner eigenen Arbeit als Mitentwickler dreier Mikroprozessorarchitekturen - SPARC, picoJava und MAJC - und bei diversen Implementierungen dieser Systeme habe ich Moores Gesetz aus erster Hand und sehr genau kennengelernt. Moores Gesetz hat die exponentielle Verbesserung der Halbleitertechnologie korrekt vorausgesagt. Bis letztes Jahr glaubte ich, die von Moores Gesetz vorausgesagte Verbesserungsrate könne nur bis etwa 2010 anhalten, weil dann bestimmte physikalische Grenzen erreicht wären. Mir war nicht klar, daß zur rechten Zeit eine neue Technologie bereitstünde, die für einen weiteren gleichmäßigen Fortschritt sorgen kann.

Dank rascher, radikaler Fortschritte im Bereich der Molekularelektronik - in der einzelne Atome und Moleküle an die Stelle der mit Hilfe lithographischer Techniken erzeugten Transistoren treten - und dank der zugehörigen Nanotechnologien sollten wir in der Lage sein, die von Moores Gesetz vorausgesagte Entwicklungsgeschwindigkeit auch für weitere 30 Jahre zu erreichen oder zu übertreffen. 2030 werden wir wahrscheinlich in großen Mengen Maschinen produzieren können, die eine Million Mal leistungsfähiger sind als die heutigen Personalcomputer - und das wird ausreichen, um Kurzweils und Moravecs Träume zu verwirklichen.

Die Verbindung dieser Computerleistung mit den manipulativen Fortschritten der Physik und dem vertieften genetischen Wissen wird gewaltige Veränderungen ermöglichen. Wir werden die Welt vollkommen neu gestalten können, im Guten wie im Schlechten. Replikations- und Entwicklungsprozesse, die bisher der Natur vorbehalten waren, geraten in den Einflußbereich des Menschen.

Bei der Entwicklung von Computerprogrammen und Mikroprozessoren hatte ich nie das Gefühl, eine intelligente Maschine zu entwerfen. Soft- und Hardware sind so zerbrechlich und den Maschinen fehlt so offensichtlich jede „Denkfähigkeit", daß dies alles mir noch weit in der Zukunft zu liegen schien.

Doch da wir nun schon in 30 Jahren mit einer dem Menschen vergleichbaren Computerleistung rechnen können, drängt sich mir ein anderer Gedanke auf: daß ich mich möglicherweise an der Entwicklung von Instrumenten beteilige, aus denen einmal die Technologie hervorgehen könnte, die unsere Spezies verdrängen wird. Wie fühle ich mich bei diesem Gedanken? Sehr unbehaglich. Da ich mich mein Leben lang um die Entwicklung zuverlässiger Software bemüht habe, erscheint es mir mehr als wahrscheinlich, daß diese Zukunft nicht so schön wird, wie manche es sich ausmalen. Meine persönliche Erfahrung sagt mir, daß wir dazu neigen, unsere Fähigkeiten auf diesem Gebiet zu überschätzen.

Sollten wir uns angesichts der unglaublichen Leistungsfähigkeit der neuen Technologien nicht lieber fragen, wie wir am besten mit ihnen koexistieren können? Und wenn die technologische Entwicklung wahrscheinlich oder auch nur möglicherweise zur Auslöschung unserer Art führt, sollten wir dann nicht besser vorsichtig sein?

Die Robotik träumt zunächst einmal davon, intelligente Maschinen könnten uns die Arbeit abnehmen, uns ein Leben in Muße ermöglichen und wieder in den Garten Eden zurückversetzen. George Dyson warnt jedoch in seinem Buch *Darwin Among the Machines*, in dem er die Geschichte solcher Ideen nachzeichnet: „Im Spiel des Lebens und der Evolution sitzen drei Spieler am Tisch: der Mensch, die Natur und die Maschinen. Ich bin entschieden auf der Seite der Natur. Aber ich fürchte, die Natur steht auf der Seite der Maschinen." Dieser Meinung ist auch Moravec, wenn er sagt, wir könnten die Begegnung mit der überlegenen Spezies Roboter möglicherweise nicht überleben.

Wie schnell ließe sich solch ein intelligenter Roboter realisieren? Angesichts der zu erwartenden Fortschritte in der Rechnerleistung wäre dieser Schritt bis 2030 vorstellbar. Und wenn erst einmal ein intelligenter Roboter existiert, ist es nur noch ein kleiner Schritt hin zu einer Spezies intelligenter Roboter, das heißt zu einem Roboter, der Kopien seiner selbst herzustellen vermag.

Die Robotik träumt des weiteren davon, den Menschen schrittweise durch Robotertechnologie zu ersetzen, so daß wir gleichsam Unsterblichkeit erlangen, indem wir unser Bewußtsein abspeichern; diesen Prozeß meinte Danny Hillis, als er davon sprach, wir würden uns schrittweise daran gewöhnen; und diesen Prozeß auch beschreibt Ray Kurzweil mit so gesetzten Worten in seinem Buch *The Age of the Spiritual Machines*. (Anfänge sehen wir bereits in der Implantation von Computerchips in den menschlichen Körper.)

Doch wenn wir uns in unserer eigenen Technologie abspeichern, welche Chance haben wir dann, hinterher noch wir selbst oder auch nur menschliche Wesen zu sein? Mir scheint es sehr viel wahrscheinlicher, daß ein Roboter nichts mit einem Menschen in unserem Verständnis zu tun hat, daß die Roboter keineswegs unsere Kinder sein werden und daß auf diesem Wege das Menschsein verloren gehen wird.

Die Gentechnik verspricht, die Landwirtschaft durch Erhöhung der Ernteerträge und Verringerung des Pestizideinsatzes zu revolutionieren; Zehntausende neuer Bakterienarten, Pflanzen, Viren und Tiere zu erzeugen; die geschlechtliche Fortpflanzung durch Klonen zu ersetzen oder dadurch zu ergänzen; Heilmethoden für zahlreiche Krankheiten zu entwickeln, unser Leben zu verlängern und unsere Lebensqualität zu verbessern; und vieles andere mehr. Es besteht kein Zweifel, daß diese tiefgreifenden Veränderungen in der Biologie bevorstehen und daß unser Bild vom Leben dadurch grundlegend in Frage gestellt wird.

Techniken wie das Klonen von Menschen haben unsere Aufmerksamkeit für die tiefgründigen ethischen und moralischen Fragen geschärft, vor die uns diese Techniken stellen. Wenn wir uns zum Beispiel mit Hilfe der Gentechnik in mehrere, nicht als gleich geltende Arten aufspalteten, wäre die Idee der Gleichheit gefährdet, auf der das ganze demokratische System aufbaut.

Angesichts der gewaltigen Möglichkeiten der Gentechnik kann es nicht verwundern, daß ihre Anwendung große Sicherheitsprobleme mit sich bringt. Mein Freund Armory Lovins hat kürzlich zusammen mit Hunter Lovins in einem Leitartikel ein ökologisches Bild dieser Gefahren gezeichnet. Dort heißt es unter anderem: „Die neue Botanik richtet die Entwicklung der Pflanzen nicht an ihrem evolutionären, sondern an ihrem ökonomischen Erfolg aus." Armory hat sich in seinem langen Berufsleben vor allem mit dem effizienten Einsatz von Energie und Rohstoffen befaßt, indem er die vom Menschen geschaffenen Systeme einer ganzheitlichen Betrachtung unterzog; diese ganzheitliche Betrachtung findet häufig einfache Lösungen für ansonsten sehr schwierig erscheinende Probleme und läßt sich auch auf dem genannten Gebiet sinnvoll einsetzen.

Nachdem ich Lovins Leitartikel gelesen hatte, sah ich in der New York Times vom 19. November 1999 einen Artikel von Greg Easterbrook über gentechnisch veränderte Lebensmittel; die Schlagzeile lautete: „Nahrung für die Zukunft: Eines Tages wird Reis auch Vitamin A enthalten. Sofern nicht die Maschinenstürmer siegen."

Sind Armory und Hunter Lovins Maschinenstürmer? Gewiß nicht. Ich denke, wir alle hätten nichts gegen Reis mit eingebautem Vitamin A, wenn er mit der nötigen Sorgfalt entwickelt würde und insbesondere mit Blick auf die mögliche Gefahr, daß Gene die Artenschranke überspringen könnten. Das Bewußtsein für die möglichen Gefahren der Gentechnik beginnt zu wachsen, wie sich in dem Leitartikel der Lovins zeigt. Eine breitere Öffentlichkeit weiß um die gentechnisch veränderten Pflanzen und zeigt sich besorgt; offenbar ist man nicht damit einverstanden, daß solche gentechnisch veränderten Lebensmittel nicht als solche ausgewiesen werden müssen.

Aber die Gentechnik ist schon weit vorangeschritten. Wie die Lovins schreiben, hat das amerikanische Landwirtschaftsministerium bereits 50 gentechnisch veränderte Nahrungspflanzen zur unbegrenzten Aussaat freigegeben; mehr als die Hälfte der weltweit erzeugten Sojabohnen und ein Drittel der angebauten Maispflanzen enthalten Gene, die aus anderen Lebensformen stammen.

Die Gentechnik wirft viele wichtige Fragen auf; meine Sorge gilt eher einem besonderen Aspekt, der Gefahr nämlich, daß sie die Möglichkeit bieten könnte, zufällig, aus militärischen Gründen oder bewußt im Sinne eines Terroranschlags eine Weiße Pest auszulösen.

Einen Ausblick auf die zahlreichen wunderbaren Möglichkeiten der Nanotechnologie gab erstmals 1959 der Physiker und Nobelpreisträger Richard Feynman in einem Vortrag, der später unter dem Titel „There's Plenty of Room at the Bottom" veröffentlicht wurde. Besonders beeindruckt hat mich Mitte der 80er Jahre Eric Drexlers Buch *Engines of Creation*, in dem er sehr schön beschreibt, wie man durch die Manipulation der Materie auf atomarer Ebene eine utopische Zukunft schaffen kann, in der Überfluß herrscht, weil man nahezu alles billig zu produzieren vermag, und in der die Nanotechnologie im Verein mit der künstlichen Intelligenz fast alle Krankheiten und körperlichen Probleme zu lösen imstande ist.

Ein späteres Buch: *Unbounding the Futur* (deutsch: *Experiment Zukunft: die nanotechnologische*

Revolution), das Drexler zusammen mit Chris Peterson und Gayle Pergamit verfaßte, geht näher auf einige Veränderungen ein, wie sie durch „Assembler", die auf molekularer Ebene arbeiten, herbeigeführt werden könnten. Solche „Monteure" könnten Solarenergie zu unglaublich niedrigen Kosten gewinnen, Krebs und gewöhnliche Erkältungen durch eine Stärkung des menschlichen Immunsystems heilen, die Umwelt vollständig von Schadstoffen befreien, billigste Supercomputer im Taschenformat und überhaupt so ziemlich alles zu den denkbar niedrigsten Kosten herstellen, Raumflüge so selbstverständlich machen, wie Interkontinentalflüge es heute schon sind, und schließlich auch ausgestorbene Arten wieder zum Leben erwecken.

Ich erinnere mich, daß ich mich nach der Lektüre von *Engines of Creation* sehr wohl fühlte. Für einen Technologen hatte es etwas Beruhigendes, denn die Nanotechnologie zeigte, daß unglaubliche Fortschritte möglich und vielleicht sogar unausweichlich waren. Wenn die Nanotechnologie unsere Zukunft war, bestand gar kein Grund für mich, so viele Probleme in der Gegenwart mit solcher Hast anzugehen. Drexlers utopische Zukunft würde in angemessener Zeit Wirklichkeit werden; ich konnte mein Leben geradeso gut hier und jetzt genießen. Angesichts seiner Vision hatte es keinen Sinn, immer wieder ganze Nächte durchzuarbeiten.

Mit Drexlers Vision hatte ich auch einigen Spaß. Gelegentlich beschrieb ich anderen, die noch nichts davon gehört hatten, die Wunderwerke der Nanotechnologie. Und nachdem ich ihnen die Ohren voll geredet hatte, gab ich ihnen als Hausaufgabe auf, mit Hilfe der Nanotechnologie einen Vampir und zugleich auch ein geeignetes Gegenmittel zu schaffen.

Daß diese Wunderwerke auch deutliche Gefahren in sich bargen, war mir sehr wohl bewußt. 1989 sagte ich auf einer Tagung zur Nanotechnologie: „Wir können nicht einfach unserer Wissenschaft nachgehen und die ethischen Fragen ausblenden." (Es handelte sich um eine Diskussion unter dem Titel „The Future of Computation", abgedruckt in Crandall, Lewis (Hg.), *Nanotechnology*, 1992; siehe www.foresight.org/Conferences/MNT01/Nano1.html.) Die Gespräche, die ich später mit Physikern führte, brachten mich allerdings zu der Überzeugung, daß die Nanotechnologie möglicherweise gar nicht - oder jedenfalls nicht so bald - funktionieren würde. Kurz darauf zog ich nach Colorado, und der Schwerpunkt meiner Arbeit verlagerte sich auf Software fürs Internet, vor allem auf Ideen, aus denen später Java und Jini hervorgingen.

Dann, im vergangenen Sommer, erzählte mir Brosl Hasslacher, daß die Molekularelektronik auf Nanoebene das Stadium praktischer Realisierung erreicht hat. Das war neu für mich, und ich denke, für viele andere auch. Diese Nachricht veränderte meine Einstellung gegenüber der Nanotechnologie grundlegend. Als ich Drexlers *Engines of Creation* nach mehr als zehn Jahren nochmals las, erschrak ich, wie wenig ich doch von dem langen Abschnitt über „Gefahren und Hoffnungen" behalten hatte; unter anderem hatte er dort beschrieben, daß die Nanotechnologie auch zur Herstellung von „Zerstörungsmaschinen" genutzt werden kann. Wenn ich diese warnenden Abschnitte heute lese, bin ich erstaunt, wie naiv Drexlers Vorschläge für Sicherheitsvorkehrungen wirken; auch sind die Gefahren nach meiner heutigen Einschätzung sehr viel größer, als er damals offenbar glaubte. (Nachdem Drexler zahlreiche technische und politische Probleme im Zusammenhang mit der Nanotechnologie vorausgesehen und beschrieben hatte, gründete er in den späten 80er Jahren das Foresight Institute, das dazu beitragen soll, „die Gesellschaft auf fortgeschrittene Technologien vorzubereiten", und insbesondere auf die

Nanotechnolgie.)

Der Durchbruch zur Konstruktion der „Assembler" dürfte mit einiger Wahrscheinlichkeit in den nächsten 20 Jahren erfolgen. Die Molekularelektronik - das neue Teilgebiet der Nanotechnologie, in dem einzelne Moleküle als Schaltelemente fungieren - wird sich wohl sehr schnell entwickeln und noch in diesem Jahrzehnt ausgesprochen lukrativ werden, so daß immer größere Investitionen in diesen Bereich fließen dürften.

Wie die Kerntechnik, so läßt sich leider auch die Nanotechnologie leichter für zerstörerische als für konstruktive Zwecke nutzen. Die Nanotechnologie bietet leicht erkennbare militärische und terroristische Anwendungsmöglichkeiten, und man braucht nicht einmal ein Selbstmörder zu sein, um destruktive nanotechnische Instrumente massiv einzusetzen, denn diese Instrumente lassen sich so konstruieren, daß sie ihre Zerstörungskraft selektiv entfalten und zum Beispiel nur bestimmte Regionen oder bestimmte Menschen mit spezifischen genetischen Merkmalen treffen.

Der Preis für das faustische Handeln, den uns die Nanotechnologie abverlangt, ist ein schreckliches Risiko, die Gefahr nämlich, daß wir die Biosphäre zerstören, von der alles Leben abhängt.

Drexler schrieb dazu: „Es wäre denkbar, daß ‚Pflanzen', deren ‚Blätter' einen ähnlichen Wirkungsgrad erreichen wie die heutigen Solarzellen, die realen Pflanzen verdrängen und die Biosphäre mit einem ungenießbaren Blätterdach überziehen. Es wäre denkbar, daß abgehärtete, allesfressende ‚Bakterien' die realen Bakterien verdrängen, sich wie Blütenstaub ausbreiten, sich sehr schnell vermehren und die Biosphäre in wenigen Tagen zu Staub zerfallen lassen. Es wäre denkbar, daß kleine, robuste, gefährliche Replikatoren sich allzu schnell ausbreiten, als daß wir ihnen noch Einhalt gebieten könnten - jedenfalls sofern wir keine entsprechenden Vorkehrungen treffen. Schon heute haben wir große Schwierigkeiten, mit Viren und schädlichen Insekten fertig zu werden. In der Nanotechnologie bezeichnen Eingeweihte diese Gefahr als das *gray-goo*-Problem (das Problem des grauen Schleims). Obwohl massenhaft auftretende unkontrollierte Replikatoren weder grau noch schleimig sein müssen, verdeutlich dieser Ausdruck, daß Replikatoren, die das Leben vollständig auszulöschen vermögen, weniger ansprechend sein können als Fingergras. In einem evolutionären Sinne besitzen sie möglicherweise eine Überlegenheit, die sie jedoch keineswegs wertvoll machen muß. Eines ist angesichts der Möglichkeit grauen Schleims jedenfalls klar: Wir können uns Unfälle im Umgang mit replikationsfähigen Assemblern nicht leisten."

Grauer Schleim wäre ohne Zweifel ein trauriges Ende für unser menschliches Abenteuer auf der Erde, weit schlimmer als Feuer und Eis, und die Ursache dafür könnte ein einfacher Laborunfall sein. (In seinem 1963 erschienenen Roman *Cat's Cradle* - deutsch: *Katzenwiege* - beschreibt Kurt Vonnegut einen an grauen Schleim erinnernden Unfall, in dessen Gefolge eine als Eis-neun bezeichnete, bei Temperaturen über null Grad gefrierende Form von Wasser, die Weltmeere einfrieren läßt.)

Vor allem die zerstörerischen Potentiale der Selbstreplikation in Genetik, Nanotechnologie und Robotik sollten uns zu denken geben. Die Selbstreplikation ist das wichtigste Werkzeug der Genetik, die ja die Mechanismen der Zelle zur Vervielfältigung ihrer Konstruktionen einsetzt, und sie bildet die Grundlage für die Gefahr des grauen Schleims in der Nanotechnologie. Geschichten von amoklaufenden Robotern wie den Borg, die sich vermehren und mutieren, um die von ihren Schöpfern aus ethischen Gründen gesetzten Grenzen zu sprengen, finden sich in zahllosen Science-Fiction-Romanen und Filmen. Möglicherweise ist Selbstreplikation sogar fundamentaler, als wir bisher geglaubt haben, und daher auch schwerer - oder vielleicht gar nicht - zu kontrollieren. In einem Aufsatz mit dem Titel „Self-Replication: Even Peptides Do It" (*Nature* 382, 1996; siehe www.santafe.edu/sfi/People/kauffman/sak-peptides.html) erörtert Stuart Kauffman die Entdeckung eines aus 32 Aminosäuren bestehenden Peptids, das zur „Autokatalyse seiner eigenen Synthese" fähig ist. Wir wissen nicht, wie weit diese Fähigkeit verbreitet ist, aber Kauffman sieht darin einen Hinweis auf einen „Weg zu selbstreplikativen molekularen Systemen auf sehr viel breiterer Grundlage, als sie durch die Watson-Crick-Basenpaarung gegeben ist".

Tatsächlich gibt es seit Jahren deutliche Warnungen vor den Gefahren, die einer umfangreichen Nutzung der GNR-Technologien (Genetik, Nanotechnologie und Robotik) innewohnen, vor der Möglichkeit eines Wissens, das für sich allein schon massenhafte Zerstörung bringen kann. Aber diese Warnungen haben in den Medien nur wenig Anklang gefunden, so daß die öffentliche Diskussion in dieser Frage ganz unangemessen war. Es bringt keinen Gewinn, Gefahren öffentlich bekannt zu machen.

Die atomaren, biologischen und chemischen (ABC-) Technologien, die in den Massenvernichtungswaffen des 20. Jahrhunderts Anwendung finden, waren und sind weitgehend militärischen Charakters und wurden in staatlichen Forschungseinrichtungen entwickelt. In deutlichem Gegensatz dazu handelt es sich bei Gentechnik, Nanotechnologie und Robotik um kommerziell genutzte Technologien, die fast ausschließlich von privaten Unternehmen entwickelt werden. In unserer Zeit eines triumphierenden Kommerzialismus liefert die Technologie - unter Zuarbeit der Wissenschaft - eine Reihe nahezu magischer Erfindungen, die Gewinne unerhörten Ausmaßes versprechen. Aggressiv folgen wir den Versprechen dieser neuen Technologien innerhalb eines entfesselten, globalisierten Kapitalismus mit seinen vielfältigen finanziellen Anreizen und seinem Wettbewerbsdruck.

„Infolge unserer Taten oder Unterlassungen und des Mißbrauchs unserer eigenen Erfindungen erleben wir einen - zumindest für die Erde - außergewöhnlichen Augenblick: Zum ersten Mal ist eine Art fähig, sich selbst auszulöschen. [...] Die Entwicklung läuft vielleicht auf vielen Welten ähnlich ab: Ein neu geformter Planet kreist friedlich um seinen Stern. Langsam entsteht Leben, und es entwickelt sich ein bunter Reigen verschiedener Kreaturen. Intelligenz entsteht und trägt - jedenfalls bis zu einem gewissen Punkt - enorm viel zum Überleben bei. Dann wird die Technik erfunden. Die intelligenten Wesen erkennen, daß es Naturgesetze gibt und daß diese Gesetze im Experiment nachgewiesen werden können. Und daß die Kenntnis von diesen Gesetzen in ungeahntem Maße zur Rettung und Zerstörung von Leben eingesetzt werden kann. Sie erkennen, daß Wissenschaft Macht verleiht. Und im Nu bauen sie Mechanismen, mit denen die Welt verändert werden kann. Manche Zivilisationen sehen einen Ausweg, indem sie Gebote und Verbote erlassen, und überstehen die gefährlichen Momente. Andere wieder sind nicht so vorsichtig und gehen unter."

Das schrieb Carl Sagan 1994 in seinem Buch *Pale Blue Dot* (deutsch: *Blauer Punkt im All,* S. 386f.), in dem er seine Vision der Zukunft des Menschen im Weltall darstellt. Erst heute erkenne ich, wie tief seine Einsichten waren und wie sehr ich seine Stimme vermissen werde. Bei aller Beredsamkeit war er letztlich ein Vertreter des gesunden Menschenverstands, der vielen herausragenden Fürsprechern der Technologien des 21. Jahrhunderts ebenso abgeht wie Demut.

Ich erinnere mich noch, daß meine Großmutter in meiner Kindheit eine entschiedene Gegnerin des übertriebenen Einsatzes von Antibiotika war. Seit dem Ersten Weltkrieg war sie als Krankenschwester tätig gewesen, und ihr gesunder Menschenverstand sagte ihr, daß es schädlich sei, Antibiotika einzusetzen, sofern sie nicht unerläßlich waren.

Sie war nicht gegen den Fortschritt. Sie hatte in ihrer siebzigjährigen beruflichen Laufbahn zahlreiche Fortschritte miterlebt; mein Großvater, der unter Diabetes litt, hatte erheblich von den verbesserten Behandlungsmethoden profitiert, die zu seinen Lebzeiten entwickelt worden waren. Doch wie viele nüchtern denkende Menschen hielte sie es heute für ausgesprochen arrogant, roboterartige „Ersatzwesen" konstruieren zu wollen, obwohl wir doch offensichtlich große Schwierigkeiten haben, mit vergleichsweise einfachen Problemen fertig zu werden oder mit uns selbst umzugehen, geschweige denn, uns selbst zu verstehen.

Heute ist mir klar, daß sie einen Sinn für die Ordnung des Lebens besaß und wußte, daß wir diese Ordnung respektieren müssen. Aus diesem Respekt erwächst ganz unvermeidlich eine Demut, die unserer Chuzpe am Anfang dieses 21. Jahrhunderts zu unserem eigenen Schaden fremd ist. Der in diesem Respekt gründende gesunde Menschenverstand sieht die Dinge vielfach richtig, bevor die Wissenschaft sich ihrer annimmt. Die offenkundige Unzuverlässigkeit und Ineffizienz der von Menschen geschaffenen Systeme sollte uns allen zu denken geben; die Unzuverlässigkeit der Systeme, an denen ich gearbeitet habe, erfüllt mich jedenfalls mit Demut.

Wir hätten aus dem Bau der ersten Atombombe und dem atomaren Wettrüsten, das darauf folgte, etwas lernen sollen. Wir haben damals große Fehler gemacht, und die Parallelen zur gegenwärtigen Situation sind beängstigend.

Bei den Bemühungen um den Bau der ersten Atombombe spielte der brillante Physiker Robert Oppenheimer eine führende Rolle. Oppenheimer interessierte sich eigentlich nicht sonderlich für Politik, bis ihm schmerzhaft bewußt wurde, welche Bedrohung das Dritte Reich für die westliche Zivilisation darstellte, weil die Möglichkeit bestand, daß Hitler Atomwaffen bauen ließ. Von dieser Sorge getrieben, stellte er seinen scharfen Verstand, seine Liebe zur Physik und seine charismatische Führungsfähigkeit in den Dienst der Bemühungen, die in Los Alamos eine unglaubliche Zahl genialer Köpfe zusammenbrachten und in kurzer Zeit zur Entwicklung der Atombombe führten.

Erstaunlich ist nun, daß diese Bemühungen fortgesetzt wurden, als der ursprüngliche Beweggrund fortgefallen war. Bei einem Treffen mit Physikern, die sich nach der Kapitulation Deutschlands für eine Beendigung des Projekts einsetzten, sprach Oppenheimer sich für eine Fortsetzung aus. Seine Begründung klingt ein wenig seltsam: nicht weil bei einer Invasion Japans mit großen Verlusten zu rechnen sei, sondern weil die in Gründung begriffenen Vereinten Nationen über die Möglichkeiten der Atomwaffen Bescheid wissen sollten. Der wahrscheinlichere

Grund dürfte allerdings im fortgeschrittenen Stadium des Projekts gelegen haben: Der erste Atombombentest (Trinity) stand unmittelbar bevor.

Wir wissen, daß die Physiker diesen ersten Test trotz zahlreicher unabsehbarer Risiken vorbereiteten. Aufgrund einer von Edward Teller vorgenommenen Berechnung bestand anfangs die Befürchtung, die Atombombe könne die Atmosphäre in Brand setzen. Eine überarbeitete Berechnung reduzierte die Wahrscheinlichkeit eines solches Weltenbrandes auf eins zu drei Millionen. (Teller sagt, er habe die Gefahr einer Entzündung der Atmosphäre vollständig ausschließen können.) Dennoch war Oppenheimer so besorgt über die möglichen Auswirkungen des Tests, daß er Vorkehrungen für eine Evakuierung des südwestlichen Teils von New Mexico treffen ließ. Und natürlich bestand eindeutig die Gefahr, mit dem Test ein atomares Wettrüsten auszulösen.

Schon wenige Wochen nach diesem ersten erfolgreichen Test zerstörten zwei Atombomben Hiroshima und Nagasaki. Einige Wissenschaftler hatten sich vergeblich dafür eingesetzt, die Bomben nicht auf japanische Städte zu werfen, sondern lediglich ihre Zerstörungskraft zu demonstrieren - zumal dadurch auch die Gefahr eines atomaren Wettlaufs verringert werden könne. Doch angesichts der bei den Amerikanern immer noch frischen Erinnerung an Pearl Harbor wäre es Präsident Truman schwergefallen, statt des Einsatzes der Bombe lediglich eine Demonstration zu befehlen; der Wunsch, den Krieg rasch zu beenden und die bei einer Invasion Japans zu erwartenden Verluste zu vermeiden, war übermächtig. Die Wahrheit war jedoch wahrscheinlich ganz einfach, wie der Physiker Freeman Dyson später feststellte: „Die Bombe wurde abgeworfen, weil niemand den Mut und die Voraussicht besaß, nein zu sagen."

Nach dem Abwurf der Bombe auf Hiroshima am 5. August 1945 waren die Physiker schockiert. Die erste Reaktion war ein Gefühl der Befriedigung, weil die Bombe funktioniert hatte; es folgte ein Erschrecken über den Tod so vieler Menschen und schließlich die entschiedene Überzeugung, daß unter keinen Umständen eine weitere Bombe abgeworfen werden dürfe. Aber natürlich wurde nur drei Tage nach der Zerstörung Hiroshimas eine weitere Bombe abgeworfen: auf Nagasaki.

Im November 1945, drei Monate nach dem Abwurf der Bomben, stellte Oppenheimer sich entschieden auf den wissenschaftlichen Standpunkt: „Wissenschaftler kann nur sein, wer der Überzeugung ist, daß unser Wissen über die Welt und die daraus erwachsende Macht wertvoll für die Menschheit sind; daß wir sie nutzen, um die Ausbreitung des Wissens zu fördern; und daß wir bereit sind, die Folgen zu tragen."

Zusammen mit anderen arbeitete Oppenheimer am Acheson-Lilienthal-Report, der, wie Richard Rhodes in seinem Buch *Visions of Technology* bemerkt, eine Möglichkeit aufzeigte, „wie sich ein geheimes atomares Wettrüsten auch ohne eine bewaffnete Weltregierung verhindern ließ"; zu diesem Zweck sollten die Nationalstaaten die weitere Entwicklung der Atomwaffen einer internationalen Agentur überlassen.

Aus diesem Vorschlag ging der Baruch-Plan hervor, der den Vereinten Nationen im Juni 1946 unterbreitet, aber niemals verabschiedet wurde (vielleicht weil Bernard Baruch, wie Rhodes schreibt, „den Plan mit dem Vorschlag konventioneller Sanktionen belastete" und damit fast unvermeidlich seine Ablehnung herbeiführte, auch wenn der Plan „vom stalinistischen Rußland ohnehin mit größter Wahrscheinlichkeit verworfen worden wäre"). Weitere Bemühungen um eine Internationalisierung der Atomwaffen scheiterten an der Politik der USA wie auch am internationalen und am sowjetischen Mißtrauen. Die Chance, ein atomares Wettrüsten zu verhindern, war schon bald vertan.

Zwei Jahre später scheint Oppenheimer ein anderes Stadium in seinem Denken erreicht zu haben; 1948 sagt er: „In einem kruden Sinne, den keine Pöbelhaftigkeit, kein Witz und keine Übertreibung ganz zu überdecken vermag, haben die Physiker die Sünde kennengelernt, und dieses Wissen werden sie nicht mehr verlieren können."

1949 zündeten die Sowjets ihre erste Atombombe. 1955 besaßen sowohl die Vereinigten Staaten als auch die Sowjetunion Wasserstoffbomben, die von Flugzeugen aus abgeworfen werden konnten. Und so begann das nukleare Wettrüsten.

Fast zwanzig Jahre später faßte Freeman Dyson in seiner Dokumentation *The Day After Trinity* die wissenschaftlichen Einstellungen zusammen, die uns an den Rand der atomaren Vernichtung geführt haben:

„Ich habe die Verführungskraft der Atomwaffen selbst erlebt. Sie sind unwiderstehlich, wenn man sich als Wissenschaftler mit ihnen befaßt. Das Gefühl, sie in Händen zu halten; die Energie der Sterne freizusetzen und nach dem eigenen Willen wirken zu lassen; dieses Wunder zu vollbringen und eine Million Tonnen Gestein in den Himmel zu schleudern. Es gibt den Menschen die Illusion grenzenloser Macht und ist in gewissem Sinne schuld an all unseren Problemen - diese technologische Arroganz, die uns überkommt, wenn wir sehen, was wir mit unserem Verstand erreichen können" (John Else, *The Day After Trinity*, erhältlich bei www.pyramiddirect.com.)

Wie damals, so sind wir heute Schöpfer neuer Technologien und Stars einer vorgestellten Zukunft, getrieben diesmal von der Aussicht auf großen ökonomischen Gewinn und von weltweitem Wettbewerb, aber ohne klare Einsicht in die Gefahren und ohne uns bewußt zu machen, wie wir in einer Welt leben sollen, die das reale Ergebnis unserer Schöpfungen und Phantasien sein wird.

1947 setzte das *Bulletin of the Atomic Scientists* eine Weltuntergangsuhr auf seinen Umschlag. Seit mehr als fünfzig Jahre zeigt diese Uhr an, wie hoch man jeweils angesichts der wechselnden internationalen Lage die Gefahr einer atomaren Vernichtung einschätzt. Insgesamt fünfzehn Mal haben die Zeiger der Uhr in dieser Zeit ihre Stellung verändert; heute stehen sie auf neun Minuten vor zwölf und verweisen so auf die weiterhin realen Gefahren der Atomwaffen. Der Aufstieg Indiens und Pakistans zu Atommächten hat die Gefahr erhöht, daß die Bemühungen um die Nichtweitergabe vom Atomwaffen scheitern; deshalb rückte man 1998 den Minutenzeiger näher an die Zwölf heran.

Wie groß sind die Gefahren, die uns heute drohen, nicht nur von Atomwaffen, sondern von all diesen Technologien? Wie groß ist das Risiko, daß wir uns selbst ausrotten?

Der Philosoph John Leslie ist dieser Frage nachgegangen und dabei zu dem Schluß gelangt, daß die Gefahr einer Auslöschung der menschlichen Art bei 30 Prozent liegt, während Ray Kurzweil unsere Chance auf ein wenig mehr als 50:50 veranschlagt, wobei er allerdings einräumt, man sage ihm nach, ein unverbesserlicher Optimist zu sein. Diese Schätzungen sind nicht ermutigend, dabei berücksichtigen sie nicht einmal die Wahrscheinlichkeit vieler schrecklicher Szenarien, die nur in die Nähe einer Auslöschung kommen. (Wie Leslie 1996 in seinem

Buch *The End of the World* anmerkte, fiele seine Schätzung noch höher aus, wenn man Brandon Carters Gedanken zum Weltuntergang übernähme; danach „sollten wir nicht meinen, uns in der Frühgeschichte der Menschheit, also zum Beispiel unter den ersten 0,001 Prozent aller Menschen zu befinden, die jemals gelebt haben und leben werden; dann hätten wir Grund zu der Annahme, daß die Menschheit nicht mehr viele Jahrhunderte vor sich hat, geschweige denn den Weltraum kolonisieren wird. Aus Carters Überlegungen ergeben sich noch keine konkreten Schätzwerte; sie bestimmen aber einen Rahmen für solche Schätzungen, wenn wir verschiedene mögliche Gefahren betrachten."")

Angesichts solcher Aussichten raten manche uns ernsthaft, die Erde möglichst bald zu verlassen. Wir sollen mit von-Neumann-Sonden die Milchstraße kolonisieren und von einem Sonnensystem zum nächsten hüpfen. Dieser Schritt wird in etwa fünf Milliarden Jahren unvermeidlich sein (oder auch früher, wenn unsere Milchstraße in etwa drei Milliarden Jahren mit der Andromeda-Galaxis kollidiert), doch wenn wir Kurzweil und Moravec beim Wort nehmen, könnte er schon in der Mitte dieses Jahrhunderts erforderlich werden.

Welche moralischen Implikationen wären mit solch einem Schritt verbunden? Falls wir die Erde so bald schon verlassen müssen, um den Fortbestand der menschlichen Art zu sichern, wer übernimmt dann die Verantwortung für das Schicksal der Zurückbleibenden (und das werden die meisten sein)? Und selbst wenn wir zu den Sternen flüchten, ist es nicht wahrscheinlich, daß wir die Probleme mit uns nehmen oder daß sie uns folgen? Unser Schicksal auf der Erde und unser Schicksal in der Galaxis scheinen unlösbar miteinander verbunden.

Nach einer anderen Idee soll eine Reihe von Abwehrschilden gegen die Gefahren der einzelnen Technologien errichtet werden. Die von der Reagan-Administration vorgeschlagene Strategic Defence Initiative war ein Versuch, solch einen Schild gegen einen möglichen atomaren Angriff der Sowjetunion zu schaffen. Arthur C. Clarke, der an vielen vertraulichen Diskussionen zum Thema beteiligt war, sagte dazu: „Obwohl es möglich schien, unter gewaltigen Kosten ein lokales Verteidigungssystem zu schaffen, das ‚nur' einen kleinen Prozentsatz der ballistischen Raketen durchließ, war der vielgerühmte nationale Schutzschirm Unsinn. Luis Alvarez, der wohl größte Experimentalphysiker unseres Jahrhunderts, sagte mir einmal, die Anhänger solcher Vorstellungen seien ‚sehr kluge Köpfe ohne jeden gesunden Menschenverstand'."

Clarke meinte weiter: „Wenn ich in meine oft getrübte Kristallkugel schaue, nehme ich an, daß ein vollständiges Verteidigungssystem vielleicht in hundert Jahren möglich sein wird. Aber die dafür erforderliche Technologie würde als Nebenprodukt so schreckliche Waffen hervorbringen, daß niemand mehr einen Gedanken an etwas so Primitives wie ballistische Raketen verschwenden würde" (Arthur C. Clarke, „Presidents, Experts, and Asteroids", *Science*, 5. Juni 1998).

In *Engines of Creation* macht Drexler den Vorschlag, einen aktiven nanotechnologischen Schild - eine Art Immunsystem für die Biosphäre - zu schaffen, um uns vor gefährlichen Replikatoren jeglicher Art zu schützen, die aus Labors entkommen oder in bösartiger Absicht freigesetzt werden könnten. Aber der Schild, den er vorschlägt, wäre gleichfalls mit gewaltigen Gefahren verbunden, weil niemand ausschließen könnte, daß er Autoimmunprobleme auslöste und die Biosphäre seinerseits angriffe. (Und David Forrest erklärt in seinem Aufsatz „Regulating

Nanotechnology Development", erhältlich unter www.foresight.org/NanoRev/Forrest1989.html: „Wenn wir unbeschränkte Haftung als Alternative für Regulierung wählten, könnte kein Entwickler die möglichen Kosten der Risiken (die Zerstörung der Biosphäre) auf sich nehmen, so daß theoretisch eigentlich niemand die Nanotechnologie vorantreiben sollte." Angesichts dieser Analyse bleibt uns als einzige Schutzmöglichkeit die staatliche Regulierung - kein tröstlicher Gedanke.)

Auf ähnliche Schwierigkeiten stieße die Konstruktion von Schutzschilden gegen Robotik oder Gentechnik. Diese Technologien sind zu mächtig, als daß wir uns in der zur Verfügung stehenden Zeit vor ihnen schützen könnten. Und selbst wenn wir solche Schutzschilde entwickeln könnten, wären die Nebenwirkungen ihrer Entwicklung mindestens ebenso gefährlich wie die Technologien, vor denen sie uns schützen sollen.

Diese Möglichkeiten sind also sämtlich entweder nicht wünschenswert oder nicht realisierbar oder beides zugleich. Die einzig realistische Alternative, die ich sehe, lautet Verzicht: Wir müssen auf die Entwicklung allzu gefährlicher Technologien verzichten und unserer Suche nach bestimmten Formen des Wissens Grenzen setzen.

Ja, ich weiß, Wissen ist gut, und ebenso die Suche nach neuen Wahrheiten. Seit der Antike streben wir nach Wissen. Aristoteles begann seine Metaphysik mit dem schlichten Satz: „Das Streben nach Wissen ist eine natürliche Veranlagung aller Menschen." Zu den Grundwerten unserer Gesellschaft gehört seit langem schon der freie Zugang zu Informationen, und wir kennen die Probleme, die sich ergeben, wenn man versucht, den Zugang zum Wissen und die Weiterentwicklung des Wissens zu beschränken. In jüngerer Zeit genießt wissenschaftliche Erkenntnis ein Ansehen, das an Verehrung grenzt.

Wenn aber der freie Zugang zum Wissen und die unbeschränkte Weiterentwicklung unseres Wissens die Gefahr der Auslöschung des Menschen heraufbeschwört, sagt uns der gesunde Menschenverstand, daß wir trotz einschlägiger historischer Erfahrungen selbst diese alten Grundüberzeugungen überdenken müssen.

Schon Nietzsche hatte Ende des 19. Jahrhunderts nicht nur den Tod Gottes verkündet, sondern auch gewarnt: „Also kann der Glaube an die Wissenschaft, der nun einmal unbestreitbar da ist, nicht aus einem solchen Nützlichkeits-Kalkül seinen Ursprung genommen haben, sondern vielmehr trotzdem, daß ihm die Unnützlichkeit und Gefährlichkeit des ‚Willens zur Wahrheit‘, der ‚Wahrheit um jeden Preis‘ fortwährend bewiesen wird" (*Die fröhliche Wissenschaft*, 344). Mit dieser Gefährlichkeit, den Folgen unserer Wahrheitssuche, sind wir heute konfrontiert. Die Wahrheit, nach der die Wissenschaft sucht, kann ohne Zweifel als gefährlicher Gottesersatz angesehen werden, wenn sie mit großer Wahrscheinlichkeit zu unserer Auslöschung führt.

Wenn wir als Gattung Einigkeit über unsere Wünsche, Ziele und Motive erlangen könnten, wäre es uns möglich, unsere Zukunft weit weniger gefährlich zu gestalten, und wir würden erkennen, worauf wir verzichten können und sollten. Sonst könnte es leicht geschehen, daß wir uns in einen Rüstungswettlauf auf der Basis der GNR-Technologien verstricken, wie wir ihn im 20. Jahrhundert auf der Basis der ABC-Technologien erlebt haben. Darin liegt wahrscheinlich die größte Gefahr, denn wenn solch ein Wettlauf erst begonnen hat, läßt er sich nur schwer wieder beenden. Anders als zu Zeiten des Manhattan-Projekts, befinden wir uns diesmal nicht im Krieg, wir haben es nicht mit einem ruchlosen Gegner zu tun, der unsere Zivilisation bedroht; heute treiben uns unsere eigenen Gewohnheiten und Wünsche, unser ökonomisches System und der Wettkampf um neues Wissen.

Ich denke, wir allen wollen, daß unser Weg von kollektiven Werten, von Ethik und Moral bestimmt wird. Hätten wir in den letzten Jahrtausenden etwas mehr kollektive Weisheit erlangt, würde der Dialog über diese Fragen sehr viel praktischer geführt, und die unglaublichen Gewalten, die zu entfesseln wir im Begriff sind, wären nicht annähernd so beängstigend.

Man möchte meinen, schon unser Selbsterhaltungstrieb müßte uns zu solch einem Dialog drängen. Der einzelne verfügt zwar über diesen Trieb, doch als Gattung verhalten wir uns offenbar nicht in einer Weise, die uns zuträglich ist. Hinsichtlich der nuklearen Bedrohung waren wir vielfach unaufrichtig uns selbst und anderen gegenüber, was die Gefahr nur noch vergrößerte. Ob diese Unaufrichtigkeit politisch motiviert war, ob wir Zuflucht bei ihr suchten, weil wir nicht gerne vorausdenken oder weil wir angesichts solcher Bedrohungen in Angst geraten und irrational reagieren, weiß ich nicht, aber es läßt nichts Gutes ahnen.

Mit der Gentechnik, der Nanotechnologie und der Robotik öffnen wir eine neue Büchse der Pandora, aber offenbar ist uns das kaum bewußt. Ideen lassen sich nicht wieder zurück in eine Büchse stopfen; anders als Uran oder Plutonium müssen sie nicht abgebaut und aufgearbeitet werden, und sie lassen sich problemlos kopieren. Wenn sie heraus sind, sind sie heraus. Churchill meinte einmal in seiner unnachahmlichen Art, die Amerikaner täten immer das Richtige, nachdem sie alle anderen Alternativen sorgfältig geprüft hätten. In diesem Fall jedoch müssen wir mehr Voraussicht walten lassen; wenn wir das Richtige erst am Schluß tun, könnte es schon zu spät sein, überhaupt noch etwas zu tun.

Thoreau hat einmal gesagt: „Wir fahren nicht mit der Eisenbahn, die Eisenbahn fährt mit uns." Und genau dagegen müssen wir heute kämpfen. Die Frage ist wirklich, wer der Herr ist. Und ob wir unsere Technologien überleben werden.

Wir taumeln ohne Plan, ohne Lenkrad und ohne Bremsen in das neue Jahrtausend. Sind wir schon so weit gegangen, daß wir nicht mehr umkehren können? Ich glaube nicht, aber wir versuchen es noch gar nicht, und die letzte Chance, die Kontrolle zu übernehmen, kann schon bald vertan sein. Wir haben unsere ersten Spielzeugroboter, wir besitzen kommerziell nutzbare gentechnische Verfahren, und die Nanotechnologie macht rasche Fortschritte. Obwohl die Entwicklung dieser Technologien in zahlreichen Schritten erfolgt, ist keineswegs gesagt, daß der letzte Schritt zum Durchbruch dieser Technologien - wie beim Manhattan-Projekt und dem ersten Atombombentest - groß und schwierig sein wird. Der Durchbruch zu einer wilden Selbstreplikation in Robotik, Nanotechnologie und Gentechnik könnte ganz plötzlich erfolgen und uns ähnlich überraschen wie die Nachricht von der ersten erfolgreichen Klonierung eines Säugetiers.

Dennoch glaube ich, daß wir guten Grund zur Hoffnung haben. Unser Umgang mit Massenvernichtungswaffen im letzten Jahrhundert bietet ein glanzvolles Beispiel für einen weisen Verzicht, die einseitige und ohne Vorbedingungen erfolgte Ankündigung der Vereinigten Staaten nämlich, keine biologischen Waffen zu entwickeln. Dieser Verzicht resultierte aus der Erkenntnis, daß solche Waffen sich zwar nur mit gewaltigem Aufwand entwickeln lassen, dann aber leicht vervielfältigt werden und in die Hände verbrecherischer Staaten oder terroristischer Gruppen gelangen können.

Man erkannte, daß wir die Bedrohung nur vergrößern, wenn wir solche Waffen entwickeln, und daß wir sicherer sind, wenn wir diesen Weg nicht weiter verfolgen. Seinen Niederschlag fand dieser Verzicht dann 1973 in der Konvention über das Verbot biologischer Waffen und 1993 in der Konvention über das Verbot chemischer Waffen (siehe dazu Matthew Meselson, „The Problem of Biological Weapons", Presentation to the 1,818th Stated Meeting of the American Academy of Arts and Sciences, 13. Januar 1999, nachzulesen unter www.minerva.amacad.org/archive/bulletin4.htm).

Was die weiterhin beträchtliche Gefahr eines Atomkriegs angeht, mit der wir nun seit mehr als fünfzig Jahren leben, hat die kürzlich erfolgte Ablehnung des Atomwaffen-Teststopabkommens durch den amerikanischen Senat in aller Deutlichkeit gezeigt, daß der Verzicht auf Atomwaffen politisch nicht leicht durchzusetzen sein wird. Doch das Ende des Kalten Kriegs bietet uns die einzigartige Gelegenheit, ein multipolares Wettrüsten zu verhindern. Ein am Vorbild des Verbots von B- und C-Waffen orientiertes Verbot von Atomwaffen könnte uns in dem Willen bestärken, auch auf andere gefährliche Technologien zu verzichten. (Wenn es uns gelänge, die Zahl der Atomwaffen weltweit auf 100 Stück zu senken - das entspräche der Zerstörungskraft der im Zweiten Weltkrieg eingesetzten Bomben und Granaten und ließe sich leichter verwirklichen -, könnten wir die Gefahr einer vollkommenen Vernichtung bannen; siehe dazu Paul Doty, „The Forgotten Menace: Nuclear Weapons Stockpiles Still Represent the Biggest Threat to Civilization", *Nature* 402, 1999).

Die Überprüfung solch eines Verzichts wäre ein zwar schwieriges, aber keineswegs unlösbares Problem. Zum Glück haben wir auf diesem Gebiet bereits wichtige Vorarbeit im Zusammenhang mit dem Verbot biologischer Waffen und anderen internationalen Abkommen geleistet. Unsere Hauptaufgabe wird darin bestehen, diese Erfahrungen auch auf Technologien anzuwenden, die ihrem Wesen nach eher kommerziellen als militärischen Charakter haben. Am wichtigsten ist hier die Transparenz, denn das Verifikationsproblem verhält sich direkt proportional zum Problem der Unterscheidung zwischen verbotenen und zugelassenen Aktivitäten.

Ich denke tatsächlich, die Situation war 1945 einfacher als heute. Bei den Nukleartechnologien konnte man kommerzielle und militärische Nutzung hinreichend klar voneinander trennen; die Überwachung war nicht schwer, weil Atomtests sehr auffällig sind und Radioaktivität leicht gemessen werden kann. Die militärische Forschung lag in den Händen staatlicher Forschungseinrichtungen wie Los Alamos, so daß die Ergebnisse sehr lange geheim gehalten werden konnten.

Bei Gentechnik, Nanotechnologie und Robotik dagegen lassen kommerzielle und militärische Anwendung sich nur schwer trennen; angesichts ihres ökonomischen Potentials kann man sich kaum vorstellen, daß nur staatliche Forschungseinrichtungen sich mit ihnen befaßten. Angesichts ihrer kommerziellen Bedeutung erforderte ein Verzicht Überwachungssysteme, wie man sie für biologische Waffen geschaffen hat, nur daß sie in diesem Fall ganz andere Größenordnungen annehmen müßten. Dadurch entstünden unvermeidlich Spannungen zwischen der Notwendigkeit einer unserem Schutz dienenden Überwachung und der Privatsphäre sowie dem

Anspruch auf private Verfügungsgewalt über Informationen. Gegen diesen Verlust an Freiheit wird es ohne Zweifel starke Widerstände geben.

Die Überprüfung des Verzichts auf bestimmte GNR-Technologien wird sowohl im Cyberspace als auch an Ort und Stelle erfolgen müssen. Entscheidend ist hier die Frage, wie sich die nötige Transparenz in einer Welt erreichen läßt, in der Informationen Privateigentum sind; die Lösung dürfte in neuen Formen des Schutzes geistigen Eigentums liegen.

Zur Überprüfung des Verzichts wird es auch erforderlich sein, daß Wissenschaftler und Ingenieure sich an einen strengen ethischen Verhaltenskodex halten, ähnlich dem hippokratischen Eid, und notfalls Alarm schlagen, selbst wenn sie dadurch erhebliche persönliche Nachteile in Kauf nehmen müssen. Dies entspräche dann auch den Forderungen des Nobelpreisträgers Hans Bethe, eines der ältesten noch lebenden Mitglieder des Manhattan-Projekts, der fünfzig Jahre nach Hiroshima alle Wissenschaftlicher dazu aufrief, sich „nicht mehr an der Schaffung, Entwicklung, Verbesserung oder Herstellung von Atomwaffen und anderen Massenvernichtungsmitteln zu beteiligen" (siehe dazu auch Hans Bethes Brief an Präsident Clinton: www.fas.org/bethecr.htm).

Thoreau hat auch einmal gesagt, unser Reichtum bemesse sich nach der Zahl der Dinge, auf die wir verzichten können. Wir alle streben nach Glück, aber wir sollten uns fragen, ob wir das Risiko vollkommener Vernichtung eingehen wollen, um noch mehr Wissen und noch mehr Dinge zu erlangen; der gesunde Menschenverstand sagt uns, daß unsere materiellen Bedürfnisse begrenzt sind - und daß manches Wissen gefährlich ist, so daß wir auf seinen Erwerb verzichten sollten.

Wir sollten auch nicht nach „Unsterblichkeit" streben, ohne auf die Kosten zu achten, auf das im gleichen Maße wachsende Risiko unserer Auslöschung. Unsterblichkeit ist vielleicht der erste, aber gewiß nicht der einzige utopische Traum.

Kürzlich hatte ich das Glück, dem herausragenden Schriftsteller und Gelehrten Jacques Attali zu begegnen, dessen Buch *Lignes d'horizons* (deutsch: *Millennium*) die Entwicklung der Programmiersprachen Java und Jini inspirierte. In seinem neuen Buch *Fraternité* beschreibt Attali, in welcher Weise utopische Träume unser Leben verändert haben:

„In der Frühzeit unserer Gesellschaften sahen die Menschen in ihrem irdischen Dasein nur ein Jammertal, an dessen Ende sich im Tod ein Tor zu den Göttern und zur Ewigkeit öffnete. Bei den Hebräern und den Griechen wagten es einige Menschen, sich von den theologischen Zwängen zu lösen und eine Idealstadt zu erträumen, in der Freiheit herrschte. Angesichts der Entwicklung der Marktgesellschaft erkannten andere, daß die Freiheit der einen die Entfremdung der anderen bedeutete, und strebten deshalb nach Gleichheit."

Dank Jacques Attali habe ich verstanden, in welchem Spannungsverhältnis diese drei utopischen Ziele auch in unserer heutigen Gesellschaft noch stehen. Er beschreibt dann eine vierte Utopie, die auf Altruismus beruhende Brüderlichkeit. Nur die Brüderlichkeit verbindet das eigene Glück mit dem der anderen und gewährt so die Hoffnung auf Selbsterhaltung.

Dadurch klärte sich für mich auch das Problem mit Kurzweils Traum. Ein technischer Zugang zur Ewigkeit - zu annähernder Unsterblichkeit durch Robotik - ist vielleicht gar keine wünschenswerte Utopie und birgt eindeutig große Risiken. Vielleicht sollten wir die Wahl unserer Utopien überdenken.

Wo finden wir eine neue ethische Grundlage, mit deren Hilfe wir unseren Kurs bestimmen können? Ich fand die Gedanken sehr hilfreich, die der Dalai Lama in seinem Buch *Ethics for the New Millennium* (deutsch: *Das Buch der Menschlichkeit*) formuliert hat. Wie weithin bekannt, aber wenig beachtet, glaubt der Dalai Lama, das Wichtigste im menschlichen Leben seien Liebe und Mitgefühl; unsere Gesellschaften sollten daher ein stärkeres Gefühl für universelle Verantwortung und unsere wechselseitige Abhängigkeit entwickeln. Die von ihm vorgeschlagene Ethik für das Handeln des einzelnen und der Gesellschaft deckt sich in weiten Teilen mit Attalis Utopie der Brüderlichkeit.

Nach Ansicht des Dalai Lama müssen wir uns klar machen, worin die Menschen Glück finden, und erkennen, daß weder materieller Fortschritt noch das Streben nach der Macht des Wissens darin eine Schlüsselrolle spielen - und daß die Wissenschaft in all diesen Dingen ihre Grenzen hat.

Unser westliches Verständnis von Glück geht wahrscheinlich auf die Griechen zurück, die darin die „Ausübung vitaler Kräfte im Sinne herausragender Leistungen in einem von Freiheit geprägten Leben" verstanden, wie Edith Hamilton in ihrem Buch *The Greek Way* anmerkt.

Natürlich müssen wir sinnvolle Herausforderungen finden und genügend Freiheit besitzen, um glücklich zu sein. Aber ich denke, wir müssen alternative Betätigungsfelder jenseits der Kultur ständigen Wirtschaftswachstums für unsere schöpferischen Kräfte finden. Dieses Wirtschaftswachstum ist seit mehreren hundert Jahren durchaus ein Segen, doch es hat uns kein ungetrübtes Glück gebracht, und heute müssen wir wählen zwischen dem Streben nach einem unbeschränkten, ungerichteten Wachstum durch Wissenschaft und Technik und den Gefahren, die ganz offensichtlich damit verbunden sind.

Meine Begegnung mit Ray Kurzweil und John Searle liegt jetzt mehr als ein Jahr zurück. Wenn ich mich umschaue, sehe ich einige Gründe zur Hoffnung: in mahnenden Stimmen, die zu Vorsicht und Verzicht raten; in Menschen, die wie ich besorgt sind über die gegenwärtigen Entwicklungen. Auch ich fühle mich persönlich verantwortlich - nicht für die Arbeit, die ich schon getan habe, sondern für die Arbeit, die ich möglicherweise noch leisten werde an der Schnittstelle mehrerer Wissenschaften.

Doch viele Menschen, die um die Gefahren wissen, bleiben weiterhin merkwürdig schweigsam. Spricht man sie darauf an, heißt es, das sei doch alles nicht neu - als wäre das Wissen um die möglichen Entwicklungen bereits Reaktion genug. Sie sagen, die Universitäten seien doch voll von Biochemikern, die sich den ganzen Tag mit diesen Dingen beschäftigen. Sie sagen, darüber sei doch schon genug geschrieben worden, von Fachleuten, die Bescheid wüßten. Sie klagen, meine Sorgen und Argumente seien ein alter Hut.

Ich weiß nicht, wo diese Menschen ihre Angst verstecken. Als Architekt komplexer Systeme betrete ich diese Arena als Generalist. Sollte ich deswegen weniger besorgt sein? Ich weiß, daß aus berufenem Mund schon viel darüber geredet worden ist. Aber hat es die Menschen erreicht? Dürfen wir darum die Augen vor den drohenden Gefahren verschließen?

Wissen ist kein Grund, nicht zu handeln. Können wir noch daran zweifeln, daß Wissen eine Waffe geworden ist, die wir gegen uns selbst richten?

Die Erfahrung der Atomwissenschaftler zeigt in aller Deutlichkeit, daß wir Verantwortung übernehmen müssen; sie zeigt, daß Entwicklungen uns aus der Hand gleiten und eine Eigendynamik entfalten können. Innerhalb kürzester Zeit können daraus Probleme entstehen, die wir - wie sie - nicht mehr zu bewältigen vermögen. Deshalb müssen wir die Dinge vorher bedenken, wenn wir nicht ebenso überrascht und schockiert von den Folgen unserer Erfindungen sein wollen.

In meiner Arbeit bemühe ich mich, die Zuverlässigkeit von Software zu verbessern. Software ist ein Werkzeug, und als Werkzeugmacher muß ich mich mit der Anwendung der von mir geschaffenen Werkzeuge auseinandersetzen. Ich habe immer geglaubt, die Welt durch die Schaffung zuverlässiger und vielseitig anwendbarer Software sicherer und besser machen zu können. Wenn ich jedoch zu der gegenteiligen Erkenntnis gelange, bin ich moralisch verpflichtet, diese Arbeit einzustellen. Ich kann mir inzwischen vorstellen, daß dieser Tag kommen mag.

Diese Einsicht macht mich nicht zornig, wohl aber ein wenig melancholisch. Der Fortschritt hat nun für mich einen bitteren Beigeschmack.

Erinnern Sie sich an die wunderbare Szene in *Manhattan*, in der Woody Allen auf seiner Couch liegt und in sein Tonbandgerät spricht? Er schreibt gerade eine Kurzgeschichte über Menschen, die sich unnötige neurotische Probleme schaffen, weil das sie davor bewahrt, sich mit den beängstigenden unlösbaren Problemen der Welt zu befassen.

Er stellt sich die Frage, was das Leben für ihn lebenswert macht, und findet die Antwort: Groucho Marx, Willie Mays, der zweite Satz der Jupiter-Symphonie, Louis Armstrongs Einspielung des „Potato Head Blues", schwedische Filme, Flauberts *Éducation sentimentale*, Marlon Brando, Frank Sinatra, Cézannes Äpfel und Birnen, die Krabben bei Sam Wo's und schließlich das Gesicht seiner Freundin Tracy.

Meine gegenwärtige Hoffnung richtet sich auf eine breitere Diskussion der hier angesprochenen Fragen, mit Menschen aus den verschiedensten Lebensbereichen und in einem Klima, das weder durch Technikangst noch durch blindes Vertrauen in die Technik geprägt ist.

Um selbst damit zu beginnen, habe ich viele dieser Fragen auf zwei Veranstaltungen des Aspen Institute angesprochen und außerdem vorgeschlagen, die American Academy of Arts and Sciences möge sie als thematische Erweiterung in die Pugwash-Konferenzen aufnehmen. (Dort werden seit 1957 Fragen der Abrüstung, insbesondere der atomaren Abrüstung, erörtert und praktisch realisierbare Politikansätze formuliert.)

Leider begannen die Pugwash-Tagungen erst, nachdem der Geist der Atombombe aus der Flasche war - nahezu fünfzehn Jahre zu spät. Auch mit der ernsthaften Erörterung der Technologien des 21. Jahrhunderts - der Verhinderung einer wissensbasierten Massenvernichtung - beginnen wir sehr spät; eine weitere Verzögerung wäre nicht zu verantworten.

Ich suche immer noch; es gibt viel zu lernen. Ob wir Erfolg haben oder scheitern, ob wir diese Technologien überleben oder an ihnen zugrunde gehen, ist noch nicht entschieden. Es ist spät geworden, fast sechs Uhr morgens, und ich versuche, mir bessere Antworten vorzustellen, den Bann zu brechen und sie aus dem Stein herauszulösen.

Aus dem Englischen von Michael Bischoff.

Fortschritt ohne Maß und Grenzen?

Plädoyer für eine lebensdienliche Gestaltung der bio- und gentechnischen Entwicklung

Nikolaus Knoepffler

Die amerikanische Wochenzeitschrift *Time* vom 8. November 1999 läßt Lee M. Silver, Professor für molekulare Genetik an der renommierten Princeton University seine Vision vom bio- und gentechnologischen Fortschritt erzählen. Danach wird es für die Eltern in den kommenden Jahrzehnten möglich werden, ihre eigenen Kinder durch gentechnische Veränderungen gegen Krebs- und Herzkrankheiten widerstandsfähig zu machen und sie sozusagen mit einem natürlichen Impfschutz gegen verheerende Krankheiten wie AIDS und Alzheimer, aber auch gegen Allergien und den Schnupfen zu versehen. Und zusammen mit Nobelpreisträger James Watson hat Silver im Jahr zuvor bei einem Symposium in Los Angeles dafür plädiert, daß wir die Evolution unserer Natur in eigene Hände nehmen. Bereits 1993 hatte James Watson gefragt: „Warum sollen wir nicht die Intelligenz erhöhen? Wir wollen alle intelligente Kinder haben."

Was für Silver und Watson eine wünschenswerte Entwicklung darstellt, erscheint nicht wenigen als ein maßloser, alle natürlichen Grenzen sprengender bio- und gentechnologischer Fortschritt. Soll es tatsächlich wünschenswert sein, daß Kinder bald nur noch künstlich gezeugt und optimiert werden, also eine irreversible Veränderung der menschlichen Keimbahn vorgenommen wird? Aber auch andere Fragen tauchen im Rahmen der biotechnologischen Revolution auf: Ist es beispielsweise wünschenswert, Organe durch therapeutisches Klonen zu gewinnen?

Naturwissenschaftliche Grundlagen

Fast alle Lebewesen auf dieser Erde teilen den genetischen Code. Was heißt das? Wer Legobausteine kennt, kann sich davon eine gute Vorstellung machen. Einige wenige Steintypen genügen, um eine praktisch unbeschränkte Anzahl unterschiedlicher Bauwerke entstehen zu lassen. Wie sozusagen die Konfiguration der Steine ermöglicht, daß wir beispielsweise etwas als Haus und etwas als Turm identifizieren, so bewirkt die Konfiguration der Gene, daß wir es mit Mücken oder Menschen zu tun haben, obwohl die Grundbausteine und ihre Wirkungsweise, biologisch der genetische Code, gleich sind. Der genetische Code arbeitet dabei mit vier Zeichen, nämlich vier Basen. Es kann nun nicht darum gehen, die genaue Wirkungsweise darzulegen. Es genügt für die Vorstellung, sich die Wirkungsweise des genetischen Codes ähnlich vorzustellen wie ein gutes Kochrezept. Der Unterschied besteht freilich darin, daß hier das Rezept selbst, vereinfacht gesprochen, für seine konkrete Realisierung sorgt. Das ist dadurch möglich, daß auf biologischer Ebene Anziehungskräfte bestehen. Die unterschiedliche Zusammensetzung der vier Basen, also der Grundbausteine, sorgt so dafür, daß sich bestimmte Proteine bilden. Diese dienen letztlich dazu, daß wir in unserer Gestalt da sind.

Wir teilen aber nicht nur den genetischen Code miteinander, es geht sogar soweit, daß die Genkonfigurationen beispielsweise des Menschen als ein Gebilde aus etwa 100 Billionen Zellen und des Einzellers Hefe in verblüffender Weise verwandt sind. Die Hälfte aller Gene, die in unserer Spezies als Ursachen oder Auslöser von Krankheiten entdeckt wurden, sind auch bei der Hefe zu finden. Das ist der Fall, obwohl es bereits mehr als 700 Millionen Jahre her ist, daß Hefe und Mensch gemeinsame Vorfahren hatten. Ein weiteres Beispiel für diese große Verwandtschaft: Der Wurm c. elegans verliert seine Fähigkeit, Eier zu legen, wenn in ihn ein Gen eingebracht wird, das beim Menschen Alzheimer Krankheit auslöst. Umgekehrt sorgt das gesunde menschliche Gen, in den Wurm eingebracht, dafür, daß er wieder normal Eier legen kann.

Was bei Tieren bereits routinemäßig angewandt wird, nämlich die gentechnische Veränderung des Erbguts, ist auch beim Menschen zumindest prinzipiell möglich. Eine wichtige Bedingung dafür, nämlich eine umfassende Gendiagnostik wird bald zur Verfügung stehen. In zwei bis drei Jahren ist das gesamte menschliche Genom kartographiert und damit zumindest prinzipiell entschlüsselt. Es ist zu vermuten, daß in den darauffolgenden Jahren ein sogenannter DNA-Chip verfügbar sein wird, also ein Chip, auf dem man seine persönliche genetische Konfiguration speichern lassen kann: der gläserne Mensch, genetisch betrachtet. Vom Herzinfarktrisiko bis zum Risiko für bestimmte Krebskrankheiten dürfte sozusagen aus dem Genlabor ein Gesundheits-Check verfügbar sein. Die Gendiagnostik würde verraten, welche Krankheiten in uns stecken.

Die Diagnostik wird auf jeden Fall den Therapiemöglichkeiten in den meisten Fällen vorausgehen. Wer sich der Diagnostik unterzieht, wird seine Risiken besser kennen, dagegen Vorsichtsmaßnahmen ergreifen können, aber auch in nicht wenigen Fällen mit der Erwartung einer bestimmten Erkrankung leben müssen. Es steht freilich zu erwarten, daß die Gentherapie in den nächsten Jahrzehnten ihren Durchbruch schaffen könnte. Dann würden gentherapeutische Eingriffe am Menschen zu einer zentralen medizinischen Aufgabe werden. Ebenso würden gentechnische Medikamente für bestimmte Risikogruppen maßgeschneidert. Zugleich würde sich die eingangs erwähnte Frage stellen, ob es für Eltern mit einem bestimmten Risiko für eine Erbkrankheit nicht besser wäre, ihre Kinder künstlich zu zeugen und gentechnisch so zu behandeln, daß der Risikofaktor verschwindet. Als Alternative zur Gentherapie wird sich zumindest in manchen Fällen medizinisch die Biotechnik des therapeutischen Klonens anbieten, wenn Organe aus eigenen Körperzellen wieder in einen Zustand versetzt werden, daß sich aus ihnen Organe bilden, die aufgrund der Genidentität mit dem Spender vermutlich kaum Abstoßungsreaktionen auslösen würden. Es wäre aber auch denkbar, daß bei einer entwickelten Technik des reproduktiven Klonens die Forderung entstünde, Nachwuchs auf diese Weise zu bekommen. Doch was ist von diesen Möglichkeiten zu halten? Überschreiten wir in diesem bio- und gentechnologischen Fortschreiten nicht unsere Grenzen und werden maßlos?

Bezugsrahmen ethischer Urteilsbildung

Die Darstellung der naturwissenschaftlichen Grundlagen und technisch denkbaren Möglichkeiten läßt die Frage nach einer Bewertung dringlich werden. Ich möchte darum eine ethische Bewertung versuchen. Was ist dabei der Bezugsrahmen meiner ethischen Urteilsbildung?

Ich gehe vom Prinzip der Menschenwürde aus: Jeder Mensch hat den Anspruch auf bestimmte Grundrechte, die es ihm ermöglichen, Handlungen zu vollziehen, nämlich das Recht auf Leben und das Recht auf Wohlergehen. Das bedeutet, daß kein Mensch vollständig für andere Zwecke instrumentalisiert werden darf.

Das Prinzip der Menschenwürde steht im Gegensatz zu utilitaristischen Ansätzen, wonach unter bestimmten Umständen Personen geopfert werden dürfen, wenn dadurch die Gesamtbilanz des Glücks in der Gesellschaft zunehmen würde. Das Prinzip der Menschenwürde läßt sich dadurch gegenüber utilitaristischer Kritik verteidigen und positiv begründen, daß jeder Mensch, der handeln möchte, von den übrigen erwartet, daß sie ihm ermöglichen zu handeln, also ihn nicht in seinen Grundrechten beschneiden. Intuitiv könnte man sagen, daß Menschen, die nicht wüßten, welchen Platz sie in einer Gesellschaft einnehmen, für die personale Vorzugsregel optieren würden; denn nur sie gesteht auch den Benachteiligten zumindest die Grundrechte und ein Basiswohlergehen zu.

Das Prinzip der Menschenwürde reguliert die soziale Vorzugsregel und damit die Solidarität der Menschen untereinander und mit allem, was lebt, und ist darum diesem vorgeordnet. Das bedeutet, daß von keinem Menschen eine Solidarität eingefordert werden darf, in der er sein Leben für die anderen hingeben muß. Andererseits fließt aus dem Prinzip der Menschenwürde die soziale Vorzugsregel, denn wir schulden einander Solidarität, wenn es um unsere Grundrechte und unser Wohlergehen geht. Wenn wir unsere Lebensbedingungen, unsere Umwelt zerstören, verletzen wir darum auch die soziale Vorzugsregel. Im Berufsethos des Arztes konkretisiert sich diese Solidarität. Der Arzt verpflichtet sich, seinen Patienten helfend beizustehen und von ihnen Schaden abzuwenden. Der ärztliche Grundauftrag ist therapeutisch ausgerichtet. Der Arzt stellt seine Hilfe zur Verfügung, um Patienten zu heilen bzw. ihnen bei einer unheilbaren Krankheit oder einer irreversiblen Verletzung eine möglichst optimale Situation zu verschaffen. Unter dieser Voraussetzung sind dann Nutzenerwägungen und Risikoabschätzungen wichtig, da es in manchen Fällen darum geht, sich zwischen Lebensqualität und einer Verlängerung der Lebensspanne zu entscheiden, beispielsweise bei einer Schmerztherapie im Endstadium einer Krebserkrankung.

Für Christen sind alle Prinzipien, Vorzugsregeln und Güterabwägungen sozusagen in der christlichen Vorzugsregel der Nachfolge Jesu aufgehoben, also so zu leben, daß nicht mehr das eigene Ego lebt, sondern Christus als innerste Mitte alle Handlungen bestimmt.

Was aber bedeutet dieser Bezugsrahmen ethischer Urteilsbildung konkret für die Frage nach dem bio- und gentechnologischen Fortschritt? In welcher Weise wird hier das Prinzip der Menschenwürde, Solidarität und ärztliches Berufsethos bzw. für den Christen Nachfolge Jesu konkret?

Gentechnische Eingriffe am Menschen

Gentechnische Eingriffe lassen sich grundsätzlich unterscheiden. Sie können eine therapeutische und eine nicht-therapeutische Zielsetzung haben. Eine therapeutische Zielsetzung liegt vor, wenn es darum geht, Krankheiten zu heilen oder zu verhindern, eine nicht-therapeutische Zielsetzung liegt vor, wenn es darum geht, das Erbgut zu anderen als therapeutischen Zwecken zu optimieren. Der hier verwendete Begriff einer nicht-therapeutischen Zielsetzung ist nicht mit Eugenik gleichzusetzen, denn die klassische, durch Francis Galton eingeführte Bedeutung von Eugenik hat eine gesellschaftliche Dimension. Es geht bei der Eugenik um die Verbesserung des menschlichen Genpools, die sowohl negativ sein kann (Vermeidung von Entartung von Erbanlagen) als auch positiv (Verbesserung von Erbanlagen). Dabei sind die Grenzen zwischen therapeutischen und nicht-therapeutischen Zielsetzungen allerdings fließend, weil unser Krankheitsbegriff an den Rändern unscharf ist. So wehren sich die Mitglieder der Gesellschaft kleinwüchsiger Menschen in Amerika vehement gegen gentechnische Eingriffe, damit sie eine normale Größe erreichen können. Für sie ist dies keine Therapie, sondern der Terror einer genetischen Norm. Doch wie sich die Nacht vom Tag zumindest meistens unterscheiden läßt und nur in der Dämmerung gewisse Schwierigkeiten der Zuordnung möglich sind, so lassen sich auch die meisten gentechnischen Eingriffe entweder als therapeutisch oder als nicht-therapeutisch einordnen.

Gentherapie am Menschen

Es lassen sich hier grundsätzlich drei Stufen der Gentherapie unterscheiden, wenn man von der Tiefe des Eingriffsgrades ausgeht, also davon, ob die Gentherapie indirekt mittels gentechnisch hergestellter Medikamente, direkt aber nur auf das bestimmte Individuum oder mit einer Zukunftsdimension für folgende Generationen angewendet wird.

Auf der ersten Stufe, der Substitutionstherapie mit gentechnisch hergestellten Medikamenten, wird ein fehlendes Protein durch einen Ersatzstoff, im Fachbegriff ein Substitut ersetzt. So sorgt beispielsweise in Bakterien gentechnisch hergestelltes menschliches Insulin dafür, daß Zuckerkranke ohne den Umweg über tierisches Insulin und damit risikoärmer zu ihren Infusionen kommen. Die Substitutionstherapie mit gentechnischen Medikamenten ist deshalb nach den obigen ethischen Regeln nicht anders zu beurteilen als Medikamente überhaupt.

Schwieriger gestaltet sich die Frage, inwieweit eine somatische Gentherapie zulässig ist, also eine Therapieform, bei der Körperzellen (griechisch: soma = Körper) eines einzelnen Menschen gentechnisch verändert werden, denn hier werden Körperzellen umprogrammiert. Freilich hat diese Programmierung das Ziel, den körpereigenen genetischen Defekt zu reparieren, so daß die Umprogrammierung keine genetische Neuerung darstellt, zumindest bei der somatischen Gentherapie im strengen Sinn. Hier läßt sich die Frage der Zulässigkeit erneut vor dem Hintergrund des ethischen Bezugsrahmens als erlaubt und sogar geboten verstehen, wenn der Nutzen für das Wohl des Patienten größer ist als der mögliche Schaden. Freilich hat gerade der Todesfall eines gentherapeutisch behandelten Patienten gezeigt, daß diese junge Technik mit größter Vorsicht gebraucht werden sollte. Erheblich problematischer ist es, wenn der gentherapeutische Eingriff nicht nur der Korrektur eines Gendefekts dienen würde, sondern neue Gene zur Krankheitsprävention einführen würde, denn hier würde tatsächlich eine Optimierung des menschlichen Genoms freilich zu therapeutischen Zwecken vorgenommen. Nach John Rawls liegt es zwar „im Interesse jedes Einzelnen, bessere natürliche Gaben mitzubekommen", aber es bleibt offen, ob neue Gene zur Krankheitsprävention noch als bessere *natürliche* Gaben zu verstehen sind. Aber selbst wenn diese Gaben nicht mehr natürlich genannt zu werden verdienten, warum sollten *bessere* Gaben nicht tatsächlich gentechnisch hergestellt werden? Geht man ethisch davon aus, daß Vorrang hat, was dem Menschen dient und sozialverträglich ist, würde eine somatische Gentherapie zur Krankheitsprävention ethisch zulässig sein; denn sie schützt vor Krankheiten und verbessert so die Lebensqualität der Einzelnen. Durch die Begrenzung auf einzelne Individuen wären zudem die Risiken abzuschätzen.

Anders stellt sich die Frage bei der Keimbahntherapie, denn hier ist nicht nur ein einzelnes menschliches Individuum betroffen, sondern möglicherweise auch seine potentiellen Nachkommen. Derzeit ist die Keimbahntherapie keinesfalls zulässig, denn nach unserem heutigen gentechnischen Stand würden weitaus mehr Menschen durch mißlingende Versuche zu Schaden kommen als einen Nutzen von dieser Therapie haben. Außerdem besteht für 99999 von 100000 Fällen eine erheblich risikoärmere und bereits klinisch eingesetzte Alternative, die Präimplantationsdiagnostik, also ein Verfahren, bei dem der künstlich gezeugte Embryo vor seiner Implantation in die Gebärmutter einer genetischen Diagnostik durch Zellentnahme unterzogen würde. Freilich wäre diese Diagnostik mit einer funktionierenden Keimbahntherapie nicht zu vergleichen, denn die Therapie heilt einen Erbdefekt, während die Diagnostik dafür verwendet wird, daß der erbkranke Embryo nicht implantiert wird. Unter der Voraussetzung also, daß eine Keimbahntherapie ohne Risiken funktionieren würde – wir sind davon sehr, sehr weit entfernt (vielleicht zu weit) – könnte sie nach meiner Überzeugung nicht nur ethisch zulässig, sondern in manchen Fällen ethisch sogar geboten sein. Dies wäre beispielsweise der Fall, wenn eine Gentherapie eines Partners mit einem Gendefekt auch dessen Keimbahn so verändern würde, daß die Nachkommen den Defekt nicht erben würden, und wenn das Verfahren praktisch sicher wäre. Das gilt bei gleichen Voraussetzungen auch für die Keimbahntherapie zur Prävention von Krankheiten, wenn diese Krankheiten wirklich als Krankheiten unumstritten sind.

Wie aber würde sich die Frage stellen, wenn eine Keimbahntherapie nur auf direktem Weg, also mittels einer gentechnischen Veränderung eines In-vitro gezeugten Embryos möglich wäre? Hier wäre selbst bei einem (fiktiv angenommenen) praktisch sicheren Verfahren ethisch abzuwägen, ob der gesundheitliche Gewinn für das Kind den Einsatz eines reproduktionstechnischen Verfahrens, der künstlichen Befruchtung nämlich, rechtfertigt.

Nicht-therapeutische gentechnische Eingriffe am Menschen

Der Nobelpreisträger James Watson, zusammen mit Francis Crick 1953 Entdecker der Struktur der Erbsubstanz, ist einer der führenden Verfechter eines Einsatzes von Gentechnik in nichttherapeutischer Absicht. Als nicht-therapeutische Absicht sei dabei, das sei hier noch einmal gesagt, die Veränderung des menschlichen Erbguts verstanden, bei der menschliches Erbgut zu Zwecken optimiert wird, die nichts mehr mit Krankheit zu tun haben, also beispielsweise zur Verbesserung unserer Veranlagung für Intelligenz. Auch hier lassen sich die obigen Stufen unterscheiden. Als Substitutionsbehandlung könnte man ein gentechnisch hergestelltes Dopingmittel ansehen, daß in gewisser Weise unsere genetische Disposition „optimiert", aber dies als nichttherapeutischen gentechnischen Eingriff zu werten, dürfte übertrieben sein. Wie sind derartige nicht-therapeutische Eingriffe vor dem Hintergrund des vorausgesetzten ethischen Bezugsrahmens zu bewerten? Spielt hierbei die unterschiedliche Eingriffstiefe eine Rolle?

Nach James Watson besteht das einzige ethische Problem darin, ob nicht durch die hohen Kosten zunächst nur Menschen, die Geld oder Glück haben, in den Genuß der Technik kämen. Wäre das ethische Problem tatsächlich eine reine Frage der Ressourcen-Allokation, also der Verteilung der vorhandenen Mittel, dann ließe sich die ethische Frage prinzipiell entscheiden: Nicht-therapeutische Genbehandlung wäre ethisch zulässig, wenn die gerechte Verteilung gewährleistet ist. Aber Watson hat einen entscheidenden ethischen Punkt vollständig außer acht gelassen: Wer bestimmt, welche Veranlagungen wünschenswert für eine nicht-therapeutische Optimierung sind? Wer setzt das Maß? Darum schließe ich mich in der Bewertung der nichttherapeutischen Genbehandlung dem Urteil von Winnacker an: „Es gibt für einen solchen Eingriff keine allgemein und wissenschaftlich ausweisbaren Gründe und Kriterien. Eine Wissenschaft, die sich derartigen Zielen widmen würde, machte den Wissenschaftler tendenziell zum übermenschlichen Konstrukteur des Menschen". Diese Anthropotechnik (griechisch: anthropos=Mensch), diese gentechnische Verfeinerung und Herstellung des Menschen, ist ein maßloses Unterfangen, denn wo sollen wir in unserer pluralen Welt die Maßstäbe gewinnen, wann ein derartiger Eingriff zulässig sein könnte und wann nicht? Im geltenden Recht gibt es die Kategorie der mutmaßlichen Einwilligung. Von welcher nicht-therapeutischen Veränderung können wir behaupten, daß sie auch von den kommenden Generationen gewollt wird, daß auch diese dazu ihre Einwilligung geben würden? Würde sich der gentechnische Fortschritt darum das Ziel setzen, den vollkommenen Menschen zu schaffen, wäre er in der Tat maßlos.

Klonierungstechniken

Nicht nur der gentechnische Fortschritt kann maßlos werden, dies ist auch für den biotechnologischen Fortschritt möglich. Klonierungstechniken gehören beispielsweise nicht zur Gentechnik, sind aber sehr wohl biotechnisch. Ich möchte mich im folgenden auf die Möglichkeiten des somatischen Klonens beschränken, also auf die biotechnologische Möglichkeit, Körperzellen eines erwachsenen Menschen in einen Zustand zu bringen, in dem sich der Zellkern wieder wie die totipotenten Zellkerne eines frühen Embryos verhält. Totipotenz einer Zelle bedeutet, daß sich die betreffende Zelle noch zu einem vollständigen, einem ganzen Lebewesen (lateinisch: totus=ganz) entwickeln kann. Je nach dem, wie man eine totipotent gewordene somatische Zelle behandelt, kann sie sich entweder zu einem vollständigen Menschen entwickeln, der praktisch erbgleich mit dem Spender der Körperzelle ist, also quasi ein zeitversetzter eineiiger Zwilling, oder sie kann sich beispielsweise zu bestimmtem Organgewebe fortentwickeln. Im ersten Fall würde man von reproduktivem Klonen sprechen, im anderen Fall von therapeutischem Klonen.

Reproduktives Klonen

Reproduktives Klonen kann unterschiedliche Zielsetzungen haben. Meist wird eine Zielsetzung diskutiert, die in sich unsinnig ist, nämlich die Wiedergewinnung eines geliebten Menschen. Wie die Entwicklung von eineiigen Zwillingen zeigt, hat jeder Einzelne von ihnen eine eigene Persönlichkeit. Es wäre also einfach falsch zu behaupten, Zwillinge seien nur Kopien voneinander, sie haben eben nur ihr Aussehen, den Phänotyp, und ihr Erbgut gemeinsam. Wer sie als Menschen sind, ist aber eben nicht nur durch Aussehen und genetische Veranlagung bestimmt. Vielmehr macht die Weise, wie jeder Einzelne sein Leben meistert, gerade das Eigentümliche und Wesentliche aus. Darum kann kein Mensch je kopiert werden, selbst wenn sein Erbgut durch Klonen weitergegeben wird.

Von daher erweist sich auch der Wunsch, einen Menschen aufgrund seiner besonderen Fähigkeiten zu klonen als unsinnig. Angenommen, wir würden Franz Beckenbauer klonen, dann wäre noch lange nicht gesagt, daß sein Klon gern Fußball spielen würde. Vielleicht faszinieren ihn die neuen Möglichkeiten des Computerzeitalters viel mehr.

Es bleibt darum wohl nur eine einzige Zielsetzung für das somatische Klonen übrig, die diskussionswürdig ist, nämlich das Klonen mit dem Ziel, Unfruchtbarkeit zu behandeln oder leibliche Nachkommen zu bekommen, selbst wenn der eine Partner ein hohes Risiko für eine Erbkrankheit trägt. Diese Ziele entsprechen dem ärztlichen Berufsethos und könnten zumindest prinzipiell mit den Vorzugsregeln und dem Prinzip der Menschenwürde in Einklang gebracht werden. Es ist ja keineswegs notwendig, daß ein Klon durch das Wissen um seine werdende phänotypische Gestalt und seine genetische Disposition in seinen Handlungsspielräumen über die Maßen eingeschränkt wird, also eine Verletzung seines Rechts auf Selbstbestimmung und damit seiner Menschenwürde erfährt. Die wachsenden Möglichkeiten genetischer Diagnostik werden nämlich auch viele sonstige Eltern veranlassen, über ihre eigenen Kinder ohne deren Einwilligung ein genetisches Wissen zu erwerben, um präventiv Vorsorge tragen zu können, so wie es heute üblich ist, Neugeborene und kleine Kinder immer wieder zur Untersuchung zu bringen. Jedoch spricht ein einfacher praktischer Grund gegen ein reproduktives Klonen, selbst wenn die Zielsetzung ethisch zulässig ist: das unvertretbare Risiko! Die Erfolgsquote lag nämlich bei der erfolgreichen Klonierung des Schafs Dolly bei weit unter einem Prozent. Von 277 somatisch klonierten Lebewesen gingen 276 zugrunde. Selbst eine Erfolgsquote von 99 % würde beim Menschen das Klonen nicht rechtfertigen, denn ein Versagen brächte schwerste Schäden für den betroffenen Menschen. Im Tierversuch ist dies bereits nachweisbar. Einige Tiere entwickeln sich anfangs normal, später jedoch zeigt das Klonierungsverfahren Nebenwirkungen, die beim Menschen untragbar wären. Derartige Folgen sind also auf unabsehbare Zeit als sehr wahrscheinlich anzusehen. Darum ist das reproduktive Klonen selbst bei einer vertretbaren Zielsetzung ethisch nicht zulässig, denn es würden Menschen für andere Menschen geopfert und damit das Prinzip der Menschenwürde verletzt, das Berufsethos des Arztes, Schaden abzuwehren, ausgehöhlt und eine nicht vertretbare Güterabwägung vorgenommen werden.

Therapeutisches Klonen

Anders verhält es sich mit dem therapeutischen Klonen. Hier entsteht eine totipotente Zelle, die aber so verändert wird, daß sie sich nicht zu einem lebensfähigen Menschen entwickelt, sondern zur Züchtung von Organen und Geweben zu Transplantationszwecken. Seit den ersten größeren Erfolgen im Tierversuch, nämlich der Entwicklung von Geweben aus therapeutisch geklonten Tieren, scheint der Weg gangbarer zu sein. Freilich ist zu sagen, daß die Möglichkeit, tatsächlich ganze Organe in Kultur zu züchten, derzeit noch spekulativer Natur ist. Der Weg hierzu ist noch weit. Dennoch lohnt sich die ethische Frage, ob wir auf diese Weise nicht unser Maß verlieren, denn totipotente Zellen sind prinzipiell in gleicher Weise zu verstehen wie der frühe Embryo. Es würden also in diesem Fall Embryonen geopfert, damit Gewebe bzw. Organe entstehen können. Ich kann hier nicht die weitreichende Frage der Embryonenforschung erörtern. Dennoch läßt sich eine wichtige Bemerkung machen. Sollte es Alternativen geben, beispielsweise eine Veränderung der Klonmethode, so daß eine pluripotente statt einer totipotenten Zelle entsteht, also eine Zelle, die noch die Fähigkeit hat, sich zu Organen zu entwickeln, nicht mehr jedoch die Fähigkeit, ein ganzes Individuum zu werden, dann ist diese Alternative vorzuziehen. Stehen diese Alternativen nicht zur Verfügung, so stellt sich die Frage, in welcher Weise wir den frühen Embryo in der Phase der Totipotenz deuten. Wer einem solchen Embryo die Menschenwürde zuspricht, für den kann therapeutisches Klonen keinesfalls eine ethisch zulässige Option sein. Andernfalls wäre es eine Frage der Abwägung, ob es lebensdienlicher ist, daß Menschen aufgrund der neuen Organe weiterleben oder besser leben können, oder ob es lebensdienlicher ist eine totipotente Zelle zu schützen.

Grenzziehung

Unser rascher Überblick zum bio- und gentechnischen Fortschritt führt zu einem einfachen Ergebnis: Der Fortschritt kann maßlos werden, wenn wir selbst es wagen, das Maß für den Menschen setzen, uns also anmaßen selbst zu beurteilen, welche Eigenschaften wünschenswert und welche abzulehnen sind. Solange der Fortschritt dagegen eine therapeutische Zielsetzung hat und dem gelingenden menschlichen Leben dient, ist er nicht nur notgedrungen zu akzeptieren, sondern stellt eine ethisch gebotene Entwicklung dar.

Dagegen könnte man einwenden: Der bio- und gentechnische Fortschritt mag zwar in einigen Fällen wünschenswert sein, aber er bringt eine letztlich gerade nicht wünschenswerte Entwicklung in Gang. So ließe sich vorstellen, daß bei gentechnischen Eingriffen am Menschen zwar anfangs tatsächlich ausschließlich Krankheiten therapiert werden, doch nach und nach eine maßlose Ausweitung über Krankheiten hinaus stattfinden wird. Deswegen solle man den Anfängen wehren. Dieses Argument, in der Fachsprache auch als „Argument der schiefen Ebene" oder „Dammbruchargument" bekannt, hat, konsequent angewandt, jedoch dramatische Konsequenzen: Jede Technik, die wir entwickeln, kann mißbraucht werden und müßte dem Argument folgend verboten werden. Selbst ein absolutes Technikverbot würde jedoch nicht helfen, denn wir können mit unseren Händen sogar einen Menschen töten. Sollte deshalb der Gebrauch der Hände verboten werden? Von daher lehne ich das Argument der schiefen Ebene ab und plädiere dafür, die Grenze dort zu ziehen, wo sie mit guten Gründen gezogen werden kann, in unserem Fall, wo der bio- und gentechnische Fortschritt dazu mißbraucht würde, einen neuen Menschen nach eigenen, wandelbaren Maßstäben zu konstruieren, also Anthropotechnik zu betreiben. Wo es jedoch darum geht, Krankheiten zu heilen, halte ich den bio- und gentechnologischen Fortschritt für ein großes Geschenk unserer Zeit.

Über die Weisheit der Igel und die Einsichten der Hasen - Wozu die Hochschule?

Georg Kohler

Ich weiß, daß ich nichts weiß", „Ich denke, also bin ich", „Gott ist tot". Das alles sind Grund- und Hauptsätze der westlichen Philosophie und Kultur. Sie enthalten, in höchster Konzentration, die Quintessenz von deren Energien, Zweifel, Selbsterfahrungen und Daseinsbehauptungen. Zu diesen Grund-Sätzen zählt auch jene berühmte Parole, die zum eigentlichen Armierungselement des Basisglaubens der modernen wissenschaftlich-technischen Zivilisation geworden ist: Wissen ist Macht.

Wollte man auf die kürzest mögliche Weise erklären, weshalb Universitäten und Hochschulen, also die jeweils obersten wissenschaftlichen Forschungs- und Lehranstalten, unzweifelhaft Kerninstitutionen unserer Gesellschaft sind, dann braucht man nur diese eine Feststellung zu wiederholen: Wissen ist Macht. Und das bedeutet: Wer „Wissen", Durchblick, Kenntnis der alle Erscheinungen bestimmenden Gesetze in der Tiefe der Welt besitzt, der vermag sich nicht nur zum produktiven Meister der Naturkräfte und zur Herrin der entängstigenden Vorausschau natürlicher Kausalabläufe zu machen, der und die gewinnen auch die Spitzenplätze in der ständigen Konkurrenz der Menschen untereinander um Vorherrschaft, Prestige und Wohlstand.

Wie einflußreich dieser Gedanke ist, wie sehr er unsere sozialstrategischen Überlegungen und Rhetoriken lenkt, fällt bloß deswegen nicht auf, weil er so selbstverständlich und vertraut geworden ist. Freilich kann es sich lohnen, darauf zu achten, wo und in welchen Kontexten das Wissen-ist-Macht-Argument jeweils eingesetzt wird. Man erkennt dadurch schnell, für welche Art von Macht das Wissen und seine primären Produktions- und Distributionsanstalten gut sein sollen und verteidigt werden müssen. Und natürlich ist es uns schon nach kurzem Nachdenken klar, wozu wir „Wissen" und Zentren der Wissensproduktion heute primär zu brauchen scheinen; nämlich zur erfolgreichen Teilnahme am weltweiten marktökonomischen Wettbewerb.

Charles Kleiber vs. Karl Schmid

Wenn Paul *Kennedy* oder David *Landes* in ihren prominenten Makroanalysen wirtschaftlich besonders zukunftsfähiger Staaten bzw. gesellschaftlich-politischer Einheiten auffällig die Schweiz hervorheben, dann stets und nie zuletzt wegen ihres umfassenden, auch in nicht-universitären Bereichen effektiven Bildungssystems. Und wenn der eidgenössische Staatssekretär für Wissenschaft und Forschung über die Bedeutung von Wissenschaft und Universität für das Land spricht, dann am liebsten im Blick auf den marktökonomischen Wissen-ist-Macht-Zusammenhang: „Notre économie dépend directement du savoir: l'information, la connaissance et l'expertise sont déterminantes et constituent le premier facteur de production, avant le capital et le travail." (*Jahrbuch der „Neuen Helvetischen Gesellschaft"*, Aarau 1999, S. 216).

Das ist einleuchtend und richtig; und es motiviert ziemlich zuverlässig Bundesrat, Parlament und Volk, die nötigen Gelder für den Qualitätserhalt und den Ausbau der einschlägigen Institutionen bereit zu stellen. Doch die Beachtung des marktökonomischen Markt-Wissens-Komplexes ist für sich allein genommen zu wenig, ja gefährlich irreführend, wenn es um die Ausarbeitung der Leitlinien für den langfristig besten und sachgerechten Einsatz dieser Mittel zu tun sein soll.

Wer Geld gibt, will wissen, wofür es verwendet wird – und ob das im Sinn des Geldgebers geschieht. Das ist in den Dingen der Wissenschafts- und Forschungspolitik nicht anders als beim öffentlichen Verkehr. Nur ist es bei der Wissenschafts- und Forschungspolitik vielleicht noch etwas komplizierter. Denn bei der Formulierung forschungspolitischer Leitlinien geht es stets auch um die Antwort auf die grundlegende Frage, ob Wissenschaft, Bildung und Universität zuerst und zuletzt als „Dienstleister" für Wirtschaft und Gesellschaft zu betrachten sind; die Wissensinstitutionen und Bildungsanstalten also funktional und instrumental für Zwecke und Interessen zu konzipieren sind, die jenseits ihres eigenen Sinnhorizontes und außerhalb der Logik ihrer eigenen Operationsweisen liegen; oder ob Wissenschaft, Bildung und Universität in ihren immanent wirksamen, nicht extern eingeführten Zielen, Kriterien und Handlungsgründen, d.h. in ihrem systematischen Eigensinn zu respektieren sind, wenn sie tatsächlich leisten sollen, was von ihnen erwartet wird.

Was sind die Wissenschaft und ihr wichtigster Biotop, die Universität, „eigentlich"? – Instrument zur Erreichung sozialer Zwecke oder selbstbezügliches System? – Wer trifft eher die Natur der Sache Charles Kleiber, der im Gespräch mit François L'Eplattenier, dem Präsidenten des „Novartis Venture Fund", erklärt: „Die Universität ist ein Instrument, das uns allen gehört, das heißt, daß wir Mechanismen finden müssen, damit sie, Herr l'Eplattenier, sich Gehör verschaffen können, damit man Ihnen antwortet, kurz, damit wir gemeinsam die Universität gestalten."? (*Die Universität von morgen*, Bern 1999, S. 176). Oder hat Karl Schmid recht, wenn er 1973, in einer seiner letzten Wortmeldungen zur „Wissenschafts- und Forschungspolitik der Schweiz", mit Nachdruck die „Spontaneität des Forschens", das „Originale", das „Unkonforme", Querköpfige allen Wissenwollens unterstreicht und gegen jegliche Planungsziele verteidigt ?

„Ich liebe das Wort 'Autonomie der Hochschule', 'Autonomie der Wissenschaft' nicht sehr; es erinnert von fern an das Gottes-Gnadentum absolutistischer Könige, die niemandem Rechenschaft schuldig waren. Aber [hier ist von Autonomie am allerehesten zu sprechen:] die forschungspolitischen Entscheide müssen so getroffen werden, daß innerhalb dessen, was sie festlegen, Raum bleibt für die autonome Freiheit des Forschers. Forschungspolitik muß in diesem Sinne immer liberale Politik sein (...) Das Wort 'Forschungsplanung' möchte ich überhaupt nicht brauchen; ..." (*Werke VI*, Zürich 1998, S. 108).

Autonomie vs. Dienstleistungsfunktion ... Wer Wissenschaft und Hochschule unter den Aspekten dieser Alternative diskutiert, der führt nicht einen gänzlich unüberbrückbaren Gegensatz in die Überlegungen ein, sondern vor allem den Zwang zur Erweiterung des Problematisierungsfeldes. Anders gesagt: Vielleicht meinen Charles Kleiber und Karl Schmid ja gar nicht daßelbe, sondern je etwas anderes, wenn sie für die entschiedene Bindung der universitären Forschungs- und Bildungspraxis an externe Ansprüche und Zweckbestimmungen plädieren bzw. die Notwendigkeit des puren Gegenteils behaupten. Falls diese Alternative keine ausschließende ist – und ich denke, es ist so –, welches sind die bisher unbeachteten Momente und sachlichen Bestimmungen von Wissenschaft und Hochschule, die den offenkundigen Widerspruch zwischen Kleiber und Schmid zu vermitteln erlauben?

Francis Bacon

Bevor ich darauf antworte (oder besser gesagt: um überhaupt den Zugang zur möglichen Antwort zu gewinnen), möchte ich noch einmal an den Grundsatz „Wissen ist Macht" erinnern. Denn er schlägt die Brücke zu seinem Erfinder, zu Francis Bacon, dem Baron von Verulam, einem überragenden Repräsentanten der frühmodernen Philosophie, bzw. zu dessen „großer Erneuerung", der „Instauratio Magna", dem bahnbrechenden Werk des englischen Empirismus.

Francis Bacon (1561-1626) ist in mehrfacher Hinsicht eine interessante und aufregende Figur. Keineswegs nur Denker und Schriftsteller, sondern ebenso politischer Tatmensch und intrigenerfahrener Minister, macht er unter James I. eine glänzende Karriere, die ihn bis in höchste Ämter bringt – und am Lebensende in den Sturz führt aus allen Ehren, Titeln und Vorrechten: Wegen Bestechung angeklagt und verurteilt, entgeht Bacon knapp einer Gefängnisstrafe im Tower und dem Verlust seines gesamten Vermögens.

Was ihn zur prägenden Figur der europäischen Geistesgeschichte macht, ist allerdings nicht diese für Politiker offenbar bis heute nicht untypische Glückskurve, sondern seine als umfassender Reformplan für die Wissenschaft angelegte „Instauratio Magna": Ein gewaltiges, wissenschaftsphilosophisches Werk, das übrigens nur in Bruchstücken zur Realisierung gelangte. Die zentrale Botschaft der „Instauratio" lautet nun eben: Wissen ist Macht; sie läßt Bacon zum Apologeten der naturwissenschaftlichen und technischen Revolution werden, die damals begann und nun unaufhörlich geworden ist.

Wenn aber „Wissen" „Macht" schöpft, dann muß – so Bacon – der Ursprung dieser Quelle, die Wissenschaft, planmäßig gefaßt und in der Form eines Großunternehmens organisiert werden. Sehr viele haben sehr vieles zusammenzutragen; für den Empiristen Bacon ist Wissenschaft zunächst einfach das unentwegte Sammeln und Bearbeiten von möglichst vielen und verschiedenen Einzelerfahrungen. Freilich, und hier beginnt die Sache wesentlich zu werden: „Wissenschaft" gibt es in eigentlichem Sinne erst da, wo die empirischen Daten nach strengen Methodenregeln, d.h. nach den konstitutiven Richtlinien rationalen Prüfens und Schließens analysiert und synthetisiert werden. Wissenschaft ist menschliche – menschenmögliche – Vernunfterkenntnis, und als solche weder das Archiv zufälliger Geschichten noch Fantasie und Dichtung, und jedenfalls ist sie keine Offenbarungstheologie, die von übernatürlichen Zusprüchen abhängt. Wissenschaft ist von innerweltlicher Neugierde (curiositas) in Betrieb gehaltene, durch verständliche Argumentationen und nach klaren Methoden aufgebaute, an beobachteten, systematisch wiederholbaren Ereignissen orientierte Erfahrungswissenssuche.

So ungefähr ist die baconistische Wissenschaftsvorstellung zu umreißen, die die „Instauratio" darlegt. Bezogen auf die Alternative „Wissenschaft – Dienstleisterin oder autonome Erkenntnissucherin" macht Bacons Konzeption wenigstens dies sichtbar: daß Wissenschaft ihre instrumentelle Wirkung – nämlich „Macht" (wozu auch immer) zu generieren – nur zu entfalten vermag, wenn sie sich selbst – gemäß ihren eigenen Bedürfnissen und internen Relevanzbewertungen – entwickelt. Nützliche Dienstleisterin ist sie also gewissermaßen allein in der Nebenfolge ihrer autonomen, selbstbestimmten Tätigkeit, d.h. lediglich indirekt. Wissenschaft ist hilfreich, insofern ein Instrument. Aber bloß auf dem Umweg über die Anerkennung ihrer systematischen Selbstreferenz ist sie als solches zu gebrauchen. Außerdem ist ihr Fortschritt und seine Nützlichkeit an eine Form von Rationalität gebunden, die mit dem alltagsüblichen, pragmatischen, auf rasche Reaktion und Problemverkürzung drängenden „gesunden Menschenverstand" nicht zu verwechseln ist.

Wider die „Trugbilder"

Besonders die zuletzt erwähnte Sache ist wichtig. Bacon widmet ihr einen ganzen Band im Rahmen der „Instauratio", der unter dem Namen des „Novum Organon" berühmt geworden ist. Das „Organon", Bacons Beschreibung der Methode zuverlässiger Erkenntnisgewinnung, warnt nämlich vor zwei eminenten Gefahren beim Versuch wissenschaftlicher Theoriebildung: Vor dem übereilten Schluß bzw. der übertriebenen Verallgemeinerung und zweitens vor den „Trugbildern" und Vorurteilen, denen wir ständig erliegen.

Der „übereilte Schluß" oder die „übertriebene Verallgemeinerung" lassen sich auf einen falschen Gebrauch der Induktionsmethode zurückführen. Offensichtlich sind eben nicht alle Schwäne weiß, selbst wenn man am Ufer des Zürichsees nur weiße Exemplare zu Gesicht bekommt. Oder, um ein Beispiel zu liefern, das zum Thema der Wissenschafts- und Bildungspolitik paßt: Nicht alles, was wir als „wissenschaftliche Disziplin" bezeichnen und an der Universität gelehrt finden, ist nach dem gleichen Muster gewirkt.

So gibt es an der Universität Fächer, altehrwürdige Fächer notabene, die ihre Einheit und Reputation nicht aus einer eigentlichen wissenschaftlichen Theorieform im Sinne der baconistischen Charakteristik ableiten, sondern ihr Profil primär aus der Berufspraxis beziehen, auf die sie vorbereiten. Dazu gehören die Medizin und die Juristerei. Diese letztere und die Pädagogik „sind (zunächst und ursprünglich) überhaupt keine Wissenschaften, sondern Praktiken, die eine gewisse strategische Reflektiertheit voraussetzen." (D. Schwanitz, *Bildung*, Frankfurt a.M. 1999, S. 362). Kurz: Nicht alles, was an der Universität seit langem präsent ist, ist auf dieselbe Weise „Wissenschaft", und demzufolge ist auch nicht jedes Fach in gleicher Weise in die Raster der Alternative „Wissenschaft – Dienstleisterin oder autonome Erkenntnissucherin" einzuordnen.

Bacons „Novum Organon" warnt nicht nur vor Fehlern beim Gebrauch der Induktion, sondern auch vor den Effekten mangelnder Vorsicht im Umgang mit den Vor-Urteilen, von denen das menschliche Denken jeweils geleitet ist. Das „Organon" unterscheidet vier Typen von erkenntnisschädigenden Vormeinungen, die es „Trugbilder" (Idole) nennt: Erstens, die „idola tribus", die „Trugbilder der Gattung", die Fehler erzeugenden Neigungen, denen wir als Menschen ganz generell unterworfen sind; z.B. dem Hang, dem unmittelbaren Zeugnis der Sinne zuviel Gewicht beizumessen. Zweitens, die „Trugbilder der Höhle" („idola specus"): die je individuellen, angeborenen oder ansozialisierten Vorurteile. Drittens, die „idola fori", die „Vorurteile des Marktes": Darunter subsumiert Bacon die alltäglichen Stereotypen, von denen wir immer wieder Gebrauch machen. Von den Klischees beispielsweise, daß Professoren in Elfenbeintürmen hausen, Studenten bummeln und in Universitäten vom wahren Leben, von „der Praxis", ohnehin nichts bemerkt wird. Viertens behandelt Bacon die „idola theatri", die „Trugbilder des Theaters", womit er die in der Wissenschaft selbst, in ihren Voraussetzungen und Überlegungsstrategien vorhandenen traditionellen Denkmuster bezeichnet, die die Bildung neuer, stärkerer und besserer Hypothesen und Erklärungskombinationen verhindern.

Bacons „Organon" ist eine noch heute lesenswerte Selbstkritik der menschlichen Vernunft. Und sie ist gerade dann nützlich, wenn wir in und mit Diskussionen vor scheinbar unauflösliche Widersprüche geraten. Wie etwa im Fall der Alternative „Wissenschaft – Dienstleisterin oder autonome Erkenntnissucherin". Das „Novum Organon" empfiehlt, auf voreilige Verallgemeinerungen und grundlegende Vor-Urteile zu achten. Um das sachdienlich zu tun, ist allerdings eine weitere Überlegung nötig: Vorurteile sind ja häufig nicht schlechthin falsch; hinderlich oder irreführend sind sie erst dann, wenn sie für die ganze Wahrheit gehalten werden. Vorurteile sind, m.a.W., sehr oft Partialwahrheiten, deren Einseitigkeit vergessen worden ist. Gefährlich ist daher nicht ihre relative Triftigkeit, sondern die Blindheit für deren beschränkte Geltung.

Die Weisheiten der Igel

Deshalb möchte ich jetzt, mit Blick auf die fragliche Alternative, zwei Reihen von Partial-wahrheiten gegenüberstellen.

Ich nenne sie einerseits die „Weisheiten der Igel", andererseits die „Einsichten der Hasen". Die ersteren befestigen die Position, die in meiner kleinen Dialektik mit Karl Schmid besetzt worden ist; die zweiten untermauern die Antithese, die Charles Kleiber hält. Die „Weisheiten der Igel" heißen so, weil der Igel bekanntlich das helvetische Totemtier der Eigenständigkeit ist; die „Einsichten der Hasen" erhalten diesen Titel, weil Meister Lampe die Chancen anpassungs-fähiger Fruchtbarkeit symbolisiert.

Die „Weisheiten der Igel": Erstens, Wissenschaft ist primär ein Selbstzweck. Sie gehorcht ihren eigenen Notwendigkeiten, ihren eigenen Motiven, ihren eigenen, durch sie selbst erzeug-ten Relevanzerfahrungen. Darauf beharrt schon Bacon; daß es bereits vor 400 Jahren geschehen ist, macht es nicht weniger wahr. Zweitens – ein bisher unerwähnter Aspekt: Gute Lehrer und Lehrerinnen, die – auf allen Stufen und erst recht auf der universitären Ebene – dem vernünfti-gen Wissen und Wissen-Wollen auf die Sprünge helfen, sind nie bloß Kenntnisüberbringer, Funktionäre des Informationstransfers. Sie sind Hellmacher, Heimzünder, „Aufwecker der Seele aus dem tiefen Schlaf der Gewohnheit", wie *Ralph Waldo Emerson* sagt, wobei er hinzufügt: „Das ganze Geheimnis der (guten) Macht eines Lehrers besteht in der Überzeugung, daß die Menschen veränderbar sind. Und sie sind es. Sie wollen aufwachen." (zit. nach U. Greiner, in: Die Zeit, 49/99, S. 61-62) Um dazu aber imstande zu sein, braucht das Lehren die Spielräume der Individualität, die Rechte, die für die Stufe der Universität seit dem 19. Jahrhundert im Prinzip der „akademischen Freiheit" konzentriert sind, und die nach wie vor gegen dogmatische Ansprüche von welcher Seite sie auch erhoben werden mögen, eingeklagt und verteidigt werden müssen. Drittens: Worum es in der universitären (wie übrigens in jeder) Schule gehen sollte, ist nie einfach „Ausbildung", sondern zugleich und ebenso „Bildung". Und „Bildung" ist wieder-um, wie das Selbstzweckhafte der Wissenschaft, nicht in erster Linie auf die externen Bedürfnis-se des Marktes oder der Arbeitswelt bezogen. Sie hat ihren Schwerpunkt in der Idee der freien Persönlichkeit, die ihre Existenz – im Wortsinn – zu „führen" weiß und die sich zu allem, was sie betrifft, selbstbewußt-eigenständig zu verhalten vermag. Dazu noch einmal Karl Schmid: „Je radikaler von Technologen und Managern die Forderung nach unmittelbarer Ausbildung an die Schulen (...) herangetragen wird, um so unerschütterlicher muß sie auf ihrer Pflicht beharren, nicht nur für die Berufe vorzubilden, sondern für das Leben als Ganzes (...) Bildung hat nie direkte Ziele. Sie trainiert den Menschen nicht auf konkrete Anforderungen hin. Sie senkt Be-dürfnisse in ihn ein oder macht sie ihm bewußt und soll in ihm die Fähigkeit entwickeln, diese selbständig zu stillen, über sein ganzes Leben hin." (*Werke VI*, Zürich 1998, S.12).

Die Einsichten der Hasen

Soviel zu den „Weisheiten der Igel". Der Tenor in den „Einsichten der Hasen" ist ein ganz anderer. Es dominiert der Ton der Dringlichkeit, der Mahnung zur fälligen Veränderung und der Warnung vor konservativer Erstarrung. Was sie sagen, zielt ins Herz der Aktualität. Was sie fordern, ist ein Umdenken größten Stils. Wovon sie ausgehen, sind nicht Wissenschaft und Bildung; die Orientierung liefern der postindustrialistische Arbeitsmarkt, das Interesse am optimalen Einsatz knapper Mittel, die Wünsche der Wirtschaft, die auf verwertbare Forschungsergebnisse angewiesen ist. In all diesen Perspektiven haben die Hasen gute Argumente; und sie transportieren und reflektieren nicht einfach ein neoliberalistisches Technokratenideal, sondern in der Tat eine Einsicht – nämlich die Einsicht in die Natur des insgesamt veränderten Zivilisationsprozesses, der die „Zweite Moderne" kennzeichnet.

Charles Kleiber hat unzweifelhaft den Wind der Geschichte im Rücken, wenn er auf strukturelle Verschiebungen im Verhältnis zwischen Hochschule und Marktwelt aufmerksam macht: „Die Globalisierung der Wirtschaft und die Verschärfung der Konkurrenz schaffen eine neue Interdependenz zwischen der Wirtschaft und der Universität (auf vielen Feldern von Forschung und Lehre). Die Unumgänglichkeit einer verstärkten Zusammenarbeit zwischen Universitäten und Unternehmen zeigt sich (zum Beispiel) im Erfordernis ausgebauter Postgraduierten-Studiengänge, die übrigens von bedeutenden Beiträgen aus der Privatwirtschaft profitieren können (bzw. könnten), sowie in der Zunahme von gemischten Forschungsprojekten." – „Jedoch", fügt Kleiber hinzu, „dieser Annäherungsprozeß (wird) durch die Kultur der Universitäten (und) ihre Funktionsregeln (allzustark) gebremst." (*Die Universität von morgen*, Bern 1999, S. 25).

Diesem Befund entsprechend lassen sich die „Einsichten der Hasen" vielleicht folgendermaßen resümieren: *Erstens*: Das selbstbezügliche System der Universitätswissenschaft mit seinen traditionellen Strukturen und Disziplinen hat eine Tendenz zur Abschottung gegenüber neuen Nachfragen und Offerten – und v.a. gegenüber rasch anwachsenden Leistungsnotwendigkeiten zugunsten der gesellschaftlichen und ökonomischen Umwelt. Diese Tendenz muß von außen her gestoppt, das universitäre Wissenschaftssystem letzten Endes durch finanzielle Anreize positiver und negativer Art zur adäquaten Aufgabenerfüllung forciert werden. *Zweitens*: Die heutigen Universitäten sind als Schulen ineffizient, weil sie für die Phase der Erstausbildung zuviel Zeit brauchen, in der Weiterausbildung zu wenig lebenslange Lernbegleitung bieten und sich insgesamt kaum ausrichten auf die von den Märkten verlangten vielfältigen und vielfältig vernetzten Berufskompetenzen. *Drittens*: Die heutigen Universitäten sind als Forschungsstätten unzureichend, weil sie den engen Zusammenhang von ökonomischem Wettbewerb und wissenschaftlich-technischem Fortschritt viel zu wenig in ihre Projektplanung aufgenommen haben. In Zukunft muß die Innovationskette also enger verknüpft werden: von der Grundlagenforschung über die angewandte Forschung bis zur Markteinführung neuer Produkte und Dienstleistungen. (*Die Universität von morgen*, Bern 1999, S. 34).

Zwei Modelle der Hochschule

Die „Weisheiten der Igel" und die „Einsichten der Hasen" sind meine aus diskursentspannungstechnischen Gründen leicht ironischen Titel für einen tiefreichenden und ernsten Gegensatz im Verständnis der zeitgenössischen Universität. Tiefreichend ist der Gegensatz, weil er offensichtlich systematischer Art ist, das heißt zwei verschiedene Universitätskonzeptionen repräsentiert: Man darf sie die klassische, *wissenschafts- und bildungszentrierte* im Unterschied zur *ausbildungsorientierten* Universität nennen. Beide Modelle können sich je auf eine Seite der Alternative berufen, mit der ich begonnen habe: Wissenschaft – Dienstleisterin oder autonome Erkenntnissucherin. Denn die Wissenschaft ist längst beides geworden: autonom und funktional. Und zwar ist sie letzteres eben nicht allein indirekt, wie – im Blick auf die Grundlagenforschung – von Anfang an zugestanden worden ist; sie ist es zugleich auf direkte Weise und in zunehmender Weise. Denn je wissensgestützter die gegenwärtige Zivilisation wird, desto schwieriger wird nicht nur die prinzipielle, gewissermaßen wesenslogische Trennung zwischen Grundlagen- und angewandter Forschung (Ist, als Beispiel, Prionenforschung heute noch grundlagenoder schon anwendungsbezogene Wissenschaft?), um so dringender wird auch der Bedarf an weiterem Wissen im Umgang mit den inzwischen eingetretenen Folgen und Nebenfolgen der in die gesellschaftliche und ökonomische Praxis bereits eingegangenen Wissenschaften und Technologien. Nur neues Wissen vermag dafür zu sorgen, daß die Macht des Wissens nicht unvermutet umschlägt in die Ohnmacht vor den Konsequenzen unbedachter Wissensverwendung.

Doch just die Erinnerung an die funktionale Vernetzung von Wissenschaft und postindustrieller Gesellschaft liefert erneut Gründe für die Gültigkeit und, meinetwegen, Nützlichkeit des klassischen, bildungszentrierten Universitätsmodells: Es begründet einen Ort, von dem aus das Wissen-ist-Macht-System, seine Notwendigkeiten und Bedürfnisse beobachtet werden können; wo Haltungen gelehrt und eingeübt werden, die die vernünftige Offenheit gegenüber allem und jedem kultivieren; wo sich die Freiheit des Fragens und der Kritik möglichst uneingeschränkt vollzieht, kurz: wo Wissenschaft und Bildung in ihrem klassischen Sinn bewahrt und betrieben werden. Denn um ihrer eigenen Lebendigkeit willen benötigt jede Gesellschaft – und also auch die moderne Wissensgesellschaft – diesen Platz der Selbstbesinnung und der Erkenntnis: die Universität als sozialen Raum wissenschaftlicher *curiositas* und *theoria.*

Ich will das Hin und Her von den „Weisheiten der Igel" zu den „Einsichten der Hasen" und wieder zurück nicht länger fortsetzen. Zwischen den zwei Positionen der wissenschafts- und bildungszentrierten und der ausbildungs- und anwendungsorientierten Universität waltet eine Dialektik von Gründen und Gegengründen, die so schnell nicht auszuschöpfen ist.

Universität und Fachhochschule

Das Gesagte mag aber genügen, um sogleich zwei Dinge zu demonstrieren: Erstens: Unter den Bedingungen der Gegenwartsmoderne ist ein doppeltes Verständnis von Wissenschaft und

Universität möglich und notwendig geworden, das nicht einfach und schlank in einer dritten Position aufzuheben wäre. Beide Positionen haben ihr prinzipielles, aber je relatives oder partiales Recht, das bei der Formulierung der Leitlinien für die Wissenschafts- und Hochschulpolitik je angemessen berücksichtigt werden sollte. Keine „vorschnelle" Verallgemeinerung oder „übereilten Schlüsse" und keine „idola fori" dürfen das sorgfältige Denken behindern und trüben. Das bedeutet jedenfalls, daß die allerdings nötige und tiefgreifende Umgestaltung der Universität oder genauer: des tertiären Bildungssektors immer und nachhaltig beide Foci im Auge behalten muß – den Focus der klassischen, wissenschafts- und bildungszentrierten Universität, der „*Akademie*", um ihr einen besondern Namen zu geben, und den Focus der ausbildungs- und anwendungsorientierten Hochschule, der „*Fachhochschule*" in einem neuen und noch sehr unzureichend definierten Sinn.

Damit komme ich zu meinem zweiten und letzten – und praktisch gesehen wichtigsten – Punkt. Ich denke, daß die heutige Universität wie ich sie kenne, tatsächlich schwere Defizite hat. Und zwar nach beiden Hinsichten. Sie ist nicht mehr „Akademie" und auch keine zweckmäßige „Fachhochschule". Sie ist in vielen Fächern – und in den meisten, die ich gut kenne – ein Zwitter, der die Studierenden und Dozierenden gleichermaßen frustriert. – Wie soll man strenges, geisteswissenschaftliches Arbeiten vermitteln, das einerseits studentische Eigenständigkeit, aber auch gezielte, in der kleinen Gruppe geschehende, persönliche Betreuung verlangt, wenn man im Proseminar 150 und im Seminar 70 Teilnehmer hat, von denen mehr als die Hälfte zu 60% mit Geldverdienen beschäftigt sind? Es ist kein Wunder, wenn unter solchen Umständen die Abbrecherquoten hoch und die Studienzeiten zu lang sind.

Damit man mich recht verstehe. Ich plädiere nicht für die schlichte Vermehrung der Dozierenden in den bestehenden Fächern, sondern zunächst für die vorgängige Überlegung, ob hier nicht viele das Falsche oder falsch studieren. Einfach deswegen, weil das Richtige nicht angeboten wird. Ich werde zum Beispiel den Verdacht nicht los, daß die Massen, die derzeit Publizistikwissenschaft studieren, entweder in von Anfang an spezialisierten Ausbildungsgängen einer Medienfachhochschule besser aufgehoben wären, oder ihrem Bedürfnis nach Einblick in die allgemeine Soziologie und in die besondere der Medien mit einem knappen zweijährigen Studium, das vor allem die Voraussetzung für gezielt operierende Weiterbildung schafft, viel besser gedient wäre.

Was ist aber die Konsequenz solcher Beobachtungen? Möglich sind zwei Strategien. Die eine empfiehlt die Universität zu teilen; in das Segment eines präzis verschulten, weitgehend entwissenschaftlichten berufsbildbezogenen Diplombereichs und in das Segment des Gelehrtenkollegs. Die andere wirbt fürs Gegenteil: „Nicht Hineinnahme der Fachhochschule ist das Gebot der Stunde, sondern die Auslagerung größerer Teile der Universitätsausbildung, wo diese keine wissenschaftliche Ausbildung im engeren Sinne sein muß, in die Fachhochschule, die damit" – und das ist zu betonen – „zur Regelhochschule wird und werden sollte" (Jürgen Mittelstrass, in: NZZ 90/98, S. 27). Denn „eben diese Rolle, nämlich Regelhochschule zu sein, hat die Universitäten unter den Bedingungen von Massenhochschulen in ihrem wissenschaftlichen Charakter an den Rand des Zusammenbruchs geführt." (NZZ 90/98, S. 27).

Wie immer man sich entscheidet: Die Folge dieser Überlegungen muß ein stark differenziertes Hochschulsystem sein, das die klassische, wissenschaftszentrierte Universität ergänzt durch ausgebaute leistungsfähige, anwendungsorientierte Fachhochschulen, in denen die „Einsichten der Hasen" erst richtig fruchtbar werden können.

Das alles klingt vielleicht harmloser als es ist. Tatsächlich stellt es die entsprechende Reformpolitik vor allergrößte Schwierigkeiten. Zuviele der gewachsenen Institutionen und bestehenden Strukturen stehen gewissermaßen quer zu ihrer Richtung. Dennoch, davon bin ich überzeugt, ist à la longue nur so den beiden Wahrheiten, den „Weisheiten der Igel" und den „Einsichten der Hasen" angemessen Rechnung zu tragen.

Eine Zeit in der Zeit?
Die christliche Zeitrechnung

Hans Maier

Die christliche Zeitrechnung stellt eine Zeit in die Zeit hinein. Sie zählt nicht von einem Anfang, sondern von einer Mitte her: Ein Leben, das Leben Christi, teilt die Weltgeschichte in ein Vorher und Nachher, und dementsprechend zählen wir die Jahre und Jahrhunderte *vor* und *nach* Christus. Mit dieser Übung begannen im 5. und 6. Jahrhundert die Mönche Victorius von Aquitanien und Dionysius Exiguus in Rom, wobei der erste die Passion, der zweite die Geburt Christi zugrundelegte; in den folgenden Jahrhunderten trat die Zählung der Jahre nach Christus allmählich in den Vordergrund und setzte sich zu Beginn der Neuzeit endgültig gegen die alte Zeitrechnung „seit Erschaffung der Welt" durch. Langsamer als die Berechnung der Jahre *nach Christus* (die sogenannte prospektive Zeitrechnung) entwickelte sich die retrospektive Zeitrechnung, also die Zählung der Jahre *vor* Christus: obwohl sie bereits im frühen Mittelalter auftaucht, wird sie doch erst seit der Aufklärung üblich. Voll ausgebildet tritt uns also die christliche Zeitrechnung in ihren beiden Zählformen erst seit dem 18. Jahrhundert entgegen; seit dieser Zeit freilich verbreitet sie sich unaufhaltsam und wird im 19. und 20. Jahrhundert zur allgemein üblichen Zeitberechnung in der Welt - als Grundlage für Geschichtsschreibung, Verkehr und Handel selbst dort gebräuchlich, wo - wie in China, im Judentum oder im Islam - andere Zählsysteme gelten.

Im folgenden will ich zuerst die Entstehung der christlichen Zeitrechnung schildern, wie sie sich in allmählicher Ablösung von jüdischen und römischen Zählungen seit dem 5. Jahrhundert entwickelt hat. Ein Blick auf die Anfänge des christlichen Kalenders schließt sich an. Endlich will ich auf die Gegenzeitrechnungen und Gegenkalender eingehen, wie sie seit der Französischen Revolution in steigendem Maß, jedoch bis heute ohne durchschlagenden Erfolg entwickelt worden sind. Sie zeigen, daß die christliche Zeitrechnung immer wieder angefochten wurde, daß die „Herrschaft über die Zeit" nie unbestritten war.

Die Entstehung der christlichen Zeitrechnung

Es fällt auf, daß eine Zählung, eine Rechnung der Zeit „nach Christus" sich erst verhältnismä-
ßig spät entwickelt hat. Die Urkirche und die frühe Christenheit dachten noch nicht daran, die
tägliche Zeit am Jahr der Geburt oder des Todes Christi zu messen. Ein Gefühl dafür, daß Jesu
Werk ein Maßstab sei auch für das allgemeine Geschehen in der Welt, war erst in Ansätzen
vorhanden. Daher bestand auch kein Bedürfnis, eine gänzlich neue, eine christliche Zeitrechnung einzuführen. Und so benutzten die Christen neben der biblizistischen Weltära des Juden-
tums (seit Erschaffung der Welt) ganz unbefangen auch die damals üblichen anderen Zeitrechnungen: die römische Ära *ab urbe condita*, die Datierung nach Konsulatsjahren und kaiser-
lichen Regierungsjahren, ja sogar die diokletianische Ära, obwohl sie an einen der heftigsten
Christenverfolger erinnerte.

Erst allmählich begann sich ein christliches Zeitbewußtsein zu entwickeln - ein Bewußtsein
der Besonderheit, der singulären Bedeutung des Christusgeschehens. Der wichtigste Anknüp-
fungspunkt war der Gedanke der Herrschaft Christi über Raum und Zeit. Die Erhöhung Christi „über alle", seine Herrschaft über Himmel und Erde (Phil 2, 9-11), die Gestalt des Kyrios
Christus, „durch den alles ist und wir durch ihn" (1 Kor 8,6), das Bild des Sohnes Gottes als
„Erben des Alls" (Hebr 1, 2-5) - dies alles wies schon über die (jüdisch-christliche), in den
biblischen Texten vorgegebene Zeitlinie hinaus. Von hier eröffnete sich die Möglichkeit, die
gesamte Weltgeschichte in eine christozentrische Ordnung zu bringen - angefangen von der
Schöpfung der Welt und der Erwählung des Volkes Israel, der Inkarnation und der Passion
Christi über die Zeit der Kirche bis hin zur neuen Schöpfung am Ende aller Tage. Die Rede von
der Königsherrschaft Christi war geeignet, den Absolutheitsanspruch irdischer Reiche zu relati-
vieren. Sie befreite die Christen vom Druck tagespolitischer Abhängigkeiten. So konnte Christus als ewiger König den vergänglichen irdischen Herrschern gegenübergestellt werden. Das
mußte auf längere Frist zu Konsequenzen auch im Zeitverständnis der Christen führen.

Der wachsende Einfluß christozentrischer Betrachtungsweisen läßt sich vor allem an den
Datierungen der Märtyrerakten seit der Mitte des 2. Jahrhunderts verfolgen. Hier treten neben
die alteingeführten Zählungen nach Herrscherjahren immer häufiger Zeitangaben, die sich unmittelbar auf Christus beziehen. So heißt es im Martyrium des hl. Polykarp: „Der selige Polykarp
erlitt den Martertod am zweiten des Monats Xanthikus, am 23. Februar, an einem großen Sabbat, um die achte Stunde. Er wurde ergriffen von Herodes unter dem Oberpriester Philippus
von Tralles, unter dem Prokonsulat des Statius Quadratus, unter der ewig währenden Herrschaft unseres Herrn Jesus Christus. Ihm sei Ruhm, Ehre, Herrlichkeit und ewiger Thron von
Geschlecht zu Geschlecht. Amen." Der Bericht über das Martyrium des hl. Apollonius endet
mit folgender Datierung: „Es litt aber der dreimal selige Apollonius der Asket nach römischer
Berechnung am 11. vor den Kalenden des Mai, nach asiatischer aber im achten Monat, nach
unserer Zeitrechnung unter der Herrschaft Jesu Christi, dem Ehre sei in alle Ewigkeit." Ähnliche Datierungen finden sich auch in den Akten des hl. Pionius und seiner Genossen und in den
prokonsularischen Akten des hl. Cyprian: in beiden steht am Ende der üblichen Zählungen

nach Regierungsjahren die nun schon allgemein gebrauchte Formel „unter der Herrschaft unseres Herrn Jesus Christus". Gewiß ist diese Bezugnahme auf die Herrschaft Christi noch keine christliche Jahres- und Zeitrechnung im förmlichen (technischen) Sinne; aber sie ist doch mehr als nur eine theologische Besiegelung „profaner" Datierungen. Der temporale Bezug ist deutlich; die Königsherrschaft Christi überwölbt die Datierungen nach weltlichen Herrscherjahren. Insofern kann man durchaus von einem „neuen Anfang" in der Zeitrechnung sprechen. Der Gedanke der Königsherrschaft Christi beginnt „historische" Konsequenzen zu zeitigen.

Dabei ist noch folgendes zu bedenken: Die Berichte über das Leiden und den Tod der Glaubenszeugen wurden in den christlichen Gemeinden jeweils an den Jahrestagen des Martyriums verlesen. Das Gedenken an die Märtyrer bildete die älteste Schicht kirchlicher Heiligenfeste. Aus den Gedenktagen entstand später der Heiligenkalender. Die Texte der Martyrologien - z. T. auf Gerichtsprotokollen fußend - gingen so im Lauf der Zeit ins Gedächtnis der Kirche ein. Sie wurden zum Allgemeinwissen in der Christenheit. Damit gehörte auch der Verweis auf die Herrschaft Christi zum allerorts bekannten Traditionsgut; wir dürfen damit rechnen, daß er überall dort gegenwärtig war, wo in Gottesdiensten der Märtyrer der Kirche gedacht wurde.

Trifft das zu, so wäre das Argument, mit dem im Jahr 525 der skythische Abt Dionysius Exiguus die Abkehr von der Zählung nach der diokletianischen Kaiserära proklamierte, in der Tradition gut begründet. Dionysius, der im Auftrag von Papst Johannes I. die Osterzyklen neu berechnete, führte gegen die diokletianische Ära ins Feld, daß sie die Erinnerung an einen gottlosen Christenverfolger wachhalte - ausgerechnet bei der Suche nach dem richtigen Ostertermin müsse man der Zeitrechnung eines Tyrannen folgen! Da sei es vorzuziehen, meinte er, daß man das Zeitmaß der Jahre (annorum tempora) von der Menschwerdung Jesu Christi nehme, „damit der Ausgangspunkt unserer Hoffnung umso klarer hervorträte und die Ursache der Wiederherstellung des Menschengeschlechtes, das Leiden unseres Erlösers, umso sichtbarer erstrahle". Der Gedanke war nicht neu: bereits 75 Jahre früher hatte der Mathematiker Victorius von Aquitanien eine Ostertafel entwickelt, die neben einer Zählung nach Konsuln eine Zeitrechnung nach Christi Passion enthielt. Offensichtlich war die Zeit - 300 Jahre nach dem ersten Auftauchen von Datierungen nach Christus und fast 150 Jahre nach der konstantinischen Wende - reif für eine grundsätzliche Neubestimmung der Zeit.

Das frühe Christentum, der Herkunft aus dem Judentum noch nahe, hatte sein Zeitverständnis zuerst im Horizont biblischer Überlieferungen gefunden. Später kamen hellenistische, römische und regionale Zeitorientierungen hinzu. Dann trat die alles beherrschende Beziehung auf Christus immer stärker in den Vordergrund - zunächst *theologisch*, als Relativierung römisch-kaiserlicher Selbstbezogenheit, als Hinweis auf den einzigen Herrscher, der diesen Namen verdiente, Christus; dann auch *historisch*, als Ansage einer neuen, nach ihm benannten Zeit.

In der Entstehung der christlichen Zeitrechnung spiegelt sich eine veränderte Haltung der Christen zur „Welt". War diese ihnen anfangs fern, fremd und gleichgültig, so beginnt sie mit der dogmatischen Festigung des Christentums seit dem 4. Jahrhundert und mit der Entstehung einer christlichen Gesellschaft in Ost- und Westrom immer wichtiger zu werden. Das Christentum wird, bildlich gesprochen, schwerer, es sinkt tiefer in die Verhältnisse ein. Wie auf die *Welt*, so läßt es sich auch stärker auf die *Zeit* ein. Und so bewegt es sich bald nicht mehr ausschließlich

in der überlieferten „Zeit der anderen" - es schafft sich seine eigene Zeit. Genauer: das in ihm
von Anfang an vorhandene Zeitbewußtsein löst sich von den herkömmlichen Mustern und
entwickelt seine eigene Prägung: in einer neuen Zeitrechnung ebenso wie in der Neugestaltung
des Jahres; in der Vergegenwärtigung der Heilsereignisse ebenso wie in den Festen der Märtyrer
und Heiligen.

Anfänge des christlichen Kalenders

Als das Christentum sich in der jüdischen, römischen und außerrömischen Welt ausbreitete,
stieß es auf andere Zeit- und Zählsysteme. Sie waren, wie alle kalendarischen Ordnungen, aus
natürlichen und historischen Elementen zusammengesetzt. Die zyklischen Zeitordnungen lehnten
sich an die Bewegungen von Sonne und Mond an (Tag, Monat, Jahr) oder entstanden durch
religiöse und soziale Vereinbarung (Woche). Daneben entwickelten sich *lineare* Zeitordnungen,
die längere Abläufe (Ären, Perioden) umfaßten und aus denen im Lauf der Zeit die Vorstellung
einer unumkehrbaren Geschehensfolge (Geschichte) erwuchs. Das Christentum drang in beide
Zeitsysteme - die in den alten Kalendern eng verwoben waren - ein und veränderte sie; es nahm
jedoch auch wichtige Elemente aus ihnen in die eigene Geschichte mit. So sind bis heute im
christlichen Kalender natürliche und geschichtliche Ordnung ineinander verschränkt - und das
Kirchenjahr bringt religiöse Gedenktage und Naturzeiten miteinander in Verbindung.

Der junge Trieb christlicher Zeitauffassung entfaltete sich zunächst am Spalier der jüdischen
Jahresordnung. Christen wie Juden gliederten die Monate nach dem auch in älteren vorder-
orientalischen Kulturen bezeugten Siebentageszyklus. *Ein* Tag in der Woche galt als Fest- und
Ruhetag. Die jüdische Woche war nicht nur in judenchristlichen Gemeinden in Übung, sie
fand auch Eingang in den heidenchristlichen Gemeinden Griechenlands und Kleinasiens. Von
hier drang sie im Lauf der Zeit nach ganz Europa vor. Es ist erstaunlich, daß gerade eine nicht-
naturhafte, auf Konvention beruhende Zeitspanne, die Woche, ein so beständiges Element des
abendländischen Kalenders darstellt - sie ist bis in die Neuzeit hinein nicht grundsätzlich angefochten worden. Erst die Französische und später die Russische Revolution experimentierten
mit Dekadengliederungen des Monats - freilich ohne dauerhaften Erfolg, da die „Ruhe am
siebten Tag" inzwischen zum Standard des Arbeitslebens in der zivilisierten Welt gehörte.

In der christlichen Woche jüdischer Herkunft lebte freilich auch heidnisches Traditionsgut
weiter. Denn diese Woche war im 2. und 3. Jahrhundert durch die griechisch-römische Planeten-
woche hindurchgegangen und hatte deren Tagesbezeichnungen übernommen. Die Römer hatten die Tage der Woche nach den fünf mit freiem Auge sichtbaren Planeten (Saturn, Jupiter,
Mars, Venus, Merkur) sowie nach Sonne und Mond benannt. Den sieben Tagen entsprachen
sieben Gottheiten. (Später wurden in der germanischen Welt römische Götter zum Teil durch
germanische ersetzt: Donar und Freya gaben dem Donnerstag und Freitag die Namen.) Auch
die Monatsnamen des europäischen Kalenders sind von den Römern geprägt worden: römische
Bezeichnungen verdrängten die älteren babylonischen und hebräischen Monatsnamen. In der
Zeit der ersten Cäsaren wurden der römischen Monatsreihe die letzten bis heute gültigen Na-

men eingesetzt, Juli und August - an Caesar und an Octavian Augustus erinnernd. Und endlich gab es seit der auf Julius Cäsar zurückgehenden Kalenderreform (45 vor Christus) ein *Julianisches Jahr*, das die Grundlage aller modernen Chronologien bildete, ein Sonnenjahr mit 365 1/4 Tagen (alle vier Jahre ein Schalttag), in 12 Monate gegliedert, mit einer siebentägigen Woche und dem Jahresbeginn am 1. Januar.

Innerhalb der von der jüdischen Woche und vom römischen Monat und Jahr geprägten Zeitverläufe wurde der *Sonntag* zum neuen Zentrum des christlichen Kalenders: der erste Tag nach dem Sabbat, anfangs (vor allem in Jerusalem) noch mit diesem verbunden, später verselbständigt und immer mehr in Konkurrenz zur jüdischen Festordnung tretend. Über seine Ursprünge und sein Alter gibt es verschiedene Theorien; so viel scheint aber festzustehen, daß die Sonntagsfeier im Ostergeschehen verankert war; jedenfalls nahmen die Gemeinden auf die Erscheinungen Jesu am ersten Tag nach dem Sabbat Bezug. Die frühen Christen nannten diese Versammlung mit Verkündigung und Eucharistie *Herrentag* - ein Begriff, in dem das Gedenken an Tod, Auferstehung und Wiederkunft Christi enthalten war. Entscheidend war die regelmäßige Wiederholung dieses Gedenktags - heutige Liturgiker sprechen vom „Wochenpascha" -, seine Einbeziehung in den Jahresrhythmus, in die stetig wiederkehrenden Versammlungen der jungen Christengemeinden. Der Tag der Verherrlichung Jesu sollte regelmäßig begangen und immer wieder vergegenwärtigt werden. Vergegenwärtigung war das Grundprinzip der älteren Liturgie - die Kirche feierte ja nicht ein historisches Ereignis, sondern der Auferstandene war in ihr ganz unhistorisch gegenwärtig, wenn sie sich in seinem Namen versammelte. Wie es der altchristliche, vom Zweiten Vaticanum erneuerte Gebetsruf ausdrückt: „Deinen Tod, o Herr, verkünden wir, und Deine Auferstehung preisen wir, bis Du kommst in Herrlichkeit."

Mit der konstantinischen Befreiung der Kirche veränderten sich die Akzente. Auf der einen Seite wurde der Sonntag nun als Fest- und Ruhetag offiziell im Kalender verankert (321) und verdrängte den römischen Saturntag und den jüdischen Sabbat vom Wochenanfang; unter Christen entwickelte sich, von Provinzialsynoden ausgehend, allmählich eine Sonntagsmeßpflicht. Auf der anderen Seite rückte jetzt das *jährliche* Osterfest - in Ost und West unterschiedlich ausgestaltet und nicht selten zu verschiedenen Zeiten gefeiert - in den Vordergrund: es erhielt seine zentrale Stellung im Kirchenjahr und zugleich eine Zuordnung zum Naturkalender. Das Konzil von Nikaia (325) traf bezüglich des Osterfestes zwei wichtige Entscheidungen: einmal bestätigte es den römischen Brauch, Ostern an einem Sonntag zu feiern; sodann legte es den Termin auf den ersten Sonntag nach dem Frühlingsvollmond fest.

Damit waren die Eckpunkte des kirchlichen Kalenders gegeben: die jüdische Woche - freilich mit dem Sonntag, nicht mehr dem Sabbat im Mittelpunkt; das auf dem Sonnenkalender beruhende römische Jahr - freilich noch jahrhundertelang mit verschiedenen Jahresanfängen; endlich - auf dem Umweg über das jüdische Pessach - der mondabhängige Ostertermin, von dem her dann andere bewegliche Feste des Kirchenjahres (Aschermittwoch, Palmsonntag, Christi Himmelfahrt, Pfingstsonntag) bestimmt wurden; hinzukamen die „erinnernden" Heiligenfeste mit festen Terminen, die im Lauf der Zeit alle Regionen der Christenheit einbezogen und den ganzen Jahreskreis ausfüllten.

Gewiß war die Entstehung einer kalendarischen Ordnung der Feste und Festzeiten auch ein

Stück Historisierung: das Pathos des „Großen Festes" verzeitigte sich; eine Fülle von Festen entstand, die den natürlichen Ablauf der Zeit gliederten; neben die Herrenfeste traten die Feste der Heiligen als Gedenken an die *mirabilia domini in servis,* die Wundertaten des Herrn an seinen Knechten. Aber dies alles war zugleich ein Stück Entfaltung der Kirche in der Zeit. Vor allem im Westen trat jetzt der Gedanke der Inkarnation in den Vordergrund: Wie Gott in der Menschwerdung in die Genossenschaft des Fleisches mit den Menschen gekommen war, so kam er auch in ihre *Zeit*-Genossenschaft; wie jede Eucharistiefeier die Erinnerung an Karfreitag, Ostern, Himmelfahrt wachhielt, so zeichneten die Herren- und Heiligenfeste im Kirchenjahr das heilige Geschehen in der Geschichte nach. Auch hier „sank die Kirche in die Zeit ein". Immer größere Zeiträume wurden der Reflexion zugänglich. Die Welt hörte auf, für den Christen nur ein zufällig-kontingentes Milieu der Tugendübung zu sein wie im älteren, endzeitlich geprägten Christentum: sie wurde in die Heilsgeschichte einbezogen. Das Christentum begann, Welt und Gesellschaft zu umfassen. Die „innerweltlich-heilsgeschichtliche Orientierung der abendländischen Kirche" kündigte sich an.

So war es mehr als ein historischer Zufall, daß im 6. Jahrhundert im Westen an die Stelle der alten Passions- und Auferstehungsära - die noch die Ostertafeln des Victorius prägte - die *Inkarnationsära* trat. Künftig nahm die Berechnung des Osterzyklus ihren Ausgang vom Geburtsdatum Christi. Und so verfuhr auch die neue *christliche Zeitrechnung.* Hand in Hand damit ging eine Ausweitung der historisch überblickbaren Zeiten, die sich seit langem vorbereitet hatte. Man kann sie deutlich an der Arbeit der Komputisten erkennen: umfaßten die Berechnungen des Osterzyklus im dritten Jahrhundert zunächst Perioden von 84, 95 und 112 Jahren, so wuchsen sie im vierten Jahrhundert auf 200, im fünften Jahrhundert auf 500 Jahre an, bis endlich der früh- und hochmittelalterliche Computus, die mathematisch-astronomische Oster- und Kirchenrechnung, noch größere Zeiträume zu überblicken begann.

Indem die Kirche die Zuständigkeit für die „natürliche Zeit" und den Kalender übernahm, trat sie in die Kompetenzen des sinkenden Römischen Reiches ein. Auch für Kalenderreformen, wie sie im Lauf der Jahrzehnte und Jahrhunderte notwendig wurden, hatte sie nun einzustehen. Das brachte viele Probleme mit sich. Einmal reichten die damaligen astronomischen und mathematischen Kenntnisse nicht aus, um die ohnehin spärlichen biblischen Zeitangaben über Geburt und Leben Jesu hinreichend zu konkretisieren; zum anderen zeigten sich bald die Schwierigkeiten der Koordination der verschiedenen durch die Gestirne gegebenen Zeitordnungen. Nicht nur der julianische Schalttag alle vier Jahre war um etwa 11 Minuten pro Jahr überzogen, was in 128 Jahren einen Tag ausmachte - auch beim 19jährigen Mondzyklus erbrachte die Schaltung in 310 Jahren einen Tag zuviel. So wurde Ostern in späteren Zeiten oft am falschen Sonntag gefeiert, abweichend von dem durch das Konzil von Nikaia bestimmten Naturtermin - ein Übelstand, der seit dem ausgehenden 13. Jahrhundert mit bloßem Auge festzustellen war und der mannigfache Reformvorschläge auslöste. Die Gregorianische Reform (1582) vollzog nach langem Anlauf eine bessere Anpassung an das tropische Jahr, indem sie die bereits auf den 11. März vorgerückte Frühlings-Tag-und-Nacht-Gleiche auf den 21. März festsetzte: 10 Tage fielen aus; auf Donnerstag, den 4. Oktober 1582 folgte Freitag, der 15. Oktober 1582. Zugleich wurde die Schaltregel dadurch verbessert, daß in 400 Jahren 97 Schalttage vorgesehen wurden; in

den durch 100 teilbaren Jahren wurden die Schalttage weggelassen - falls nicht die Hunderter-
zahl durch vier teilbar war. Auch die Methode zur Bestimmung des Ostersonntags wurde verbessert.

Gegen die „päpstliche" Kalenderreform gab es Widerstände - Europa war inzwischen konfes-
sionell gespalten. Obwohl die Maßnahmen durch eine internationale Kommission vorbereitet
worden waren und obwohl sie manchem Fachmann nicht weit genug gingen, setzte sich der
reformierte Kalender nur langsam durch. Zuerst übernahmen ihn die katholischen Staaten,
dann ab 1700 die protestantischen; erst 1918 die Sowjetunion, 1923 die Gebiete der griechischen Orthodoxie (diese jedoch ohne die neue Osterregel), 1927 die Türkei. Damit kehrte der
christliche Kalender - nunmehr verändert und verbessert, aber immer noch auf der Grundlage
des julianischen Jahres aufbauend - in die Gebiete seines altchristlichen Ursprungs zurück.

Doch der christliche Kalender prägte nicht nur die langen Zeiträume, die Jahre, Jahrzehnte
und Jahrhunderte. Er wirkte vor allem nach innen auf das Zeitgefühl und Zeitbewußtsein der
Menschen ein. Die in die Naturzeit hineingestellten, regelmäßig wiederkehrenden Sonn- und
Feiertage, die auf große Feste hingespannte Zeit, der Rhythmus des Kirchenjahres - das alles
sollte die Menschen schon im Alltag auf die Ewigkeit hinlenken. Tag, Woche und Jahr wurden
zu Abkürzungen des Erlösungsweges der Menschheit - „repetitive Exerzitien zur Einführung in
das Heilsgeschehen" (Peter Rück). Die Zeitmaße füllten sich mit spiritueller Bedeutung, ob es
sich nun um die Wochentage handelte, um die Festkreise des Kirchenjahres oder um den Heiligenkalender. Und aus dem Kalender gingen - wie John Hennig, Arno Borst und Ludwig Rohner
dargetan haben - erzählerische und poetische Traditionen hervor: angefangen von lateinischen
Kalenderversen und altirischer Poesie über die „Contes" des Mittelalters bis zu den volkstümli-
chen Kalendern der Neuzeit und den Kalendergeschichten Grimmelshausens, Hebels, Brechts.

In den folgenden Jahrhunderten drängte die christliche Zeitrechnung allmählich die anderen
Zeitrechnungen zurück. Der Prozeß vollzog sich langsam. Vielfach zählte man noch nach
Regierungsjahren: so die Langobarden und Franken nach den Jahren ihrer Könige, die Päpste
(seit 781) nach den Pontifikatsjahren; auch die zyklischen Indiktionen (15jährige Steuerzyklen)
behaupteten sich lange. Für die Tageszählung galt noch immer der römische Kalender. „Die
eigentliche Durchsetzungsphase der christianisierten Zeit ist erst das Hochmittelalter von 1000
bis 1300 ... Die allgemeine Verbreitung ist nicht vor dem 12. Jahrhundert erreicht." Von da an
freilich wagte man die von Dionysius Exiguus vorgenommene Datierung nach Christi Geburt -
trotz nie ganz verstummender rechnerischer Bedenken - nicht mehr ernstlich in Frage zu stellen:
ein Beweis dafür, daß das Prinzip der Inkarnationsära sich endgültig durchgesetzt hatte.

Das ganze Mittelalter hindurch und bis weit in die Neuzeit hinein blieb freilich der größere
Horizont einer biblischen, Altes und Neues Testament umfassenden Zeit- und Geschichtsbe-
trachtung bestehen. Hier hatte man den Weltlauf in seiner ganzen Ausdehnung von der Schöpfung bis zum Gericht im Auge; hier waren jüdische und christliche Vorstellungen über den
Anfang der Zeit noch lange eins; hier war der Ort für die alttestamentarischen Weltalterlehren
und ebenso für christliche Spekulationen über die Herrschaft des Antichrist, das Millennium,
das bevorstehende Weltende. Hier versuchte man auch Klarheit zu gewinnen über den realen
Beginn der Welt, über das kalendarische Datum der Schöpfung. Aber diese Welterschaffungs-

und Weltalterlehren entfalteten sich ohne die rechnerische Präzision, welche die Suche nach dem richtigen Ostertermin im Bereich der christlichen Zeitrechnung ausgelöst hatte; die Künste der Computisten kamen ihnen nicht oder nur in eingeschränktem Maß zugute. So wurden sie zum Tummelplatz kühner und unkontrollierter Spekulationen - mit dem Ergebnis, daß die Datierungen der biblischen Weltära immer mehr auseinandergingen: bald differierten die Jahre der Erschaffung der Welt nicht nur zwischen Juden und Christen, sondern auch zwischen den Christen selbst. Während der *Beginn* der Welt in immer größeres Dunkel rückte und sich allmählich allen genaueren Bestimmungen entzog, wurde das *Ende* der Welt zum bevorzugten Thema von Schwärmern und Millennaristen. Gegenüber dieser doppelten Unsicherheit war die *Geburt Christi* ein verläßliches und berechenbares Datum; in ihr, so schien es, konnte der Zeitlauf seine natürliche Mitte, seinen Anker finden.

So entwickelte sich bereits im Mittelalter vom Fixpunkt der Geburt Christi aus eine Zählung *nach rückwärts* - die sogenannte *retrospektive Inkarnationsära*. Ihre wechselvolle Geschichte ist durch die Forschungen von Anna-Dorothee von den Brincken in wesentlichen Punkten erhellt worden. Wiederum war Beda Venerabilis der erste, der in seiner *Kirchengeschichte* ein Ereignis auf diese neue Weise datierte: Cäsar, so schreibt er, kam nach England im Jahre 60 vor Christus, *ante vero Incarnationis Dominicae tempus anno sexagesimo* - es ist die erste Rückwärtsdatierung der Weltgeschichte. Beda verwendete diese Zählung fast spielerisch (er behielt daneben das alteingeführte *ab urbe condita* bei); er hat sie auch nicht weiter systematisiert, zumal da er in seinem Spätwerk keine vorchristlichen Zeiträume zu behandeln hatte. Seine komputistischen Bedenken gegenüber der biblizistischen, aber auch der inkarnatorischen Zeitrechnung sind bekannt. Immerhin gab er der Inkarnationsära in seiner *Kirchengeschichte* den Vorzug vor der biblizistischen Ära, die er noch in seinen *Chroniken* verwendet hatte - und aus der Rückwärtszählung, obwohl sie nur einem einzigen Ereignis gilt, wird man mit aller Vorsicht schließen können, daß ihm der Vorteil der Rechnung von einer „Mitte" her durchaus bewußt war.

Bedas Vorgehen wurde in diesem Punkt nicht unmittelbar aufgenommen. Zwar tauchten bei Marianus Scottus an acht Stellen Jahre *ante incarnationem iuxta Dionysium* auf; aber sowohl er wie die folgenden Historiker gaben sich im allgemeinen mit kleineren Zeiträumen zufrieden: Annalen und Viten traten an die Stelle umfassender Chroniken; die „lange Zeit" der Computisten blieb für Jahrhunderte die Ausnahme.

Die retrospektive Inkarnationsära wurde erst mit der Zeit des Buchdrucks populär. Stilbildend wirkte der Kölner Kartäuser Werner Rolevinck mit seinem *Fasciculus Temporum* (1474). Sein „Zeitbündel" reichte von der Erschaffung der Welt bis zur Gegenwart. Neben der Schöpfungschronologie verwendete Rolevinck auch die Zählung *ante vel post Christi Nativitatem*. Die Begründung, die er gab, enthielt ein theologisches und ein praktisches Argument: die Inkarnationsära war ehrwürdiger, und sie konnte rascher aufgefunden werden. So standen in seiner Schrift *aetas Mundi* und *aetas Christi* nebeneinander; doch die Waage begann sich nun deutlich zugunsten der „Zeit Christi" zu neigen.

Die retrospektive wie die prospektive Inkarnationsära setzten sich seit dem 17. Jahrhundert überall in Europa endgültig durch. Dabei mag der Umstand mitgespielt haben, daß diese Zählweise auch der protestantischen Geschichtsschreibung akzeptabler erscheinen mußte als ein

Zeitgerüst aus Regierungszeiten der Päpste; und ähnlich konnten Völker, die nicht zum Heiligen Römischen Reich gehörten, ihre Könige und Fürsten leichter in einer Zeit *nach Christus* unterbringen als in einer Folge kaiserlicher Regierungsjahre.

Jedenfalls: die katholischen wie die protestantischen Länder Europas wandten sich nun allmählich von der biblizistischen Weltära ab. Seit der Mitte des 16. Jahrhunderts häufen sich die Belege. So zählte der Melanchthon-Schüler Johann Aurifaber 1550 in seiner *Chronica ... deudsch* neben dem „jar der welt" auch das „jar vor Christi geburt" (während Luther noch durchgehend *a condito mundo* gerechnet und die Inkarnationsära nur für die Zeit *nach Christus* verwendet hatte); ähnlich die Chronologen Abraham Bucholzer und Georg Nicolai. Zu Beginn des 17. Jahrhunderts traten Sethus Calvisius, Johannes Kepler und die Jesuiten Dionysius Petavius und Giovanni Battista Riccioli für die neue Datierungsweise ein. Die alte Zählung war einfach zu unübersichtlich geworden: um drei Jahrtausende gingen die einzelnen Rechnungen auseinander, bemerkte Riccioli; und ein halbes Jahrhundert später führte A. de Vignolles in seiner *Chronologie de l'Histoire Sainte* gar zweihundert verschiedene Datierungsweisen der Schöpfungsära an! So kam auch ein so strenger Hüter der Tradition wie Bossuet nicht umhin, neben den biblizistischen Datierungen zusätzlich die Zählung *vor Christus* für seine Universalgeschichte zu verwenden. In der zweiten Hälfte des 18. Jahrhunderts vollends wurden um die alte Schöpfungsära nur noch Nachhutgefechte geführt.

Es gehört zur Ironie der Geschichte, daß sich jene Zeitrechnung, die Christus in die Mitte der Zeit rückte, just in der Zeit der Aufklärung endgültig durchsetzte - in einer Zeit also, die sich in vielen Bereichen von christlichen Überlieferungen loszulösen begann. Doch den praktischen Vorteil der chronologischen Rechnung von einem Fixpunkt aus konnten auch Kritiker des Christentums und der gregorianischen Ära nicht leugnen. Und der neue Pluralismus der Kulturen setzte den christlichen Zeitrahmen keineswegs außer Kurs, er bestätigte ihn eher: auf welche andere Achse der Geschichte hätte man sich denn ohne Schwierigkeiten einigen könen? So kam in den Jahren vor der Französischen Revolution ein über 1200jähriger Prozeß zum vorläufigen Abschluß, der 525 mit dem Osterzyklus des Dionysius Exiguus und der ersten Zählung nach Christi Geburt begonnen hatte.

Gegenzeitrechnungen und Gegenkalender

So definitiv der Sieg der christlichen Zeitrechnung zu sein schien, so wenig blieb er ohne Widerspruch. Das galt schon für das späte 18. Jahrhundert. Während sich die Zählung vor und nach Christus in Europa und im Westen durchsetzte und in den folgenden Jahrhunderten sogar die außerchristlichen Kulturen eroberte, kam es in der Französischen Revolution zum ersten geschlossenen Gegenentwurf: dem *republikanischen Kalender*. Mit geringerer Wirkung experimentierten im 19. Jahrhundert Philanthropen, Positivisten, Anhänger Comtes und Nietzsches mit neuen Kalendern und neuen Zeitrechnungen - das blieb im allgemeinen auf kleine Sektiererkreise beschränkt und interessierte nur wenige. Erst das 20. Jahrhundert wartete dann wieder mit größeren Experimenten, mit Gegenzeitrechnungen und Gegenkalendern auf - im bolschewistischen Rußland, im faschistischen Italien und im nationalsozialistischen Deutschland.

Die Auflehnung gegen den inzwischen 200 Jahre alten Gregorianischen Kalender kam aus verschiedenen Quellen. Da war einmal die nie ganz verstummte Kritik von Astronomen und Mathematikern, denen die Reformen des Papstes entweder zu weit oder nicht weit genug gegangen waren - brachte doch jede Kalenderreform die Schwierigkeit mit sich, daß man erhöhte Präzision durch vergrößerte Unordnung erkaufte. Hinzukam die aufklärerische Lust am glatt und gleichmäßig Teilbaren, an der Ästhetik des Dezimalsystems - sie richtete sich gegen die „irregulären", weil verschieden langen *Monate*, vor allem aber gegen die *Woche*, der man vorwarf, daß sie weder den Monat noch das Jahr genau teilte. Endlich störten das von Jahr zu Jahr neu zu datierende Osterfest und die von ihm abhängigen beweglichen Feste der Kirche - war es nicht möglich, dafür ein für allemal fixe Termine zu bestimmen?

Freilich, solche Erwägungen hätten kaum hingereicht, um die Abkehr von der christlichen Zeitrechnung und die Einführung einer ganz neuen Zeitzählung zu rechtfertigen. Also mußte anderes hinzukommen: der im Lauf der Revolution sich vertiefende Bruch mit der Vergangenheit, mit Königtum, Kirche, christlicher Überlieferung; das Bewußtsein eines epochalen Einschnitts, einer Zeitgrenze, über die keine Brücke, kein chronologischer Notsteg hinüberführte; und endlich, aus beidem erwachsend, die Flucht nach vorn - in eine neue, selbstgeschaffene Zeitrechnung, die „Jahre der französischen Republik". So wurde der Revolutionskalender zur grundsätzlichen Auseinandersetzung mit der christlichen Vergangenheit auf vielen Ebenen: von der Bestimmung des Jahres bis zur Einteilung des Tages, von der Gliederung der Arbeitszeit bis zum Rhythmus der Feste und Feiern - ein Unternehmen, das mit unerbittlicher Logik Zug um Zug voranschritt.

Anfangs dominierten in der Diskussion die Forderungen technischer Rationalität: wie im Bereich der Längenmaße und Gewichte, so sollte auch im Bereich der Zeitrechnung und -messung das Dezimalsystem eingeführt werden; auf diese Weise sollte zur „Herrschaft über den Raum" die „Herrschaft über die Zeit" hinzukommen. Doch bald zeigte sich, daß mit Rationalisierungen und Vereinfachungen solcher Art noch keine „neue Zeit" zu gewinnen war, zumal da das bisherige System so tiefgreifenden Veränderungen Widerstand entgegensetzte: das Jahr hatte nun einmal zwölf, nicht zehn Monate, und die Uhr mit zehn Stunden setzte sich in der Praxis nicht durch. So ging man entschlossen an die Destruktion der alten Zeitrechnung und nahm zugleich das liturgische Jahr, die Heiligenfeste, die Siebentagewoche mit dem Sonntag ins Visier: die alte Zeit sollte verschwinden, eine neue aus dem Überschwang des revolutionären Festes geboren werden; die überlieferten Monatsnamen sollten abgeschafft und durch neue ersetzt werden; an die Stelle des Sonntags sollte der *Decadi* treten.

Beim neuen Zeitbeginn und seiner Bezeichnung schwankte man einige Jahre hin und her. Mit dem Jahresbeginn 1792 wich die Legislative erstmals von der christlichen Zeitrechnung ab und datierte mit dem „dritten Jahr der Freiheit". Im August desselben Jahres ging man zum „vierten Jahr der Freiheit und ersten Jahr der Gleichheit" über, und nach der Abschaffung der Monarchie datierte man - erstmals am 22. September 1792 - nach „Jahren der französischen Republik". Die neue Zeitrechnung wurde durch Dekret des Konvents vom 5. Oktober 1793 (ergänzt am 24. Oktober desselben Jahres) in Kraft gesetzt. Vom 22. September 1792 an galt das *Jahr Eins der Republik.*

Es ist bemerkenswert und verdient hervorgehoben zu werden, daß man selbst im Pathos des neuen Anfangs nicht versäumte, das historische Ereignis der Gründung der Republik an der Naturzeit zu legitimieren. Hier bot die Nähe des Gründungsdatums zur herbstlichen Tages- und Nacht-Gleiche des Jahres 1792 der glaubensfreudigen Zeit das willkommene Stichwort an. „So hat die Sonne gleichzeitig die beiden Pole und nach und nach die ganze Erde am selben Tag erleuchtet, an dem zum ersten Mal über dem französischen Volk die Fackel der Freiheit erglänzte - jene Fackel, die eines Tages das ganze menschliche Geschlecht erleuchten wird."

So führte der revolutionäre Gegenentwurf gegen die christliche Zeitrechnung und den christlichen Kalender im Ergebnis zwei gegensätzliche Tendenzen zusammen. Auf der einen Seite, aus aufklärerischer Wurzel, die Rationalisierung und Mathematisierung aller Lebensverhältnisse, wie sie in der durchgehenden Dezimalisierung der Zeitmaße, in der Egalisierung der Monate und im Wegfall von Woche und Sonntag zum Ausdruck kam - eine Tendenz, die sich, wenn auch abgeschwächt, bis heute gehalten hat und die noch den (spärlicher gewordenen) heutigen Vorschlägen zur Reform des Gregorianischen Kalenders, aber auch vielen Überlegungen zur gleitenden Arbeitswoche zugrundeliegt. Auf der anderen Seite, aus romantischem Zeitgefühl, das Bedürfnis nach „naturnahen" Tages- und Monatsnamen, die das rationalistische Gerüst der „neuen Zeit" gemütvoll umkleiden sollten: so wurde das Jahr zu einem poetischen Reigen der Natur (Vendémiaire, Brumaire, Frimaire etc.); die eben noch in dürrer Manier nur abgezählten Tage (Primedi, Duodi, Tridi usw.) erhielten Namen von Pflanzen, Tieren, Mineralien; den Decadis wurden ländliche Ackergeräte zugeordnet, und vollends sollte an den am Ende des Jahres übriggebliebenen Tagen, den „Sansculottiden", die Tugend, der Geist, die Arbeit, die Meinung und die Anerkennung gefeiert werden: Was sich nicht in die rationale Einteilung des Jahres fügte, wurde zum Fest.

Gemeinsam war beiden Tendenzen, daß sie gegen die Siebentagewoche und den christlichen Sonntag standen: Romme hat dies seinem Konventskollegen Grégoire gegenüber auch ganz ungeschminkt als Ziel der Reform herausgestellt. Freilich gelang es auf die Dauer nicht, den Sonntag durch den Decadi zu ersetzen. Selbst auf dem Höhepunkt der Dechristianisierungswelle galt der republikanische Kalender in Frankreich nicht unumstritten - schon gar nicht in ländlichen Regionen. Entscheidend waren wohl neben der Anhänglichkeit an die Tradition auch soziale Gründe: mit den alten Festen und dem Sonntag zog der Staat ein nicht unerhebliches Stück Freizeit ein; er kündigte den jahrhundertalten Konsens über die Ruhe am siebten Tag auf und erweiterte die Arbeitszeit abrupt von sechs Tagen auf neun. Es bedarf noch genauerer Untersuchung, welche Motive schließlich zum Zusammenbruch der revolutionären Zeitrechnung geführt haben. Aber sicher war es nicht nur nachrevolutionäre Erschöpfung, auch nicht allein der Wille Napoleons zum Friedensschluß mit der Kirche, die hier den Ausschlag gaben. Gab es doch neben der religiösen auch immer astronomische und mathematische Kritik am republikanischen Kalender - und selbst ehemalige Anhänger (wenigstens zeit- und teilweise) wie Lalande und Laplace gaben schon 1801/02 die Sache verloren, ehe Frankreich 1805 den revolutionären Kalender abschaffte und zur christlichen Zeitrechnung zurückkehrte.

Gemessen an der dogmato-logischen Geschlossenheit der revolutionären Zeitrechnung und des republikanischen Kalenders wirken die Nachspiele im 19. und im 20. Jahrhundert wie ein

Abgesang. Comtes *Calendrier positiviste* lehnte sich an die revolutionäre Festgestaltung an, indem er Monate und Tage nach großen Männern (auch einzelnen großen Frauen) benannte; doch sparte er die Heiligen nicht völlig aus. Sein Jahr bestand aus 13 Monaten zu 28 Tagen; auf die endgültige Festlegung einer neuen Ära verzichtete er ganz. Nietzsches *Ecce homo* erhob den Anspruch, mit dem 30. September 1888 der „falschen Zeitrechnung" den „ersten Tag des Jahres Eins" neu zu beginnen; und Kreise seiner Jünger entwickelten später eine paradoxe Übung, die Jahre nach dem Tod Gottes zu zählen. Doch das waren Experimente ohne größere soziale Wirkung; die breite Öffentlichkeit erreichten sie kaum.

Selbst die totalitären Regime des 20. Jahrhunderts haben die herkömmliche Zeitrechnung und Kalenderordnung nicht mehr dauerhaft in Frage stellen können. Lenins Versuch, die Arbeitstage auf Kosten der Feste auszudehnen, stieß schon in der Revolution auf Widerstand: die Petersburger Arbeiter sahen hier einen sozialpolitischen Besitzstand gefährdet. Spätere Experimente der Sowjetunion mit einer gleitenden 5-Tage-Arbeitswoche ohne Samstag und Sonntag waren nicht von Dauer. Im Zweiten Weltkrieg kehrte Stalin zur traditionellen Woche und zum Sonntag zurück. Mussolinis *faschistische Ära*, vom 28. Oktober 1922 an gerechnet, dem Tag des Marsches auf Rom, war von Anfang an eine Zweitzählung, die *neben* das normale Datum trat; sie wurde im übrigen nicht sonderlich ernst genommen. Was das millenarische „Dritte Reich" anging, so beschränkte es sich darauf, die Spuren der christlichen Zeitrechnung zu verwischen („nach der Zeitwende"), Kalenderzensur zu üben und in Entwürfen für die Zukunft von einem „germanischen Kalender" und einer neuen Zeitrechnung zu träumen; geblieben ist davon so gut wie nichts.

Und so leben wir noch heute in der Ära, die Dionysius Exiguus im Jahr 525 begründet hat, und wir rechnen unsere Erdentage post Christum natum, nach der christlichen Zeitrechnung - nach einer Zeit in der Zeit, wie ich Ihnen darzustellen versuchte.

Leben in der Wissensgesellschaft

Klaus Mainzer

Auf dem Weg zur Wissensgesellschaft

Die modernen Computer-, Telekommunikations- und Medientechnologien (,*Multimedia*) führen zu grundlegenden Veränderungen unserer Arbeits- und Lebenswelt. Die Rede ist von Teleworking, Telebanking und Teleshopping in virtuellen Märkten, Firmen, Banken und Kaufhäusern, die nur in weltweiten Computer-, Informations- und Kommunikationsnetzen existieren und Raum und Zeit überwinden. ,Virtuelle Realität' ist bereits ein intensives Forschungsgebiet der Informatik, in dem computererzeugte Szenarien der Natur, Technik und Medizin anschaulich erfahrbar werden. Mit Internet und World Wide Web leben und arbeiten wir bereits in virtuellen Netzwelten, in denen wir unser Wissen speichern, Innovationen planen, Geschäfte tätigen und Entspannung und Unterhaltung suchen.

Die moderne Wissensgesellschaft scheint sich zunehmend wie ein globales Gehirn zu entwickeln, dessen Akteure über Computernetze wie Nervenzellen über Nervennetze kommunizieren. Die Computernetze der Wissensgesellschaft erzeugen eine virtuelle Realität, die an die Vorstellungen und Gedanken biologischer Gehirne erinnert. Mit Blick auf die biologische Evolution sprechen einige bereits von einem neuen Superorganismus, in dem technische Artefakte über Computernetze mit Menschen und ihren Gehirnen zusammenwachsen.

Tatsächlich sind Menschen aber anders als Nervenzellen. Menschen haben Bewußtsein und Gefühle, sie planen und denken, Zellen nicht. Allerdings gibt es auch Gemeinsamkeiten. Die komplexen Kommunikationsnetze können in der Wissensgesellschaft ebensowenig von einzelnen Menschen kontrolliert werden wie im Gehirn von einzelnen Zellen. Wissensmanagement ist ein zentrales Problem der Wissensgesellschaft wie die Koordination von Nervensignalen in komplexen Nervennetzen. Daher werden autonome und in einem gewissen Maß intelligente Agenten eingesetzt, die als Softwaremodule oder Roboter menschliche Akteure bei der Problemlösung in der Wissensgesellschaft unterstützen sollen. Sie ergänzen, koordinieren und vernetzen die intelligenten Funktionen, die bereits in der Informationsverarbeitung unserer technischen Geräte und Anlagen stecken - vom Auto über Telefon bis zu Bibliotheken, Versandhäusern und Fabrikanlagen. Nach der *'Künstlichen Intelligenz'* eines Computers wird in der Informatik nun über die *'Verteilte Künstliche Intelligenz'* (engl. Distributed Artificial Intelligence) von Computernetzen nachgedacht.

Informations- und Kommunikationstechnik als fachübergreifende Aufgabe

Traditionell verstand sich die *Informatik* als diejenige Wissenschaft, die sich mit der Hardware und Software des Computers als programmgesteuerter Rechenmaschine beschäftigte. Bereits in ihrer Frühphase bei Konrad Zuse und Alan Turing zeigte sich der interdisziplinäre Zuschnitt der Informatik, in der sich ingenieurwissenschaftliches Arbeiten mit logisch-mathematischen Methoden verband. Heute reichen die Themen der Informatik von Datenstrukturen, Wissensrepräsentationen, Algorithmen, Programmen, Softwarewerkzeugen, Datenbanken, Informationssystemen, Softwaresystemen zur Steuerung von Geräten, Anlagen und Prozessen bis zur Unterstützung menschlicher Fähigkeiten in der künstlichen Intelligenz, dem Management komplexer Kommunikationsnetze mit verteilter künstlicher Intelligenz und der Simulation komplexer Prozesse von Natur und Technik, Wirtschaft und Gesellschaft in Robotik und virtueller Realität. Damit ist Informatik heute mit nahezu allen Wissenschaften verbunden und eine interdisziplinäre Wissenschaft par excellence. Sie sitzt buchstäblich wie die Spinne in den komplexen Informations- und Kommunikationsnetzen der modernen Wissensgesellschaft. Diese Verbindung mit dem Wissen und den Methoden nahezu aller Wissenschaften schließt an die ältere Tradition der *Philosophie* an. Im Unterschied zur Philosophie geht es in der Informatik immer auch um die technisch-maschinelle Umsetzung des Wissens. Die uralten Fragen der Philosophie seit Platons Zeiten „Was ist Wissen, wie gehen wir damit um und wie wenden wir es an?" zielen auf das Zentrum der Wissensgesellschaft.

Informatik verändert und ergänzt Methoden und Problemlösungen in den Einzelwissenschaften. Sie wird umgekehrt aber auch von Themen und Denkweisen der Einzelwissenschaften beeinflußt. Bemerkenswert ist heute die Dominanz der Wissenschaften vom Leben. In Forschungsrichtungen wie Bioinformatik und *'Künstliches Leben'* (engl. ‚Artificial Life') wird darüber nachgedacht, welche Anleihen aus der belebten Natur von der molekularen Ebene über die kognitiven Leistungen des Gehirns bis zur ökologischen Interaktion von Populationen neue Architekturen oder Prinzipien für die Entwicklung von Hardware- und Softwareprodukten versprechen. Der Einfluß auf die Geistes- und Sozialwissenschaften reicht von der Philosophie, Psychologie, Sprach- und Kognitionswissenschaft bis zu Ökonomie und Soziologie. Es geht um die Entwicklung intelligenter Verfahren der Wissensdarstellung und Wissensverarbeitung beim maschinellen Lernen ebenso wie um Erkenntnisse für die Gestaltung von Mensch-Maschine-

Schnittstellen und die sozial verträgliche Einbettung von Informationssystemen in die Arbeits- und Lebenswelt.

Wissensverarbeitung in virtuellen Netzwelten

Wie zeichnet sich Wissen gegenüber Information, Nachrichten und Daten aus? Das menschliche Gehirn codiert und decodiert nicht nur Zeichen und Daten bei der Nachrichtenübertragung („Syntax"), sondern bezieht sie auch auf Kontexte des Senders und Empfängers und verleiht ihnen dadurch Informationswert. Vernetzen und gewichten wir Informationen, um damit Probleme lösen und Handlungen planen zu können, sprechen wir von Wissen. So lassen sich aus einem Zeichenvorrat wie z.B. den Ziffern „1", „8", „1" nach syntaktischen Regeln Daten wie z.B. die Zahl 1,81 erzeugen, die im Kontext des Devisenkurses zu einer Information wie z.B. $1 = DM 1,81 für einen Reisenden wird. Vernetzen wir diese Information mit den Gesetzen des Devisenmarkts, so erhalten wir ökonomisches Wissen, um z.B. bei einem Geschäftsabschluß in den USA erfolgreich handeln zu können.

Die Maschinensprache eines Computers mit ihren binären Codes für Daten und Maschinenbefehlen ist der Technik des Computers mit seinen binären Schalterzuständen angepaßt. Auch im Zentralnervensystem wird Nachrichtenübertragung binär in Aktionspotentialen codiert. Mit maschineller Wissensverarbeitung (Knowledge Processing) wird eine „menschennahe" symbolische Darstellungsform von Wissen bezeichnet, die Symbole und Strukturen der Logik und natürlichen Sprachen benutzt (KI-Sprachen). Sie wird durch Transformationsprogramme (Compiler, Interpreter) in „maschinennahe" numerisch-algorithmische Sprachen übersetzt, die durch Maschinenbefehle die Datenverarbeitung des Computers steuern.

Die moderne Wissensgesellschaft scheint sich zunehmend wie ein globales Gehirn zu entwickeln, dessen Akteure über Computernetze wie Nervenzellen über Nervennetze kommunizieren. Grundlage ist eine Netzkommunikation, die im OSI (Open System Interconnection)-Schichtungsmodell auf verschiedenen Stufen von der am Nutzer orientierten Anwendung bis zur technischen Bitübertragung stattfindet. Nachrichten werden also wieder von einem Sender codiert, im Binärcode über ein Netz geschickt und von einem Empfänger über mehrere Stufen decodiert. Grundlage ist ein Client/Server-Modell mit protokollarisch festgelegtem Kommunikationsmanagement für jede Schicht.

Die Leistungen von Computernetzen von der Daten- und Informationsverarbeitung bis zu Kommunikation, Visualisierung und virtueller Realität wären nicht möglich ohne neue Entwicklungen moderner Softwaretechnik. Gemeint ist die Tendenz vom maschinennahen zum objektorientierten Programmieren, von prozeduralen Sprachen wie C zu *objektorientierten Sprachen* wie C⁺⁺ und Java. Java erlaubt Programme für alle möglichen Computer und Betriebssysteme, die im Internet zu einer virtuellen Java-Maschine zusammengeschlossen sind. Damit ist Java auf dem besten Weg zu einer *universellen Netzsprache unserer Informations- und Wissensverarbeitung* im World Wide Web.

Virtuelle Netzwelten verändern die Naturwissenschaft

Die virtuellen Netzwelten, so ist meine These, verändern die Wissenschaften und führen zu neuem fachübergreifenden Querschnittswissen. In der Naturwissenschaft erzeugen sie eine *virtuelle Natur*, um die Beobachtung der Natur durch Visualisierung und Simulation möglicher Szenarien zu erweitern. Traditionelle Forschungsformen der Naturwissenschaften wie Experimente und mathematische Gleichungen werden durch Computerexperimente und Computermodelle ergänzt. Computerexperimente werden sogar in der reinen *Mathematik* bei der Problem-, Beweis- und Lösungsfindung eingesetzt. Komplexe geometrische Strukturen werden durch computergestützte Visualisierung anschaulich und in Computernetzen interaktiv erfahrbar. Voraussetzung sind objektorientierte Netzsprachen wie Java und VRML (*'Virtual Reality Modelling Language'*), um virtuelle mathematische Objekte in einem virtuellen Labor weltweit anbieten zu können.

In der *Physik* gibt es Computermodelle *kosmischer Szenarien* - vom virtuellen Galaxiencrash bis zu virtuellen schwarzen Löchern. Die *Quantenwelt* wird in Computermodellen nicht nur bildhaft erfahrbar, sondern ermöglicht auch *Quantencomputer per Quanteninformation* mit Steigerung der Rechenleistungen. Parallelrechner und Supercomputer erlauben bereits Computersimulationen *komplexer Strömungsdynamik* und *Materialstrukturen*. In Computernetzen arbeiten Wissenschaftler an verschiedenen Orten an gemeinsamen virtuellen Modellen. Abstrakte Datenstrukturen, die vorher nur analytisch durch nichtlineare Differentialgleichungen oder in numerischen Approximationen zugänglich waren, werden in Computermodellen unmittelbar sichtbar und inspirieren die Kreativität der Forscher. Von besonderer Aktualität sind Computermodelle der *globalen Klimaentwicklung*, die Informationsauswertungen in weltweiten Computernetzen voraussetzen.

In der *Chemie* können komplexe Molekülstrukturen durch CAMD (Computer Aided Molecular Design)-Verfahren anschaulich visualisiert und im Computernetz als Bausteine der Forschung zur Verfügung gestellt werden. In *Biochemie* und *Molekularbiologie* treten komplexe Systeme und Datenmassen auf, die zunehmend nur noch mit den computergestützten Methoden der *Bioinformatik* bewältigt werden können. Dabei geht es nicht nur um Visualisierungen im Computernetz. Bereits John von Neumann bewies in den 50er Jahren, daß *zelluläre Automaten* unter bestimmten Voraussetzungen in der Lage sind, einzelne *Lebenskriterien* wie z.B. die Selbstreproduktion zu realisieren. Mit zellulären Automaten und genetischen Algorithmen lassen sich tatsächlich wesentliche Aspekte der Evolution erfassen.

In der *'virtuellen Medizin'* eröffnen interaktive 3D-Grafiken des menschlichen Organismus neue Möglichkeiten der medizinischen Ausbildung, aber auch der Diagnose und Therapieplanung. Der *'virtuelle Patient'* bleibt natürlich eine visuelle Projektion im medizinischen Informationsraum und ersetzt nicht den kranken Menschen. In der *Telemedizin* wird der virtuelle Patient im Internet verfügbar. In der Technik gehören virtuelle Modelle längst zur Entwicklungsplanung - vom Flugzeug und Automodell bis zu neuen Materialien und Medi-

kamenten. Im Computernetz können *virtuelle Prototypen* von weltweit kooperienden For-
schungsteams realisiert werden.

Virtuelle Netzwelten verändern die Wirtschaft

Im Zeitalter der Globalisierung ist das Thema der ‚*virtuellen Gesellschaft*' in aller Munde. Mit
ihren technischen Informations- und Kommunikationsnetzen entwickelt die menschliche Gesellschaft neue Formen kollektiven Wissens und virtueller Erlebniswelten. In der traditionellen
Industriegesellschaft bestimmten Rohstoffe, Fabriken, Waren und Märkte den Wirtschaftspro-
zeß. In einem Unternehmen mußte die physische Wertschöpfungskette von der Innovation
über Produktionsabläufe und Marketing bis zum Verkauf und Kunden effektiv gestaltet werden. Mit Hilfe leistungsstarker Computer- und Informationssysteme lassen sich die komplexen
Organisations-, Beschaffungs- und Verteilungsprobleme nicht nur besser überschauen, sondern
die Informationsverarbeitung dieses Wissens erzeugt auch einen zusätzlichen Wert. Beispiele
sind Auto- und Flugzeugunternehmen, die ihre Produktionsentwicklung an virtuellen Prototypen in Computernetzen mit weltweit verstreuten Konstrukteuren und Marketingexperten betreiben.

Softwarehäuser, Direct Marketeers, Finanzdienstleister und Versicherer kommunizieren mit
ihren Kunden im Netz und schaffen mit ihren Datenbanken immer neue Produkte und Leistungen. In der Wissensgesellschaft sind die physischen Wertschöpfungsketten zusätzlich mit
virtuellen Wertschöpfungsketten vernetzt. Knowhow und Beratung werden als Wissensprodukte
im Netz angeboten. Im Electronic Commerce werden Anbahnung, Aushandlung und Abwick-
lung von Geschäftstransaktionen virtuell realisiert. Im Wirtschaftsleben der Wissensgesellschaft
werden Teleworking, Telebanking und Teleshopping alltäglich sein.

Virtuelle Netzwelten verändern die Kultur

Computer- und Informationstechnologien werden nach der gesprochenen und gedruckten
Sprache zur neuen Kulturtechnik der Wissensgesellschaft. Die klassische Kulturtechnik des Buches prägte die traditionelle Rolle vom ‚aktiven' (schreibenden) Autor und ‚passiven' (rezepti-
ven) Leser. Es entstand der Buchgelehrte, dessen Sätze Zeile für Zeile ('linear') auf Seiten abgedruckt und nacheinander ('sequentiell') in einem Buch gebunden werden. Arbeit am Text ist
aber tatsächlich nichtlinear und nichtsequentiell, d.h., Namen und Begriffe werden in anderen
Büchern nachgeschlagen, die wiederum auf andere Texte verweisen und mit Bildern, Quellen-
angaben, Interpretationen und vielen anderen Kontexten verbunden werden. Ein computergestützter *Hypertext* trägt dieser Arbeitsweise Rechnung. Er löst einen Text in ein Netzwerk
von Knoten auf, die Informationen durch statische und dynamische Medien darstellen und
illustrieren. Der Leser navigiert selbst nach seinem Wissen und seinen Interessen durch den
Hypertext und kann ihn aktiv erweitern und verändern. Die Gutenberg-Galaxis mit ihren klassi-

schen Bibliotheken scheint sich im World Wide Web aufzulösen. Objektorientierte Programmiersprachen wie Java liefern dazu die Rahmenbedingungen.

Virtuelle Netzwelten als Herausforderung der Geisteswissenschaften

Damit verändern sich auch Arbeitsmethoden in den Geisteswissenschaften. Bereits im Personal Computer (PC) läßt sich Wissen über Sprache, Literatur und Geschichte als computergestützter Hypertext multimedial erschließen. Der Sprach-, Literatur- oder Kulturwissenschaftler navigiert nach seinen Forschungsinteressen durch einen weltweiten Informationsraum, dessen Daten-, Ton- und Videodokumente durch Hyperlinks verbunden sind. Multimedia-Datenbanksysteme und virtuelle Bibliotheken erlauben im Netz navigierenden Zugriff auf gespeichertes Bildmaterial und bildinhaltliche Recherchen.

In den Computernetzen der Wissensgesellschaft werden also neue *Zusatzqualifikationen von Geisteswissenschaftlern* erforderlich. Als Kernfelder lassen sich Netzqualifikationen nennen, die nach Neigung und Begabung mit der klassischen Ausbildung in z.B. Sprachwissenschaft, Geschichte oder Philosophie kombiniert werden. Gemeint sind die Bereiche Konzeption, Gestaltung, Illustration, Programmierung, Produktionsmanagement etc. bei der Hypertext-Herstellung. Um ein entsprechendes virtuelles Projekt realisieren zu können, sind solche Qualifikationen in Teams zu vereinigen. Mit den Computer- und Informationstechnologien wird die Teamarbeit auch in den Geisteswissenschaften einziehen.

Visualisierung und *Virtualisierung* der Erlebniswelt verändern auch die künstlerische Arbeit. Traditionell wurden handgemachte Bilder als visuelles Darstellungs- und Ausdrucksmittel der Kunst verwendet. Mit der Medientechnologie im Internet eröffnen sich neue Interaktionsmöglichkeiten der Kunst mit einem weltweiten Publikum. Telepräsenz und Cyberspace ermöglichen es Künstlern und Publikum, sich in einem Daten- und Informationsprogramm zu treffen und miteinander zu kommunizieren. Virtuelle Kunstwerke entstehen, die nur in Computer- und Kommunikationsnetzen existieren und Raum und Zeit überwinden. Auch in der Kunst geht es nicht um die Ersetzung menschlicher Kreativität, sondern um das Ausloten der Möglichkeiten, die Computernetze anbieten.

Wissensmanagement mit virtuellen Agenten

Die Daten- und Informationsflut in diesen Netzwelten kann allerdings von einem einzelnen Nutzer nicht mehr bewältigt werden. Konventionelle *Suchmaschinen* reichen nicht aus, um aus den Daten- und Informationsmassen das *Wissen* herauszufiltern, das für Problemlösungen und Handlungsentscheidungen notwendig ist. Zur Unterstützung werden mehr oder weniger anpassungs- und lernfähige Softwareprogramme ('*Agenten*') eingesetzt, die selbständig ('*autonom*') sich Wünschen und Zielen des menschlichen Nutzers z.B. bei der Auswahl von Netzinformationen anpassen. Da diese virtuellen Agenten mit simulierten Eigenschaften lebender Systeme ausgestattet werden, verbindet sich an dieser Stelle die Forschungsrichtung der *'Verteilten Künstlichen Intelligenz'* mit *'Künstlichem Leben'*. Analog zur *virtuellen Evolution* einer Automatenpopulation könnte eine *Population von Softwareagenten* ihre Fitneßgrade verbessern oder selektiert werden, je nachdem wie erfolgreich sie die gestellten Aufgaben löst oder sich einer ständig verändernden Netzumwelt anpassen kann.

Virtuelle Agenten können *stationär* am Arbeitsplatz des menschlichen Nutzers wie persönliche Assistenten wirken und selbständig z.B. die E-Mail nach den gelernten Nutzerwünschen auswählen. Sie können aber auch als *mobile Agenten* ins World Wide Web geschickt werden, um an verschiedenen Orten selbständig z.B. Informationsrecherchen vorzunehmen. Ein praktischer Vorteil mobiler Agenten ist die Minimierung von Online-Zeit und damit von Kosten. Als *'geklonte' Softwarewesen* können sie zudem in beliebiger Vielzahl an verschiedenen Orten gleichzeitig arbeiten.

In einem offenen *elektronischen Dienstleistungsmarkt* können auch stationäre mit mobilen Agenten verbunden werden. Der Anbieter einer Dienstleistung (z.B. Datenbank) stellt einen stationären Agenten quasi wie einen elektronischen Bibliothekar zur Verfügung, der auf die Wünsche des geschickten mobilen Agenten eingeht. Der mobile Agent könnte z.B. bei erfolgloser Suche nach einer bestimmten Information vor Ort selbständig entscheiden, eine damit zusammenhängende Information zu suchen, auf die ihn vielleicht der Anbieteragent aufmerksam gemacht hat. Die Reaktionen und Kommunikationen der Agenten erfolgen häufig in der *Programmiersprache Java*. Mit wachsender Komplexität der Computer- und Kommunikationssysteme werden *virtuelle Agenten* für das *Wissensmanagement* ebenso unverzichtbar sein wie mikrobiologische Organismen für die Lebensfähigkeit des menschlichen Körpers. Bei ungelösten Sicherheitsproblemen könnten sie sich leider auch als gefährliche Computerviren verselbständigen.

Je nach Aufgabenstellung sind virtuelle Agenten unterschiedlich *spezialisiert*. Neben den persönlichen elektronischen Assistenten, die sich autonom den veränderten Wünschen der Nutzer anpassen, wird es Netzagenten geben, die in den heterogenen Multimedia-Systemen des Netzes (Datenbanken, Textsysteme, Grafiksysteme etc.) Informationen sammeln. *Wissensagenten* werden sie filtern und integrieren, andere weiterleiten und speichern. *Sicherheitsagenten* im Sinne eines *virtuellen Immunsystems* werden System und Information schützen. Prinzipiell könnten virtuelle Agenten mit einer Skala von mehr oder weniger starken Fähigkeiten ausgestattet werden. In der bisher realisierten *schwachen Agententechnologie* entscheiden stationäre oder mobile Softwareprogramme autonom über vorgegebene Ziele, reagieren auf veränderte Netzsituationen und tauschen Informationen aus. Ein wirtschaftliches Beispiel sind *Investoragenten*, die aufgrund von Entscheidungsregeln über gute oder schlechte Börsennachrichten den An- und Verkauf von Wertpapieren zur Zusammensetzung eines günstigen Portfolio vorschlagen. Diese Agententechnologie läßt sich als Erweiterung *aktiver Datenbanken* verstehen, die bereits autonom mit regelbasierten Programmen durch die Anwendung von Geschäftsregeln (z.B. Benutzungsrechte) über laufende Informationserweiterung oder Informationssicherung entscheiden können.

Virtuelle Dienstleister der Wissensgesellschaft?

Diese Leistungen von Multiagentensystemen wären wiederum nicht möglich ohne neue Entwicklungen moderner Softwaretechnik. Agenten und ihre Module werden in *objektorientierten Programmiersprachen* als *Softwareklassen* mit *Attributen* und *Methoden* entworfen. Solche Klassen bilden die Baupläne, um konkrete Agenten für spezifische Aufgaben als Softwareobjekte im Netz zu erzeugen. Bemerkenswert ist die Sprache, mit der Agenten untereinander kommunizieren. Sie beruht nämlich auf der *Sprechakttheorie*, die in der *analytischen Sprachphilosophie* bereits in den 50er und 60er Jahren durch J. L. Austin, J. R. Searle u.a. eingeführt wurde. Danach sind Sprachäußerungen als Handlungen zu verstehen, mit denen insbesondere Absichten (Intentionen) verfolgt werden. In unserer Terminologie geht es also nicht nur um Informationsübertragung, sondern Wissensvermittlung, um handeln und Probleme lösen zu können. Die Agentensprache KQML (*Knowledge Query and Manipulation Language*) baut auf dieser sprachphilosophischen Einsicht auf. KQML-Dialoge zwischen Agenten ermöglichen z.B. einen *agentenbasierten Electronic Commerce*, um Geschäfte im World Wide Web durch Agentenservice anbahnen, beraten und ausführen zu können. Virtuelle Agenten treten z.B. als Wissensbroker auf, um passend spezialisierte Agenten für Problemlösungen an Requester zu vermitteln. Die Rede ist bereits von einer Agentensoziologie ('*Sozionik*'), in der *Kooperations- und Konfliktsituationen* virtueller Multiagentensysteme *spieltheoretisch* untersucht werden.

In einer *starken Agententechnologie* sind virtuelle Agenten *lernfähig* und *flexibel*, verfolgen eigene *Ziele*, verfügen über eine Motivationsstruktur und registrieren ihre Identität. Lernfähigkeit und Flexibilität läßt sich bereits durch *Hybridsysteme* realisieren, die z.B. die Architektur und Lernalgorithmen von neuronalen Netzen mit den flexiblen und unscharfen Klassifikationsregeln von Fuzzy-Systemen verbinden. Aufgrund von Beispielen erlernt dieser *neuronale Fuzzy-Agent* ein Benutzerprofil mit mehr oder weniger unscharfen Präferenzen. Die Entwicklung dieser lernfähigen und flexiblen Hybridagenten ist also durch Gehirnforschung, Neuroinformatik und Psychologie inspiriert. Beim '*Affective Computing*' werden verstärkende und lähmende Stimuli für erfolgreiche und weniger erfolgreiche Wissensvermittlung eingebaut.

Softwareagenten, die mit solchen neuronalen Netzen ausgestattet sind, schlagen Problemlösungsstrategien ein, die an Menschen erinnern. Wenn ein Suchraum fhr Lösungen zu groß und unstrukturiert ist, verläßt man sich lieber auf ein 'gutes Gefühl' (*Intuition*), das mit ähnlichen Entscheidungen in der Erinnerung (Speicher) verbunden wurde. Tatsächlich vertrauen menschliche Experten mehr auf die Intuition als auf regelbasiertes Wissen. *Softwareagenten mit emotionaler Intelligenz* würden erfolgreicher durch das World Wide Web navigieren. Zur Jahrtausendwende ist klar: *Bio- und Humanwissenschaften werden mit der Informations- und Kommunikationstechnik zusammenwachsen.* Technische Informations- und Wissensverarbeitung wird sich an der Evolution des Menschen orientieren, um das Interface von Mensch und virtuellen Dienstleistungssystemen zu optimieren.

Wissensgesellschaft und Globalisierung

Globalisierung der Wissensgesellschaft führt zum Wettbewerb der Standorte um die besseren Industrien, Zukunftssicherung und Lebensqualität. Der Hintergrund sind wieder computergestützte Informations- und Kommunikationsnetze, die einen Just-in-time-Vergleich der Vor- und Nachteile länderübergreifend möglich machen. Standorte sind durch Menschen mit ihrer Ausbildung, ihrem Know-how, ihrer Lebens- und Berufseinstellung, durch Bauten, Anlagen und Maschinen, durch Verwaltungen und Organisationen und nicht zuletzt durch politische Rahmenbedingungen bestimmt. Dabei sind mobile von immobilen Standortfaktoren zu unterscheiden. Im Industriezeitalter galten die meisten Standortfaktoren als immobil. Bauten, Anlagen, Maschinen und weitgehend auch Menschen konnten nicht verpflanzt werden. Entscheidend waren immobile Standortfaktoren wie geographische und klimatische Bedingungen und vor allem Rohstoffe und Produktionsfaktoren vor Ort.

In der Wissensgesellschaft schaffen globale Computer- und Kommunikationssysteme die technische Voraussetzung, daß immer mehr Standortfaktoren mobil und kostengünstiger werden. Information und Wissen als zentrale Produkte und Produktionsfaktoren sind mobile Standortfaktoren. Ihre Transportkosten werden mit der rasanten technischen Evolution der Informationsnetze immer billiger. Wissen muß nicht wie Stahl von standortgebundenen Anlagen und Menschen abgebaut, verarbeitet, gelagert und vertrieben werden. Der Geist wehte schon immer, wie er will, wo er will und wann er will. Computernetze und Kommunikationssysteme machen aus dieser Weisheit eine wirtschaftlich meßbare Wertschöpfung. Der Markt wird zum Entdeckungsverfahren für günstige Standorte, die sich in den weltweiten Kommunikationsnetzen wie in einem globalen Dorf (,Global Village') blitzschnell ,herumsprechen'. Der Wettbewerb der Standorte wird also durch Computer- und Informationsnetze noch verschärft.

Wenn ein Standort und eine Region in der Wissensgesellschaft überleben wollen, müssen sie mobile Standortfaktoren anziehen. Sie müssen buchstäblich zu Attraktoren in der nichtlinearen Globalisierungsdynamik werden. Auf der Suche nach attraktiven Renditen bei geringem Risiko schwirren Innovationen, Wissen und Kapital in den globalen Kommunikations- und Informationsnetzen. Welcher Standort vermag sie einzufangen und nachhaltig zu binden?

Netzqualifikationen in der globalisierten Wissensgesellschaft

Bei der Wertschöpfung der Wissensgesellschaft geht es aber letztendlich nicht um die Computernetze selber, sondern um das Wissen und Know-how, das in diesen Netzen entwickelt wird und sie erst möglich macht. Es geht also um den Ideenproduzenten ,Mensch'. Auch hier boomen die Märkte. Konzerne der Informations- und Kommunikationstechnik (IuK) saugen buchstäblich die Absolventen der IuK-Technologien aus den Universitätszentren ab. Der ,Rohstoff Geist' von z.B. Informatikstudenten ist aber wenigstens in Deutschland mittlerweile ein knappes Gut.

Wie in diesem Beitrag deutlich wurde, wird heute das Denkenkönnen in komplexen dynamischen und algorithmischen Systemen verlangt. Projektorientierte und fachübergreifende Modellierungen setzen ein gründliches Basiswissen systemischen Arbeitens voraus. Das würde sich als Ausbildungsvorteil in der globalisierten Wissensgesellschaft erweisen. Der angebliche deutsche Hang zur Gründlichkeit hätte dann nichts mehr mit der im 19. Jahrhundert belächelten Lufthoheit der deutschen Philosophen über den Wolken zu tun, sondern mit einer Fähigkeit, die sich als Wertschöpfung auszahlt.

Diese Fähigkeit zum systemischen Denken und Arbeiten muß auf allen Stufen des Ausbildungs- und Bildungssystems eingeübt werden. Im Zeitalter von Vernetzung und Globalisierung sind die Ziele der Aus- und Weiterbildung eindeutig: Verstehen der Grundlagen und Methoden zusammen mit einer Förderung fachübergreifender und vernetzter Problemlösungen. Diese Ziele müssen bereits auf der Schule umgesetzt werden. Vernetzung und Querverbindung schulischer Fächer erfordert keinen zusätzlichen Unterricht, sondern die Betonung fachübergreifender Methoden und Zusammenhänge im bestehenden Fächerkanon. Damit werden Lernende wie selbstverständlich darauf vorbereitet, daß Zusatzqualifikationen in Computer-, Informations- und Kommunikationstechnologien eine Schlüsselrolle in einer Wissens- und Dienstleistungsgesellschaft spielen.

Das Leben in virtuellen Netzwelten will gelernt sein. In der digitalen Globalisierung könnten sich virtuelle Netzwelten herausbilden, deren Eigendynamik trotz Einsatz von virtuellen Wissensagenten nicht mehr beherrschbar ist. Wissensmanagement in Computernetzen erfordert nicht nur technische Kompetenz. Wir Menschen müssen nach wie vor *strategisch die Ziele* vorgeben, auf die sich unsere Informations-, Wissens- und Kommunikationsnetze hin entwickeln sollen. In Zukunft unangefochten gefragt bleiben daher klassische Fähigkeiten der *sozialen, sprachlichen und kommunikativen Kompetenz*, die vom Computer nur teilweise übernommen werden können. Diese klassischen Kompetenzen verbunden mit technischem Know-how in Multimedia, Informations- und Kommunikationsnetzen eröffnen zudem neue Berufsmöglichkeiten. Aus der Sicht der Wirtschaft geht es um den *kompetenten Entwickler*, *Nutzer* und *Kunden von IuK-Produkten*. Letztlich ist das aber Ausdruck des *mündigen* Bürgers in der Demokratie.

Die Erziehung zum verantwortungsbewußten Umgang mit den Computer- und Informationstechnologien ist die *ethische und rechtliche Herausforderung* einer interdisziplinär orientierten Informatik und Philosophie. Sie zielt darauf ab, *Computernetze als humane Dienstleistung in der Wissensgesellschaft* einzusetzen. Sollte uns diese Verbindung von Wissen, Recht und Ethik gelingen, wären wir am Ende nicht nur Wissende, sondern (im Sinne Platons) Weise. Die *Transformation von Daten zu Information, Wissen und Weisheit* ist eine fachübergreifende Herausforderung in der Wissensgesellschaft.

Regnum, Sacerdotium, Studium

Die Aufgabe der Universität

Arnd Morkel

Die Meinung der Politiker

D ie deutschen Politiker sind die Universität leid: Die Studenten studieren zu lang, die Professoren arbeiten zu wenig, Forschung und Lehre lassen den Praxisbezug vermissen. Damit soll nun Schluß sein. Im wesentlichen sind es drei Maßnahmen, mit denen die Universitäten diszipliniert werden sollen:

Erstens will man sie wie einen Wirtschaftsbetrieb organisieren, am besten mit einem Manager an der Spitze, und vorwiegend nach quantitativen Leistungen honorieren wie der Zahl der Studierenden, die innerhalb der Regelstudienzeit ihren Abschluß machen, der Anzahl der Promotionen und Habilitationen und der Höhe der Drittmittel.

Zweitens will man der Wirtschaft mehr Einfluß auf die Universitäten einräumen, indem man etwa sog. „Hochschulräte" als Aufsichtsgremien einsetzt, denen Vertreter der Wirtschaft angehören und die bei der Neuordnung der Universität, bei der Errichtung und Auflösung von Fächern und Studiengängen und bei der Wahl der Universitätsleitung ein gewichtiges Wort mitzureden haben.

Drittens will man einen grundlegenden Umbau des bisherigen Studiensystems mit Hilfe von Bachelor- und Masterstudiengängen herbeiführen, deren Hauptzweck nicht mehr im Studium eines Faches, sondern in der Vermittlung von Berufsfertigkeiten besteht.

Kurzum: Der gegenwärtigen Hochschulpolitik geht es vornehmlich um die Stärkung des Wirtschaftsstandortes Deutschland. In ihren Augen ist Hochschulpolitik vor allem Wirtschaftspolitik.

Um was geht die Auseinandersetzung?

Wie reagieren die Hochschulen auf diese Politik? Viele gehen mit den Vorstellungen der Politiker konform, andere versuchen, sich dagegen zu wehren. Worum geht die Auseinandersetzung? Sie geht nicht, jedenfalls nicht in erster Linie, um einzelne Studiengänge, den Einfluß der

Wirtschaft oder wirtschaftliche Effektivität, sie geht vielmehr, ähnlich wie zur Zeit Wilhelm von Humboldts an der Wende vom achtzehnten zum neunzehnten Jahrhundert, um die Idee der Universität. Die Krise der heutigen Universität ist, im Kern, geistiger Natur. Das heißt: Die Erneuerung der Universität kommt entweder durch geistige Impulse und gedankliche Entscheidungen oder sie kommt überhaupt nicht. Und diese Impulse müssen von den Lehrenden und Lernenden selbst ausgehen. Eine Universität, die nicht in der Lage ist, aus eigener Einsicht ihre Aufgaben zu definieren, muß sich damit abfinden, daß ihr diese Aufgaben von außen oktroyiert werden.

Die Hauptaufgabe der Universität

Für die Politiker steht fest: Aufgabe der Universität ist die berufliche Ausbildung sowie eine Forschung, die der Gesellschaft nützt. Das ist nicht falsch, aber unvollständig. Es trifft auch nicht den Kern, es fehlt das Entscheidende: Das Streben nach Erkenntnis, die Suche nach Wahrheit. Die Suche nach Wahrheit - oder sagen wir bescheidener, weniger vollmundig: der Versuch, unserer Unwissenheit aufzuhelfen und unsere Irrtümer, Verschleierungen und Illusionen ans Licht zu bringen - ist die eigentliche Bestimmung der Universität. Nicht zufällig tragen manche Universitäten über ihrem Eingang die Inschrift „Veritati".

So sehr sich die Universitäten im Laufe der Zeit auch verändert haben: Die Bestimmung, daß sie, neben anderen Aufgaben, zunächst und zuvörderst der Wahrheit zu dienen haben, findet sich bei allen Klassikern der Idee der Universität. Um nur zwei Autoren zu zitieren: Im „Streit der Fakultäten" schreibt Kant: „Auf Wahrheit (der wesentlichen und ersten Bedingung der Gelehrsamkeit überhaupt)" kommt „alles an"; „die Nützlichkeit" ist „nur ein Moment vom zweiten Range". Karl Jaspers beginnt sein Buch über „Die Idee der Universität" mit dem Satz: „Die Universität hat die Aufgabe, die Wahrheit in der Gemeinschaft von Forschern und Studenten zu suchen".

Regnum, Sacerdotium, Studium

Im Verlangen nach Wahrheit liegt auch der Ursprung der Universität im Mittelalter. Einer der besten Kenner der mittelalterlichen Universitätsgeschichte, der Mediävist Herbert Grundmann, ist diesem Ursprung nachgegangen (Vom Ursprung der Universität im Mittelalter, Berlin 1957). Sein Fazit: Die ersten Universitäten sind weder dem Interesse der herrschenden Stände noch dem Bedürfnis neu aufstrebender sozialer Schichten entsprungen, so sehr diese sich späterhin der Universität auch zu bedienen oder zu bemächtigen versuchten. Sie verdanken ihre Entstehung auch nicht besonderen Berufsinteressen oder der Notwendigkeit der Berufsausbildung, obwohl man zweifellos auch schon im Mittelalter die Universität besuchte, um sich zum Juristen, Theologen oder Mediziner ausbilden zu lassen. „Primär und konstitutiv, wahrhaft grundlegend und richtungsweisend für Ursprung und Wesen der Universitäten als ganz neuartiger

Gemeinschaftsbildungen, Lehr- und Lernstätten (war vielmehr) das gelehrte, wissenschaftliche Interesse, das Wissen- und Erkennenwollen". Diesem Wissen- und Erkennenwollen ging es „zunächst nicht um Verwertung des Erkannten für praktischen Nutzen und Gewinn, sondern um Verständnis und Einsicht". Es handelte sich um ein „Wissen- und Erkennenwollen um der Wahrheit willen, auch auf die Gefahr hin, daß sie (die Wahrheit) unbeliebt ist und zu Konflikten führt".

Ineins mit dem Streben nach Wahrheit fiel das Streben nach Unabhängigkeit. Um ihrer Aufgabe nachkommen zu können, mußten die Universitäten versuchen, sich von der Vorherrschaft der staatlichen und kirchlichen Obrigkeiten zu befreien und eine gewisse Autonomie zu erringen. Hätten sie sich als reine Berufsschulen oder Kaderschmieden verstanden, hätten sie dieser Autonomie entraten können. Weil sie dies aber nicht waren oder nicht sein wollten, weil sie vielmehr die Dinge so sehen wollten, wie sie wirklich sind, ohne durch politische, konfessionelle oder praktische Zwecke darin eingeengt oder gehindert zu werden, waren sie auf Unabhängigkeit angewiesen. Diese Unabhängigkeit ist den Universitäten nicht mühelos zugefallen. Erst nach langen und schweren Kämpfen gelang es den ersten Hochschulgründungen in Bologna und Paris, sich gegenüber den kirchlichen und staatlichen Mächten einen Freiraum zu verschaffen. Seither gehört die Autonomie – wir würden heute sagen: die Wissenschaftsfreiheit – im Unterschied zu anderen Schulen und Lehranstalten zu den entscheidenden Merkmalen der Universität.

Einige mittelalterliche Autoren haben der Universität eine Stellung eingeräumt, wie sie großartiger und tiefsinniger seither wohl nicht mehr gedacht wurde. Sie stellten sie dem Staat und der Kirche „als eine Potenz gleichen Ranges, gleicher Bedeutung und Unentbehrlichkeit für alle" zur Seite, sprachen von den drei Gewalten: dem *regnum*, dem *sacerdotium* und dem *studium*, und begründeten diese Dreiheit mit den drei menschlichen Grundtrieben: dem Herrschenwollen, dem Glauben-wollen und dem Wissen-wollen. Auch wenn diese Stellung nie ungefährdet war, und die Universität selbst, wie Grundmann schreibt, „gewiß nicht immer in unbehelligter und mutiger Unabhängigkeit ihren Weg gegangen" ist: „in ihrem Ursprung und Wesen ist sie auf unabhängiges Denken, Forschen und Lehren gerichtet. Sonst bestünde sie nicht". Und er fügt hinzu: „Dieser historische Befund ist des Nachdenkens wert auch in unserer Gegenwart".

Das Platonische Urbild

Nach Grundmann hat beim Ursprung der mittelalterlichen Universität „keinerlei lebendige Erinnerung oder gar kontinuierliche Anknüpfung" an griechische oder römische Philosophenschulen mitgewirkt; erst nachträglich habe man die Universitäten „durch eine erdichtete Traditions- und Translationskette als echte Erben antiker Schulen darzustellen und zu legitimieren" versucht. Aber das heißt nicht, daß es keinen inneren Zusammenhang zwischen der Universität und etwa der Platonischen Akademie gäbe, „etwas über die Zeiten hin Identisches und Gemeinsames, etwas sehr wohl Präzisierbares auch: daß da nämlich, inmitten der Gesellschaft, eine ‚Zone der Wahrheit' eigens freigehalten (wird), ein Hegungsraum der unabhängigen Befassung mit Wirklichkeit, in welchem ungehindert gefragt, erörtert und ausgesprochen wird, wie die Wahrheit der Dinge sich verhält; ein gegen jede denkbare Indienstnahme durch Zwecksetzungen ausdrücklich abgeschirmter Bereich, in dem alle außersachlichen Interessen schweigen, seien sie kollektiv oder privat, politisch oder ökonomisch oder ideologisch" (Josef Pieper).

Was mittelalterliche Autoren *amor sciendi* nannten, hieß bei den Griechen Theorie. Das Wort *theorein* meint ursprünglich Schauen, Zuschauen, zum Beispiel bei einer Festversammlung, später wird es im übertragenen Sinne gebraucht und bedeutet soviel wie geistiges Betrachten, Erkennen, Sehen, was ist. Für Aristoteles ist *theoria* die Erforschung der Wahrheit. Die Erforschung der Wahrheit wird theoretisch genannt, weil sie sich, unbekümmert um praktische Zwecke, „zu freier Betrachtung des Seienden erhebt" und „im Anschauen, Betrachten und genauen Zusehen den Dingen zuwendet, um ihr Wesen und ihre Gründe und Ursachen zu begreifen" (Joachim Ritter). Dieses theoretische Denken, dem es primär nicht um Nutzen, sondern um Erkenntnis geht, verbindet die antiken Philosophenschulen mit den späteren Universitäten.

Worin besteht der Nutzen der Universität?

Nun werden viele sagen: Die Suche nach Wahrheit mag ja schön und gut sein, aber besteht darin tatsächlich die Hauptaufgabe der Universität? Haben die Politiker nicht recht, wenn sie von einer Universität heute etwas ganz anderes erwarten, nämlich eine Forschung, die zur Lösung der uns bedrängenden Probleme beiträgt, und eine Lehre, die den Studenten das nötige Wissen und Können beibringt, damit sie später einen Beruf ausüben können? Der Einwand ist alt. Seit jeher muß sich die Universität gegen den Vorwurf verteidigen, sie sei weltfremd, tauge nicht für die Praxis und helfe niemandem. Aber das ist ein Mißverständnis. Auch wenn die Suche nach Wahrheit zweckfrei ist, ist sie dennoch nicht zwecklos. Sie dient der Praxis, der Ausbildung, der res publica und nicht zuletzt den Studenten.

Wie nützlich die zweckfreie Suche nach Wahrheit auch und gerade für die Praxis sein kann, zeigt sich schon in den Anfängen der Wissenschaft. So beruht etwa die Überlegenheit der griechischen Medizin über die ägyptische Heilkunst auf dieser Suche. Während die ägyptische Heilkunst ihr Wissen vornehmlich der praktischen Erfahrung, will sagen der Beobachtung einzelner Fälle verdankte, erforschte die griechische Medizin zu allererst die Natur des Menschen, fragte nach den Ursachen, Zusammenhängen und Gesetzmäßigkeiten der Krankheiten und leitete daraus ihre therapeutischen Vorschläge ab. Damit schlugen die griechischen Ärzte ihre ägyptischen Kollegen aus dem Feld. Ihre Methode war erfolgreicher, weil sie auf einer theoretischen Einsicht in die Natur ihres Gegenstandes beruhte. So sehr sich antike und moderne Wissenschaft auch unterscheiden, die Erfahrung lehrt immer wieder, daß die wichtigsten Entdeckungen und Erfindungen gewöhnlich der absichtslosen Suche nach Erkenntnis geschuldet sind. Ohne theoretische Grundlagenforschung droht die praxisbezogene Forschung zu verdorren.

Nützlich ist die Suche nach Wahrheit auch für die Ausbildung. Es gibt Ausbildungsgänge, die vorwiegend praktische Kenntnisse und technische Fertigkeiten vermitteln. In vielen Bereichen reicht das auch aus, aber nicht in allen. Natürlich kann man sich damit begnügen, künftigen

Biologen, Richtern, Ärzten, Pfarrern oder Lehrern das Handwerkszeug beizubringen. Viele erwarten von einer Universität auch gar nichts anderes, und mancher Studiengang, auf kleine Münze gebracht, kommt dem schon nahe. Mit Handwerkern der Gentechnik, des Rechts, der Gesundheit, der Seelsorge, der Erziehung ist der Gesellschaft jedoch nicht gedient. Ganz davon abgesehen, daß niemand weiß, wie die Praxis morgen aussehen wird, in welchen Bereichen die Absolventen unterkommen und wie oft sie ihren Wirkungskreis wechseln müssen: Was wir in diesen Berufen brauchen, sind Menschen, die gelernt haben, nach Wahrheit zu fragen und Unwahrheit zu bekämpfen. Die Ausbildung in diesen Berufen muß daher mehr vermitteln als bloß technische Kompetenz. Wer diese Berufe studiert, soll nicht reibungslos funktionieren, sondern für die Wahrheit einstehen.

Von Nutzen ist die Suche nach Wahrheit auch für die res publica. Im öffentlichen Leben bekämpfen sich unterschiedliche Interessen, Werte und Ziele. Die Universität kann und soll diesen Streit nicht aufheben, aber darauf hinwirken, daß er verläßliche Erkenntnisse berücksichtigt. Sie kann helfen, die falschen Vorstellungen, Selbsttäuschungen und Frageverbote aufzuheben, die den Blick auf die Wirklichkeit verstellen. Sie kann darlegen, was wir wissen und was wir nicht wissen, und auf diese Weise vielleicht dazu beitragen, den „terribles simplificateurs" das gute Gewissen zu nehmen. Die Forderung, auch unbequeme Tatsachen zur Kenntnis zu nehmen und sich vor vorschnellen Urteilen zu hüten, mag im öffentlichen Leben nicht gern gehört werden, aber sie ist das einzige, was die Universität den Fahnenschwingern entgegensetzen kann, vorausgesetzt, sie läuft nicht selbst hinter einer Fahne her, sondern begreift es als ihre Aufgabe, *alle* Ansichten einer Prüfung zu unterziehen. Für die Gesellschaft ist es nicht gleichgültig, ob es eine solche Instanz gibt oder nicht. Alles spricht dafür, daß wir uns, um leben und überleben zu können, in Zukunft mehr denn je um Wahrheit kümmern müssen.

Nicht zuletzt trägt die Suche nach Wahrheit zur geistigen Selbständigkeit der Studierenden bei. Ein Studium, das nicht auf technische Abrichtung zielt, vielmehr zum Selbstdenken anregt, macht nachdenklich, weckt Argwohn gegenüber gängigen Meinungen, löst Vorurteile auf, zerstört Illusionen, erweitert den Gesichtskreis, kurz: es bewirkt Distanz zu sich selbst und zum Hier und Heute, und Distanz befreit. „Die Wahrheit wird euch frei machen", heißt es in Johannes 8,32. Der Satz gilt auch dann, wenn nicht die christliche Wahrheit und nicht der Besitz der Wahrheit, sondern das Streben nach Wahrheit gemeint ist. Das Streben nach Wahrheit ist jedenfalls der erste Schritt zur Freiheit. Ohne diesen Schritt ist Freiheit nicht möglich. Mit Recht steht der Satz über dem Portal des Kollegiengebäudes I der Albert-Ludwigs-Universität Freiburg. (Welche Universität würde heute noch wagen, ein so stolzes Wort als Motto zu wählen?)

Merkmale des akademischen Studiums

Entgegen einer weitverbreiteten Meinung ist die zweckfreie Suche nach Erkenntnis also durchaus nicht nutzlos. Sie ist dies freilich nur solange, als das Studium bestimmte Merkmale aufweist. Wenn wir wollen, daß die Universität ihrer Aufgabe gerecht wird, dann müssen wir dafür sorgen, daß das Studium diese Merkmale aufweist. Drei Merkmale scheinen mir unerläßlich:

Die Einführung in die Forschung, die Einübung in Skepsis und der Einblick in die Geschichte der eigenen Disziplin.

Zum ersten. Das Studium darf nicht nur Wissen vermitteln. Natürlich lehrt auch die Universität Wissen. Zu ihren Aufgaben gehört es ja, an die Stelle von Vermutungen, Halbwahrheiten und Irrtümern nachprüfbares Wissen zu setzen. Das ist keine geringe Leistung. „Wer nichts weiß, muß alles glauben" (Josef Kraus). Aber in der Wissensvermittlung erschöpft sich die Aufgabe der Universität nicht. Der Student soll während seines Studiums lernen, sich mit dem aktuellen Wissensstand nicht zufrieden zu geben, er soll lernen, selbst nach neuen Erkenntnissen zu streben und selbst zu forschen. Um es mit den Worten von Thomas von Aquin zu sagen: Im Studium soll der Student nicht nachreden, was andere gedacht haben, sondern selbst wissen wollen, wie sich die Dinge in Wahrheit verhalten. Wer am Ende seines Studiums nicht die ersten Schritte zum selbständigen wissenschaftlichen Arbeiten getan hat, hat den Zweck der akademischen Ausbildung verfehlt.

Zum Studium gehört zweitens das, was ich als „Einübung in Skepsis" bezeichnen möchte. Der Student muß sich über die Grenzen der Wissenschaft klarwerden. Was den Wissenschaftler auszeichnet, ist nicht nur das Streben nach Erkenntnis, sondern auch die Fähigkeit, das Erkannte in Zweifel zu ziehen, die Bereitschaft, sich der Kritik zu stellen, die Kraft, offene Fragen offen zu lassen. Der Unterschied zwischen dem Wissenschaftler und dem Laien besteht weniger darin, daß jener mehr weiß als dieser, als vielmehr darin, daß der Wissenschaftler weiß, wie vorläufig und begrenzt unser Wissen ist. Laien stellen gewöhnlich zu hohe Erwartungen an die Wissenschaft. Werden diese enttäuscht, schlägt ihre Wissenschaftsgläubigkeit leicht in Wissenschaftsfeindlichkeit um. In einer Welt wie der unsrigen, die in einem noch nie gekannten Ausmaß von Wissenschaft abhängig ist, ist von einem Wissenschaftler zu fordern, daß er einerseits klarmacht, wie unentbehrlich Wissenschaft ist, andererseits aber auch keinen Zweifel daran läßt, daß Wissenschaft nicht alle Probleme lösen kann.

Drittens muß der Student im Studium etwas über die Geschichte seiner Disziplin lernen. Nicht, um ein antiquarisches Interesse zu befriedigen, sondern um ein Gefühl für die Relativität und Zeitbedingtheit der Themen, Fragestellungen und Methoden zu bekommen, die in seinem Fach gerade en vogue sind. Das schafft Distanz zu aktuellen Moden und läßt Zweifel am heute scheinbar Selbstverständlichen aufkommen. Daneben kann die historische Vergewisserung verlorene Einsichten, verdrängte Fragestellungen sowie die großen, unvergänglichen Themen in Erinnerung rufen, die ehedem die Disziplinen geleitet und zusammengehalten haben, zum Beispiel die Frage nach der Gerechtigkeit, nach dem Gemeinwohl, nach der Gesundheit, nach dem Ziel der Erziehung etc., Fragen, die angesichts der wachsenden Spezialisierung – wir wissen immer mehr von immer weniger und bald alles von nichts -, der Vorherrschaft empirischer und quantitativer Methoden sowie des Schwindens philosophischer Aspekte weitgehend aus dem Blick der zeitgenössischen Wissenschaft geraten sind. Nicht zuletzt kann der historische Rückblick das Bewußtsein für die Abhängigkeiten und Auswirkungen einer Wissenschaft schärfen, dazu beitragen, daß sich der Student bewußt wird, daß sich Wissenschaft nicht im luftleeren Raum abspielt, vielmehr meist in Interessen verstrickt ist und häufig Folgen hat, die über das Beabsichtigte weit hinausgehen. Wenn uns daran gelegen ist, Menschen heranzuziehen, die gegenüber dem Zweck und den Folgen ihres Tuns nicht blind sind, dann ist die geschichtliche Erinnerung nicht der schlechteste Weg, zu einem verantwortlichen Gebrauch der Wissenschaft anzuleiten.

Das Verhältnis von Theorie und Praxis

Mit dem theoretischen Studium ist die akademische Ausbildung jedoch noch nicht abgeschlossen, eine praktische Lehrzeit muß sich anschließen. Worin liegt deren Sinn? Auch hier lohnt es sich, auf die Griechen zu hören. Von Aristoteles kann man lernen, daß es in der Praxis zunächst und vor allem darauf ankommt zu begreifen, daß sich theoretische Kenntnisse nicht unmittelbar umsetzen lassen. Der Praktikant muß lernen, daß die Wirklichkeit aus einer verwirrenden Vielfalt von Einzelfällen besteht und sich nicht auf einen einfachen Nenner bringen läßt. Um zu wissen, welche Lehre man wann und wie anwenden soll, muß man die konkreten Umstände kennen. Dazu reicht auch das beste Lehrbuchwissen nicht aus. Erst die praktische Erfahrung macht mit dem Einzelnen vertraut, während die Theorie vom Einzelfall abstrahiert und auf das Allgemeine zielt. Für Aristoteles ergänzen Theorie und Praxis einander. Ohne Erfahrung droht die Theorie mehr Schaden als Nutzen zu stiften, ohne Theorie läuft die Praxis Gefahr, blind zu werden. Erst wenn theoretische Anstrengung und praktische Erfahrung zusammenkommen, entsteht jene Klugheit, auf die es in der Realität ankommt. „Wer eben begonnen hat, etwas zu lernen, der reiht die Lehrsätze zwar aneinander, aber er hat noch kein Wissen (*phronesis*). Vielmehr muß der Gegenstand erst ganz mit dem Menschen verwachsen sein und das braucht Zeit" (Eth.Nic. 1147a 21ff).

Was gefährdet heute den Auftrag der Universität?

Seit es Universitäten gibt, hat es nicht an Versuchen gefehlt, ihre Aufgaben auf praktische Zwecke zu reduzieren. Ende des achtzehnten Jahrhunderts dekretierte Kaiser Josef II.: „Den jungen Leuten muß nichts gelehrt werden, was sie nachher entweder sehr selten oder gar nicht zum Besten des Staates gebrauchen können". Napoleon dachte nicht anders.

Neben der Politik ist es heute vor allem die Wirtschaft, die die Universität drängt, anstelle der zweckfreien Suche nach Erkenntnis dem unmittelbar Nützlichen den Vorrang einzuräumen. In den Empfehlungen der Spitzenverbände der deutschen Wirtschaft zur Reform des Hochschulwesens aus dem Jahre 1997 heißt es: „Die Leistungen der Hochschulen ... müssen künftig mehr als bisher an den Erwartungen und am Bedarf von Wirtschaft und Gesellschaft orientiert sein". Von der Lehre wird gefordert: „Keine Ausbildung ... zum Wissenschaftler, sondern eine Qualifizierung für sich anschließende berufliche Tätigkeiten in der Anwendungspraxis". Von der Forschung wird erwartet, daß sie „immer mehr über die Grundlagen hinausgeht und in der anwendungsorientierten Zusammenarbeit mit Unternehmen eine Basis für ständige Innovation ... bietet". Die Hochschulen werden aufgefordert, sich „als wichtige Partner in der Standortentwicklung" zu verstehen.

Die Universitäten sind in einer Zwickmühle. Eine Institution, deren Lehrkörper in kurzer Zeit auf das Fünffache angestiegen ist und deren Studentenzahlen sich mehr als verzehnfacht haben, kann sich nicht gleichbleiben. Die neue Quantität zieht eine neue Qualität nach sich. Nicht wenigen Studenten fehlen die Voraussetzungen für ein wissenschaftliches Studium; sie wären an einer Fachhochschule oder in der beruflichen Ausbildung besser aufgehoben. Die Universität sieht sich gezwungen, auf diese Studenten Rücksicht zu nehmen: das Studium wird verschult, die Vermittlung von Berufsfertigkeiten tritt in den Vordergrund. Um den Absolventen Beschäftigungsmöglichkeiten zu eröffnen, werden neue Studiengänge eingerichtet, die kaum mehr sind als „eine Sammlung technischer Fertigkeiten und des für diesen Zweck nützlichen Wissens" (Karl Jaspers). Solche Veränderungen betreffen keine Belanglosigkeiten. Sie widersprechen den Grundprinzipien der Universität und zielen darauf ab, die Merkmale des akademischen Studiums aufzuheben, die Unterschiede zwischen Universität und Schule aufzuheben und die Universität in einer Fachhochschule umzuwandeln.

Die Universität auf dem Weg zur Fachhochschule

Damit sind wir bei einem der wichtigsten, vielleicht dem wichtigsten Problem der heutigen deutschen Universität, nämlich der Frage, ob die Unterscheidung zwischen Universität und Fachhochschule künftig überhaupt noch aufrechterhalten werden kann. Ursprünglich waren Fachhochschulen als Alternative zur Universität gedacht. Sie sollten sich durch engen Praxisbezug, straffe Gliederung des Studiums und kurze Studiendauer auszeichnen und auf Berufe unterhalb der akademischen Ebene vorbereiten; von Forschung war nicht oder kaum die Rede. Diese Unterscheidung wurde jedoch nicht durchgehalten. Universität und Fachhochschule haben sich aufeinander zu entwickelt. Auf der einen Seite stehen die Universitäten unter Druck, ihre Studiengänge von allem überflüssigen, sprich: theoretischen Beiwerk zu reinigen und auch in der Forschung den Anforderungen der Praxis Rechnung zu tragen. Auf der andern Seite werden die Fachhochschulen in der Lehre immer theoretischer. Nach ausländischem Vorbild verstehen sie sich als „Universities of Applied Sciences". Wenn künftig Universitäten wie Fachhochschulen die gleichen Bachelor- und Masterabschlüsse, darunter auch den „Master of Science", vergeben können, wenn außerdem die Masterprogramme den Bachelorabsolventen des jeweils anderen Hochschultyps offenstehen und mit dem Erwerb eines Masterabschlusses an einer Fachhochschule grundsätzlich die Berechtigung zur Aufnahme eines Promotionsstudiums an einer Universität verbunden ist, dann werden die Konturen zwischen den beiden Einrichtungen vollends ineinander verschwimmen. Womöglich ist der Zeitpunkt gar nicht mehr so fern, an dem es nur noch eine Einheitshochschule geben wird, die weder die Vorzüge der alten, theoretisch geprägten Universität, noch die Vorteile einer praxisorientierten Fachhochschule aufweist. Eine solche Hochschule - etwas Universität, etwas Fachhochschule, ein bißchen Theorie, ein bißchen Praxis – wäre das Ende einer anspruchsvollen Universität wie einer anspruchsvollen Fachhochschule.

Müssen wir die Universität neu erfinden?

Man kann diese Entwicklung für unvermeidlich halten. Über eines muß man sich aber im klaren sein: Eine zur Höheren Berufsschule abgemagerte Universität kann nicht mehr den Nutzen für die Praxis, die Ausbildung, die res publica und die Studierenden erbringen, von dem weiter oben die Rede war. Der Nutzen der Universität steht und fällt mit einer Lehre und einer Forschung, die auf Erkenntnis aus ist und über das unmittelbar Nützliche hinausgeht.

Erinnern wir uns noch einmal an die mittelalterliche Vorstellung von den drei ebenbürtigen, aufeinander angewiesenen, aber nicht einander untergeordneten Gewalten *regnum, sacerdotium* und *studium*. Bei dieser Dreiheit handelt es sich nicht um eine pure Aufzählung oder ein bloßes Nebeneinander anthropologischer Sachverhalte – des politischen, des metaphysischen und des Wissensbedürfnisses -, sondern um ein (als Politikwissenschaftler bin ich versucht zu sagen) gewaltenteilendes und gewaltenhemmendes Modell von *checks and balances*. Dahinter stand wohl die Überzeugung, daß eine humane Gesellschaft eines Gleichgewichts zwischen diesen drei Gewalten bedarf, eines Gleichgewichts, das den einzelnen Mächten ihre jeweilige Berechtigung wie ihre jeweilige Begrenzung zuweist. Ich vermute, daß diese Vorstellung schon damals weniger die Wirklichkeit widerspiegelte als ein Ideal darstellte. Von diesem Ideal sind wir heute weiter denn je entfernt. An die Stelle der drei Potenzen haben wir es mehr und mehr mit einer einzigen Macht zu tun – der Wirtschaft, die alle anderen Mächte in sich aufzusaugen trachtet. Während die Religion als Deutungsmacht zunehmend an Bedeutung verliert, die Politik sich in wachsendem Maße der Wirtschaft unterordnet, werden die Universität und die von ihr getragene Wissenschaft nolens volens immer mehr zum Bestandteil der industriellen Produktion. Ist das gegenüber dem mittelalterlichen Paradigma ein Fortschritt oder ein Rückschritt? Ein erstrebenswerter Zustand oder ein Albtraum? Darüber sollten wir nachdenken.

Was tun?

Man kann resignieren und mit Fontane sagen: „Gegen eine Dummheit, die gerade in Mode gekommen ist, kommt keine Klugheit auf". Man kann darauf vertrauen, eines Tages werde die Bildungspolitik schon besserer Einsicht weichen. Aber vergessen wir nicht die Geschichte von den zwei Hasen, die in panischem Schrecken davon rennen. Fragt der eine: „Wovor flüchten wir eigentlich?" Darauf der andere: „Die Regierung hat ein Dekret erlassen, daß allen Hasen der fünfte Lauf abgehackt wird". „Dann brauchen wir doch nicht zu fliehen, wir haben ja nur vier Läufe!" „Das schon. Aber die hacken erst und zählen dann."

Zu Optimismus besteht wenig Anlaß. Aber wenn wir den Kampf nicht von vornherein aufgeben wollen, dann müssen wir uns wehren und versuchen, soviel wie möglich von der klassischen Idee der Universität zu retten. Sonst werden uns eines Tages die Studenten vorhalten: Ihr betrügt uns um das Beste, was eine Universität zu leisten vermag und was wir alle und jeder einzelne von uns heute dringend brauchen, nämlich die Chance, ohne Rücksicht auf gängige

Meinungen, wirtschaftliche Interessen und politische Forderungen den Dingen auf den Grund zu gehen und danach zu fragen, wie es sich in Wirklichkeit mit ihnen verhält.

Der Einfluß der Wirtschaft auf das Glück der Gesellschaft

Elisabeth Noelle-Neumann

Politik und Glück – das ist bis heute ein unbewältigtes Thema. Nach einer verbreiteten Auffassung ist die Politik für das Glück der Menschen nicht zuständig. Am 2. September 1999 zitierte die Süddeutsche Zeitung Bundeskanzler Gerhard Schröder mit der Aussage, Glück sei keine politische Kategorie. „Die Glücksverheißung", so Schröder, „ist in der Politik immer schief gegangen." Die gleiche Ansicht vertraten mehr als 20 Jahre vorher Kurt Biedenkopf und Heiner Geißler. Beim „Bergedorfer Gespräch" im Sommer 1976 erklärten beide übereinstimmend, Glück sei nicht Aufgabe der Politik. „Da ist die Politik überfordert" betonte Biedenkopf.

Und doch zeigen Forschungsergebnisse des Instituts für Demoskopie Allensbach aus den letzten 25 Jahren, daß es einen Zusammenhang zwischen Politik und Glück zu geben scheint. Am Anfang dieser Entdeckung stand ein persönliches Erlebnis in Leipzig im Jahr 1973. Ich war damals als Professorin für Publizistik der Universität Mainz Mitglied einer UNESCO-Kommission für Kommunikationsforschung. Bei der Sitzung dieser Kommission in Leipzig sollten - unter starker Beteiligung der Kollegen aus der Sowjetunion, Polen und der DDR - Leitsätze zum Thema Menschenrechte und Pressefreiheit ausgearbeitet werden, die dann bei einer UN-Konferenz als allgemein verbindliche Grundsätze vorgestellt werden sollten.

Am dritten Tag der Konferenz auf dem Weg vom Leipziger Universitätsturm der Philosophischen Fakultät zum Hotel fragte ich mich plötzlich: „Woran sehe ich, daß die Menschen hier so unglücklich sind?"

Ich stellte mich in die Nähe des Aufgangs zu einer Brücke, über die die Menschen strömten, und versuchte, ob ich irgendwelche Zeichen finden könnte, an denen sich erkennen ließ, daß die Menschen so unglücklich aussahen. Nach ungefähr einer Stunde lief ich in mein Hotel und schrieb auf:

- Die Augen sind so zugekniffen
- Die Lippen so schmal gepreßt
- Die Mundwinkel sind abwärts gezogen
- Die Ellbogen sind so eng an den Körper gepreßt
- Die Bewegungen sind klein und steif
und so fort, insgesamt zehn Beobachtungen.

Mit dieser Liste kehrte ich nach Allensbach zurück und führte die zehn Merkmale in unsere Fragebogen ein. Von nun an wurden bei jeder Allensbacher Umfrage die Interviewer gebeten, ganz am Schluß, nach Ende des Interviews, entsprechend den eigenen Beobachtungen zu notieren, wie der Befragte aussah, wie er saß, wie er sich bewegte. Am Ende wurde eine zusammenfassende Bewertung erbeten: „Der Befragte sieht insgesamt ganz fröhlich aus / nicht so fröhlich aus."

Mit den Merkmalen dieses von nun an so genannten „Ausdruckstests" wurden Analyse-Gruppen gebildet: Personen mit vielen Merkmalen, die auf ein glückliches Lebensgefühl deuteten, mit einer mittleren Anzahl derartiger Merkmale und schließlich mit einem Übergewicht von Merkmalen, die auf ein unglückliches Lebensgefühl schließen ließen. Für diese Gruppen wurde untersucht, mit welcher Lebensweise, welchen Lebensumständen glückliches oder unglückliches Aussehen verknüpft ist. Eine einfache Korrelationsrechnung. Nicht Einzelfälle interessierten, sondern immer nur durch die Merkmale für glückliches oder unglückliches Befinden charakterisierte Gruppen von Befragten wurden verglichen.

Schon im Herbst 1973 konnten bei der Jahrestagung der World Association of Public Opinion Research (WAPOR) in Budapest die ersten Ergebnisse vorgestellt werden. Vier Jahre später, 1977, folgte in einer von dem Soziologen und Mediziner Horst Baier herausgegebenen Festschrift zu Ehren des Soziologen Helmut Schelsky ein Aufsatz mit dem Titel: „Politik und Glück".

Es ließ sich zeigen, daß die in Leipzig beobachteten und dann durch die Interviewer protokollierten Zeichen hoch korrelierten mit den Fragebatterien, die in den USA für die Ermittlung von Glück und Unglück entwickelt worden waren. Und daß der Ausdruckstest diesen Fragebatterien gegenüber eine Reihe von Vorteilen aufwies.

Ein großer Vorteil, das Glücklich- oder Unglücklichsein von Menschen nicht durch Fragen zu ermitteln, sondern durch Beobachtung von Ausdrucksmerkmalen, liegt darin, daß es keine Probleme der Semantik gibt: Wie verstehen die Menschen die Fragen? Was aber noch wichtiger ist: Der Ausdruckstest belastet nicht das Interview. Es gibt dabei keine direkten Fragen nach dem Glück, die als zu persönlich, zudringlich, als zu intim empfunden werden könnten. Auch die Probleme der sozialen Wünschbarkeit, der Konvention, fallen weg: Muß man sagen, man sei glücklich, auch wenn man es nicht ist? Gehört es sich nicht zu sagen, man sei nicht glücklich? Daß solche Probleme bei der Ermittlung des Glücksgefühls durch direktes Fragen tatsächlich oft auftraten, zeigte sich daran, daß sowohl in den USA als auch in Deutschland, etwa die Hälfte aller Befragten bei direkten Fragen auswich: „Glücklich?" - „Halb und halb", unentschieden. Beim Ausdruckstest gibt es dagegen keine Unentschiedenen. Für *jeden* Befragten hat man Ergebnisse.

Der hier beschriebene Ansatz der Aufzeichnung von Ausdrucksmerkmalen steht nicht allein da. Auch an anderer Stelle begannen Forscher, sich mit den physiognomischen Zeichen von Glück und Unglück zu beschäftigen. So untersuchten Anfang der 70er Jahre die Psychologen Paul Ekman und Wallace V. Friesen von der Universität von Kalifornien, wie man am menschlichen Gesicht und an menschlicher Körpersprache erkennt, ob ein Mensch glücklich oder unglücklich ist. Ekman und Friesen fanden, daß es sich dabei um eine pankulturelle Sprache handelt. Ein Eskimo kann erkennen, ob ein Japaner glücklich oder unglücklich ist, ein Student in Harvard erkennt, daß ein Sudanese glücklich oder unglücklich ist, und auch der Sudanese sieht, ob der Harvard-Student glücklich oder unglücklich ist.

Es wird oft angenommen, daß das Glück einer Gesellschaft nicht zuletzt vom Konsum, vom materiellen Wohlstand abhängig ist. Doch zahlreiche Untersuchungen – solche, die sich auf Ausdrucksbeobachtungen stützen und auch andere – zeigen, daß diese Annahme allenfalls teilweise zutrifft. Es gibt tatsächlich für fast fünfzig Länder der Welt vergleichbare Untersuchungen, mit denen sich zeigen läßt, daß in armen Ländern der Zusammenhang zwischen Wohlstand und Glück ausgeprägt ist. Aber für die wohlhabenden westlichen Industrieländer gilt das nicht. Es war sowohl in den USA als auch in Kanada und in Deutschland eine große Enttäuschung, daß sich der Wohlstand verdoppelte, verdreifachte, ohne daß auch die Zahl der Menschen zunahm, die sich als glücklich erklärten.

Die Allensbacher Untersuchungen zum Thema Glück reichen zurück bis in das Jahr 1954. Damals wurde zum ersten Mal in einer Allensbacher Umfrage gefragt: „Wenn jemand von Ihnen sagen würde: ‚Dieser Mensch ist sehr glücklich!' - Hätte er recht oder nicht recht?" 28 Prozent sagten 1954: „Er hätte recht". Mehr als vierzig Jahre später, 1998, wurde die Frage wiederholt. Das Ergebnis war praktisch das gleiche, 29 Prozent erklärten: „Er hätte recht". Bei allem, was sich in Deutschland zwischen 1954 und 1998 zugetragen hat - Wachstum des Wohlstands, kürzere Arbeitszeiten, längerer Urlaub, viele Reisen, Wachstum der sozialen Sicherheit – gab es keine Zunahme der Zahl der Menschen, die von sich sagen: „Ich bin ein glücklicher Mensch".

Dieses Rätsel war bereits seit den 50er, spätestens den 60er Jahren bekannt. Aber erst 1972 ergab sich völlig unerwartet ein Befund, der dazu beitragen konnte, dieses Rätsel zu lösen und der deswegen zu einem der wichtigsten Forschungsergebnisse des Allensbacher Instituts wurde. Die Frage, die damals zum ersten Mal in einer bevölkerungsrepräsentativen Umfrage gestellt wurde, lautete: „Jeder Berufstätige kann ja bei seiner Arbeit manches frei entscheiden, und in anderem ist er abhängig. Es fragt sich nun, wie frei der einzelne sich fühlt." Den Befragten wurde an dieser Stelle ein Bildblatt mit einer Leiter mit Stufen von 1 bis 10 überreicht, und sie wurden weiter gefragt: „Wie geht es Ihnen selbst? Könnten Sie das anhand dieser Leiter erklären? Es geht so: Null würde bedeuten, Sie hätten in Ihrem Beruf keine Freiheit, etwas zu entscheiden; und 10 würde bedeuten, Sie fühlen sich in Ihren beruflichen Entscheidungen ganz frei und unabhängig. Auf welcher Stufe dieser Leiter würden Sie sich einordnen?"

Aus den Antworten wurden drei Gruppen gebildet - Stufe 7 bis 10 bedeutete großes subjektives Freiheitsgefühl, Stufe 4 bis 6 mittleres Freiheitsgefühl und Stufe 0 bis 3 geringes Freiheitsgefühl. Dann wurden diese Gruppen insgesamt, aber auch getrennt für verschiedene soziale Schichten, Altersgruppen, Männer und Frauen daraufhin angesehen, wie diese Gruppen andere Fragen, Indikatorfragen nach psychologischem Wohlbefinden und sozialer Freundlichkeit beantworteten.

Eine dieser naiv wirkenden Indikatorfragen lautete: „Wann haben Sie zum letztenmal so richtig aus vollem Herzen lauthals gelacht - abgesehen von heute: Gestern, in den letzten Tagen, oder ist das länger her?" - „Gestern" sagten die Menschen mit großem subjektivem Freiheitsgefühl zu 51 Prozent, diejenigen mit geringem subjektivem Freiheitsgefühl zu 33 Prozent.

Eine andere Frage: „Wie geht es Ihnen im allgemeinen: Fühlen Sie sich morgens immer frisch und munter, oder ist es oft so, daß Sie sich den Morgen über ziemlich müde und unlustig fühlen?" Als „frisch und munter" stuften sich 42 Prozent derjenigen mit großem subjektivem Freiheitsgefühl ein, aber nur 21 Prozent derjenigen mit geringem Freiheitsgefühl.

Ganz ähnlich der Befund beim Krankenstand: Von den Arbeitern mit großem Freiheitsgefühl an ihrem Arbeitsplatz hatten im Jahr vor dieser Befragung 54 Prozent an keinem einzigen Tag wegen einer Krankheit nicht arbeiten können. Von den Befragten mit geringem Freiheitsgefühl hatten gerade 23 Prozent keinen Arbeitstag wegen Krankheit versäumt.

Es ließen sich auch Auswirkungen des Freiheitsgefühls auf das Arbeitsklima und auf die Verbundenheit mit der Arbeit erkennen. Die Indikatorfrage dazu bediente sich eines projektiven Tests, bei dem die Einstellungen der einzelnen aus ihren Ratschlägen für eine konkrete Situation erschlossen werden konnten: „Ich möchte Ihnen einen Fall erzählen von zwei Kollegen, die beide an einem Auftrag arbeiten, der am nächsten Morgen fertig sein muß. Als der eine abends mit seinem Teil fertig ist, merkt er, daß sein Kollege seine Arbeit nicht fertig gemacht hat und gegangen ist. Finden Sie, er sollte die Arbeit seines Kollegen zu Ende führen, damit der Auftrag rechtzeitig fertig wird, oder finden Sie, das braucht er nicht zu tun?" „Er sollte die Arbeit seines Kollegen zu Ende führen" erklärten 49 Prozent von den Befragten mit großem Freiheitsgefühl am Arbeitsplatz, aber nur 28 Prozent derer, die sich bei der Arbeit nur wenig frei fühlten.

Diese Analyse wurde seit 1972 regelmäßig wiederholt. Die Ergebnisse bestätigten sich jedesmal, immer waren die Menschen mit großer subjektiver Entscheidungsfreiheit am Arbeitsplatz fröhlicher, gesünder, aktiver, sozial freundlicher.

Was subjektives Freiheitsgefühl bewirkt, zeigte sich auch bei der oben bereits erwähnten Frage: „Wenn jemand von Ihnen sagen würde: ‚Dieser Mensch ist sehr glücklich!' hätte er damit recht oder nicht recht?" Darauf antworteten 60 Prozent der Menschen mit dem Gefühl großer Freiheit: „Ja, wer mich als glücklich bezeichnet, hätte recht." Bei den Befragten, die sich eher unfrei fühlen, finden sich lediglich 12 Prozent mit „glücklich" richtig beschrieben.

Auch mit dem auf Intervieerbeobachtungen statt auf direkten Fragen beruhenden Ausdruckstest läßt sich der Zusammenhang belegen. Von den Befragten mit einem hohen subjektivem Freiheitsgefühl am Arbeitsplatz werden 60 Prozent von den Interviewern als „glücklich aussehend" eingestuft. Bei der Gegengruppe mit wenig Entscheidungsfreiheit am Arbeitsplatz waren es nur 35 Prozent. Von den Personen mit großem subjektivem Freiheitsgefühl sehen 14

Prozent unglücklich aus, von denen mit wenig Entscheidungsfreiheit 38 Prozent. Diese Zusammenhänge gelten unabhängig von Alter, beruflicher Stellung, Bildung oder Schichtzugehörigkeit der Befragten.

Diese Ergebnisse mußten besonders für Unternehmer von großem Interesse sein. Der deutliche Zusammenhang zwischen subjektivem Gefühl von Entscheidungsfreiheit am Arbeitsplatz und Glücklichsein zeigte schließlich einen Weg zu gutem Betriebsklima, niedrigem Krankenstand, sozialer Freundlichkeit, also kollegialem Verhalten. Daß sich das alles auf die Qualität der Arbeit auswirken würde, stand außer Zweifel. Als erstes mußte man mit Hilfe der empirischen Sozialforschung herausfinden, wovon subjektives Freiheitsgefühl am Arbeitsplatz abhängt. Dann mußte diese Erkenntnis in die Realität des Betriebes umgesetzt werden. Wahrscheinlich, so konnte man annehmen, ließe sich das subjektive Freiheitsgefühl bereits mit kleinen Maßnahmen steigern, etwa indem man den Putzfrauen die Wahl zwischen verschiedenen Reinigungsmitteln gibt.

Doch als die Befunde zur Bedeutung des subjektiven Freiheitsgefühls am Arbeitsplatz 1973 zum ersten Mal bei einer Veranstaltung vor Unternehmern präsentiert wurden, war das Interesse gering, und es ist bis heute gering geblieben. Inzwischen wurden die betreffenden Fragen viele Male in Allensbacher Umfragen wiederholt, immer mit den gleichen dramatischen Ergebnissen. Doch bisher sind diese Ergebnisse nirgendwo in der Wissenschaft oder in der Öffentlichkeit zitiert oder diskutiert worden.

1986 - Frau Thatcher war seit sieben Jahren Premierministerin von England - hatte ich in London ein Erlebnis, das man als Gegenstück zu Leipzig beschreiben könnte.

Frau Thatcher hatte in den sieben Jahren ihrer Regierung - ein Jahr später gewann sie zum dritten Mal die Parlamentswahlen - eine radikale Wende der Wirtschafts- und Sozialpolitik vollzogen. Von der Nachfrageorientierten Wirtschaftspolitik der Labour-Regierungen mit ihren staatlichen Interventionen und Subventionen hin zu einer angebotsorientierten Wirtschaftspolitik mit rigoroser Beschränkung der Staatsausgaben, Änderung des Steuersystems, Senkung der Spitzensteuersätze, um innovatives Investitionskapital zu aktivieren. Zahlreiche staatliche Unternehmen wurden privatisiert. Am spektakulärsten war Margret Thatchers Kampf mit den Gewerkschaften, deren Macht durch eine Reihe gesetzlicher Maßnahmen entschieden beschnitten wurde.

Viele Jahre war ich nicht in England gewesen. Durch meine Tätigkeit als Gastprofessorin der Universität von Chicago seit 1978 war Großbritannien fast ganz aus meinem Blickfeld geraten. Nun aber, 1986, bei der Ankunft auf dem Flughafen London-Heathrow traute ich meinen Augen nicht. Es schien mir, als ob alle Menschen um mich herum doppelt so schnell liefen wie zu Hause in Deutschland. Dabei sahen sie so fröhlich aus, auch mein Gepäckträger, der meinen Koffer zum Taxi brachte. Als ich am Taxi angekommen herausfand, daß ich nur zu große Scheine im Portemonnaie hatte, nicht die richtigen, um ihn für das Koffertragen zu bezahlen, bot ich ihm an, mit ihm zusammen zum Bankschalter zu gehen um das Geld zu wechseln. Nein, das fand er zu umständlich, zu zeitraubend, er habe mir gern geholfen, sagte er, weg war er. Auch bei späteren England-Besuchen hatte ich den überwältigenden Eindruck von Schnelligkeit, Hilfsbereitschaft, Fröhlichkeit. Als ich 1999 beim Trafalgar Square im Taxi vorbeifuhr, dachte ich: So sieht es anderswo nur bei einem Fest aus.

Man kann diese beiden Szenen in Leipzig und in London als einen Vergleich zwischen zwei verschiedenen Wirtschafts- und Gesellschaftssystemen ansehen. Ein Vergleich, der nicht anhand der üblichen wirtschaftswissenschaftlichen Kategorien vorgenommen wird, sondern anhand so theoriefremder Kategorien wie Fröhlichkeit oder Unglück.

Die wissenschaftliche Bearbeitung der Frage nach der Bedeutung der Wirtschaft auf das Glück der Gesellschaft steckt noch in ihren Anfängen. Fortschritte wird es nur mit Hilfe der empirischen Sozialforschung geben. Notwendig sind vergleichende Untersuchungen in Ländern mit verschiedenen Wirtschaftssystemen, um die Bedeutung der Wirtschaft, der Wirtschaftssysteme für das Glück der Gesellschaft wissenschaftlich zeigen zu können. „Wissenschaftlich" bedeutet in der empirischen Sozialforschung immer: Wiederholbar und überprüfbar. Unabhängig also von Annahmen der Forscher, die die Ergebnisse gefunden haben, und noch mehr: unabhängig von den ideologischen Vorlieben.

Die ideologischen Barrieren, die immer wiederholten Befunde, zum Beispiel den Zusammenhang von subjektivem Freiheitsgefühl, Entscheidungsfreiheit am Arbeitsplatz und Fröhlichkeit und Aktivität zur Kenntnis zu nehmen, geschweige denn zu akzeptieren, sind gewaltig.

Das zeigt sich beispielsweise, wenn man in den einschlägigen Handbüchern, Lexika oder Internetseiten das Stichwort „Thatcherismus" nachschlägt. Die Darstellungen, die sich dort finden, sind durchweg feindselig bis hin zu der Behauptung, der „Thatcherismus" habe zu hoher Arbeitslosigkeit geführt, die man sowohl in einer 1996 erschienenen Broschüre der Bundeszentrale für politische Bildung („Schlaglichter der Weltgeschichte") lesen kann als auch in der Microsoft-Enzyklopädie von 1999. Schon der Begriff „Thatcherismus" ist negativ geladen. Doch John Major und Tony Blair haben die Wirtschaftspolitik ihrer Vorgängerin fortgesetzt. Und im Juni 2000 betrug die Arbeitslosenquote in Frankreich 9,6 Prozent, in Deutschland 8,3 Prozent und in Großbritannien 5,4 Prozent.

Der Vergleich verschiedener Wirtschaftssysteme gewinnt an Klarheit,, wenn man sich bewußt macht, daß die Werte „Freiheit" und „Gleichheit" wie Pole sind, in denen sich Wirtschaftssysteme unterscheiden, zentrale Werte, nach denen Regeln, Prinzipien, Leitsätze im jeweiligen Wirtschaftssystem ausgerichtet sind. Man kann mit Hilfe der empirischen Sozialforschung zeigen, daß es nicht möglich ist, Freiheit und Gleichheit zugleich als wichtigstes Ziel zu erklären, sondern, wie der vor kurzem verstorbene Oxforder Philosoph Isaiah Berlin gesagt hat, im Ernstfall eine existentielle Entscheidung treffen muß, was einem das Wichtigste ist.

Daß man sich in einem Konfliktfall für einen der beiden Werte „Freiheit" oder „Gleichheit" entscheiden müsse, stößt in der Öffentlichkeit oft auf Unglauben. An die Stelle neugieriger wissenschaftlicher Untersuchungen solcher Zusammenhänge tritt bei vielen Intellektuellen - aber auch Wissenschaftlern - das Gefühl, die Begeisterung für das wunderbare Pathos der großen Parole der französischen Revolution: „Freiheit, Gleichheit, Brüderlichkeit". Doch schon wenige Jahrzehnte, nachdem diese Parole für die Welt an den Himmel geschrieben wurde, sagte Goethe: „Gesetzgeber oder Revolutionäre, die Gleichheit und Freiheit zugleich versprechen, sind entweder Phantasten oder Charlatane." Niemand hat diesen Antagonismus schärfer gefaßt als der Philosoph Max Horkheimer in einem Vortrag Anfang der 70er Jahre in Zürich: „Je mehr Freiheit, desto weniger Gleichheit. Je mehr Gleichheit, desto weniger Freiheit."

Wenn über diese Frage diskutiert wird, dauert es meist nur wenige Minuten, bis einer der Teilnehmer ausruft: „Aber verstehen Sie doch - mit Gleichheit ist natürlich *Chancengleichheit* gemeint." Doch die Bevölkerung meint nicht Chancengleichheit. Wenn sie für die Gleichheit als obersten Wert eintritt, meint sie *faktische* Gleichheit. Sie kann nämlich zum größten Teil - das zeigen die Umfragen - nicht sehen, daß es zwischen Chancengleichheit und faktischer Gleichheit einen Unterschied gibt, der Unterschied ist zu fein, um ihn - wenn man nicht im abstrakten Denken trainiert ist - wahrnehmen zu können.

Oft kann man hören, ein Wirtschaftssystem mit vielen Freiheitselementen mache nur die Reichen glücklich, während ein System mit vielen Gleichheitselementen die einfachen Leute glücklich macht. Doch das stimmt nicht. Ein Wirtschaftssystem mit vielen freiheitlichen Elementen macht die *ganze* Bevölkerung glücklicher und aktiver, und ein anderes mit vielen Elementen der Umverteilung im Interesse der Gleichheit macht die ganze Gesellschaft passiv und damit freudloser. Forschungsergebnisse aus der Psychologie, der Hirnforschung und der empirischen Sozialforschung zeigen, warum das so ist: Entscheidungsfreiheit ist anstrengend. Entscheidungen zu treffen, ist anstrengend, und zwar nicht nur für bestimmte Menschen, sondern für alle. Sich anstrengen aber heißt, seine Kräfte gebrauchen. Das führt zu einem Wachstum der Kräfte. Das aktiviert, und damit wächst das Selbstbewußtsein, und Selbstbewußtsein, das ist nach allem, was wir heute sehen, die Quelle des Glücksgefühls.

Wenn dagegen den Menschen die Entscheidungen abgenommen werden, durch Fürsorge, Herrschaftsansprüche oder was immer, dann führt das zu einer passiven Lebensweise. Bei passiver Lebensweise verfallen die Kräfte und damit das Selbstbewußtsein. Thomas von Aquin hat das mit großer Hellsichtigkeit erkannt, als er sagte: Trägheit macht traurig.

Natürlich ist es von einer Vielzahl von Faktoren abhängig, ob ein einzelner Mensch glücklich ist oder nicht. Doch darum geht es hier nicht. Für Gesellschaften als Ganzes kann man klar sagen: Eine aktive Gesellschaft ist glücklicher als eine passive. Und es ist nach allem, was sich heute mit der Sozialforschung zeigen läßt, ganz sicher: Die Wirtschaft, das Wirtschaftssystem hat einen entscheidenden Einfluß darauf, ob die Gesellschaft passiv ist oder aktiviert wird.

Dieser Zusammenhang zwischen dem Wirtschaftssystem und der Aktivität und dem Glück in einer Gesellschaft ist heute weitgehend unbekannt. Doch eben dieses Wissen – sei es bewußt oder unbewußt – ist für die Zukunft von großer Bedeutung. Die Demokratie, dieses mutige, freiheitliche politische System, ist davon abhängig, daß ein so wichtiges Wissen wie der Zusammenhang zwischen Wirtschaft und Glück von ihrer Führungsschicht, ihren Intellektuellen, ihren wirtschaftlichen Führungskräften angenommen und verbreitet wird. Nur dann läßt sich ein freiheitliches Wirtschafts- und Gesellschaftssystem auf die Dauer durchsetzen. Es ist zu hoffen, daß die empirische Sozialforschung dazu noch viele Beiträge leistet.

Fremdenfeindliche Gewalt im Osten - Folge der autoritären DDR-Erziehung?

Christian Pfeiffer

Im Jahr 1990 wurde der Angolaner Amadeu Antonio in einer brandenburgischen Kleinstadt von rechten Jugendlichen zu Tode geprügelt. Er war nach der Wende das erste Todesopfer fremdenfeindlicher Gewalt im Osten. Der letzte derartige Vorfall ereignete sich vor gut vier Wochen, als der Algerier Omar Ben Nari zu Tode kam, nachdem ihm 17 Jugendliche durch die Straßen der Kleinstadt Guben gehetzt hatten. Dazwischen liegen fast neun Jahre, in denen sich eines immer wieder von neuem gezeigt hat: Derartige Überfälle auf Ausländer ereignen sich im Osten pro 100.000 der Bevölkerung erheblich häufiger als im Westen. Im Jahr 1997 waren es in den neuen Bundesländern viermal so viel. Die Zahlen der Tatverdächtigen dürften im Osten pro 100.000 der Bevölkerung sogar das Fünf- bis Sechsfache des Westniveaus betragen. Eine von dem Soziologen Helmut Willems im Auftrag des Bundesjugendministeriums durchgeführte Datenanalyse hat gezeigt, daß junge ostdeutsche Täter derartige Delikte fast durchweg aus Gruppen heraus begehen. Bei jungen Westdeutschen war das nur zu etwa der Hälfte der Fall.

Dabei müssen die fremdenfeindlichen Jugendlichen in den neuen Bundesländern oft richtig suchen, wenn sie ihre feindlichen Gefühle gegenüber einem Fremden ausleben wollen. Der Anteil der Ausländer an der Wohnbevölkerung beträgt dort nur 1,9 % gegenüber 10,5 % in den westlichen Bundesländern. Aus der Sicht der Betroffenen betrachtet, ergibt sich für 1997, daß pro 100.000 Ausländer in den westlichen Bundesländern 2,5 Opfer fremdenfeindlicher Gewalt geworden sind; in den neuen Bundesländern waren es 61,2 - also 25 mal so viel.

Womit ist der gravierende Unterschied zu erklären, der sich zur Häufigkeit fremdenfeindlicher Gewalt im Ost-West-Vergleich ergibt? Und warum ist er im Laufe der letzten Jahre deutlich angewachsen? Am Tag nach dem Tode des Algeriers war von ostdeutschen Politikern erneut das zu hören, was sie auch bei früheren derartigen Anlässen gesagt haben: Solche Taten würden sich in den neuen Bundesländern deswegen öfter ereignen als im Westen, weil die jungen Menschen dort häufiger von Armut und Arbeitslosigkeit betroffen seien und schlechtere Perspektiven hätten, sich aus eigener Kraft aus ihrer Misere herauszuarbeiten. Dieses Erklärungsangebot erscheint dann durchaus plausibel, wenn man erläutern will, warum im Osten pro 100.000 junge Deutsche fast doppelt so viel Tatverdächtige von Raub- und schweren Diebstahlsdelikten gezählt werden als im Westen. Aber kann die These auch im Hinblick auf reine Aggressionsdelikte überzeugen, die den Tätern in keiner Weise finanzielle Vorteile bringen? Dagegen spricht zunächst die Tatsache, daß das Risiko der Bürger, Opfer einer Körperverletzung oder eines vorsätzlichen Tötungsdeliktes zu werden, im Osten insgesamt gesehen etwas niedriger liegt als im Westen - und dies, obwohl es den Menschen in den neuen Bundesländern wirtschaftlich gesehen schlechter geht. Es sind nur die Ausländer, die im Osten häufiger Opfer von Aggressionsdelikten werden - und das gleich um das 25fache.

Zweifel an der sozialen Deprivationsthese ergeben sich aber auch deshalb, weil nach den Erkenntnissen der Polizei und der Forschung die große Mehrheit der fremdenfeindlichen Täter nicht unmittelbar von Armut oder Arbeitslosigkeit betroffen ist. Wie Willems, Heitmeyer, Wagner und viele andere Wissenschaftler, die rechtsradikale Gewalt erforscht haben, übereinstimmend berichten, gehören die jungen Täter sowohl im Osten wie im Westen nicht zu den extremen sozialen Randgruppen. Allerdings sind auch Gymnasiasten oder Studenten selten unter ihnen zu finden. Ihr sozialer Standort ist meist dazwischen anzusiedeln, also im Milieu der Arbeiter, der Auszubildenden, der unteren Angestellten mit einem eher niedrigen Bildungsgrad.

Aber wenn es nicht so sehr der Frust über eine aktuelle Notlage ist, was erklärt dann, daß die Jugendlichen und Heranwachsenden im Osten so viel häufiger Ausländer überfallen? Die Gegenthese lautet: Hauptursache ist die autoritäre Erziehung in den Kinderkrippen, Kindergärten, Schulen und Jugendorganisationen der DDR. Viel zu früh und für viel zu lange Zeit seien bereits die Kleinkinder von ihren familiären Bezugspersonen getrennt worden und in den Erziehungsinstitutionen ständig einem hohen Anpassungsdruck an die Gruppe ausgesetzt gewesen. Hans-Joachim Maaz, DDR-Psychiater und Psychotherapeut, hat bereits in seinem 1990 erschienenen Buch „Der Gefühlsstau" auf diesen Zusammenhang hingewiesen und damals prognostiziert, daß sich die so erzeugten emotionalen Probleme der DDR-Kinder und Jugendlichen später in aggressiven Ausbrüchen gegenüber Fremden und Schwächeren entladen werden. Gibt es für seine Analyse inzwischen empirische Belege oder zumindest klare Indizien?

Noch zu DDR-Zeiten hatten sich die Sozialwissenschaftler Karl Zwiener und Dieter Sturzbecher wissenschaftlich mit der Erziehung in DDR-Krippen und Kindergärten auseinandergesetzt. In ihren Veröffentlichungen aus den Jahren 1991 und 1992 bestätigen sie zunächst die Maaz-These, wonach etwa vier Fünftel der Kleinkinder spätestens mit zwölf Monaten in den Ganztagskinderkrippen gelandet sind. Man sei dort nur wenig auf die individuellen Bedürfnisse der Kinder eingegangen und habe zu wenig Raum für deren individuelle Entfaltung gelassen: Der Tagesablauf folgte relativ starren Regeln. Die Erzieherinnen und Erzieher dominierten, bestimmten Zeitpunkt und Art der kindlichen Spiele. Man ging nicht vom individuellen inneren Zustand des Kindes, seinem Erleben, seinem Entwicklungsstand aus, sondern von für alle Kinder gleichgeltenden Erziehungszielen. Auch engagierte Kindergärtnerinnen konnten daran offenbar wenig ändern, weil schlicht das Personal fehlte, um sich dem einzelnen Kind intensiver zuwenden zu können. Natürlich haben viele Eltern und Großeltern versucht, an Abenden, Wochenenden und während des Urlaubs den institutionellen Mangel an persönlicher Zuwendung auszugleichen. Aber auch das ist oft nicht gelungen, weil es, worauf der Ostberliner Sozialwissenschaftler Kühnel aufmerksam gemacht hat, in DDR-Familien besonders häufig Trennungs- und Scheidungskonflikte gab. Viele DDR-Kinder sind deshalb emotional nicht satt geworden an beständiger und Stabilität verleihender Zuwendung durch feste Bezugspersonen.

Margot Honecker, die Jugendministerin der DDR wird das nicht gestört haben, weil für sie die Einordnung in die Gruppe und nicht die freie Entfaltung der individuellen Persönlichkeit das oberste Erziehungsziel war. Kinderkrippen und Kindergärten wurden von ihr ausgezeichnet für vorbildliche Disziplin, Ordnung und Sauberkeit. Die DDR hat damit in der Kindererziehung an die Tradition des preußischen Obrigkeitsstaates angeknüpft, dem es ebenfalls primär darum gegangen ist, die Kinder und Jugendlichen zu guten Untertanen und nicht zu mündigen Bürgern zu erziehen.

Hinzu kam noch ein Aspekt, auf den die Hildesheimer Erziehungswissenschaftlerin Christel Hopf in einer demnächst erscheinenden Studie zur Ausländerfeindlichkeit von Jugendlichen in den neuen Bundesländern hinweist. In der DDR hat man die Kinder und Jugendlichen ständig mit einem idealisierten Bild der eigenen Welt überzogen und gleichzeitig für die offenkundigen Mängel und Alltagsprobleme des Systems immer wieder den äußeren Feind verantwortlich gemacht. Bereits von den Kindergärtnerinnen verlangte Margot Honecker in ihren Richtlinien für die Arbeit mit Kindern die Erziehung zum Feindbild. Noch deutlicher wurde das im Standardwerk der DDR für Lehramtsprüfungen bis zum Jahr 1990 den zukünftigen Lehrern ans Herz gelegt: „Die Schüler müssen den Feind durchschauen und ihn überall entlarven können. Auf diese Weise entstehen politisch-ideologische Wertorientierungen, die Haß gegen die imperialistische Ausbeutung und Unterdrückung einschließen. Die Heranwachsenden müssen lernen, feindliche Auffassungen zu erkennen und zu bekämpfen."

Die entscheidende Frage ist mit dieser Skizzierung von pädagogischen Einflußfaktoren, denen ein großer Teil der ostdeutschen Jugendlichen ausgesetzt war, noch nicht geklärt: Welcher Zusammenhang besteht zwischen einem derartigen Erziehungsstil und der Entstehung von fremdenfeindlichen Einstellungen und Verhaltensweisen? Antworten darauf haben viele gegeben: Theodor W. Adorno ebenso wie Alice Miller und Hans-Joachim Maaz oder zuletzt Christel Hopf in ihrer demnächst erscheinenden Studie. Gemeinsam ist den genannten Autoren eine These: Wer in Kindheit und Jugend einer autoritären Gruppenerziehung ausgesetzt ist und zu wenig an individueller Zuwendung und Förderung erfährt, ist in der Entwicklung eines gelassenen Selbstvertrauens behindert. Im Vergleich zu einem jungen Menschen, dem in seiner Sozialisation bessere Chancen zur freien Entfaltung seiner Persönlichkeit geboten wurden, wird er Fremde viel eher als bedrohlich erleben und als Feinde definieren. Wenn er dann noch erlebt, daß die Schuld an Mißständen der eigenen Welt ständig einem externen Sündenbock zugeschrieben wird, verstärkt dies die Neigung, selber später nach diesem Muster zu verfahren. Wer die Schülerinnen und Schüler zum Haß auf den politischen Gegner aufruft, darf sich nicht wundern, wenn solche Feindbilder später auf alles Fremde übertragen werden.

Damit soll nicht gesagt werden, daß alle Kinder und Jugendlichen der DDR entsprechend geprägt worden sind. So hat es zum Glück in der DDR soziale Nischen gegeben, in denen ein anderer Erziehungsstil praktiziert wurde. Ein Schutzfaktor konnten ferner intakte Familien sein, wenn sie sich engagiert darum bemüht haben, das auszugleichen, was die staatliche Erziehung an Problemen geschaffen hat. Zudem gab es offenkundig auch Kindergärtnerinnen und Lehrer, die Wege gefunden haben, den Anpassungsdruck und die Feindbildorientierung zumindest teilweise von den ihnen anvertrauten Kindern und Jugendlichen fernzuhalten. Und schließlich darf nicht übersehen werden, daß die DDR-typische Erziehung in der Gruppe für die Betroffenen die Risiken extremer Gewalterfahrungen reduziert hat. Eine von unserem Institut im Jahr 1992 durchgeführte Repräsentativbefragung von Bürgern aus Ost- und Westdeutschland hat gezeigt, daß Kinder und Jugendliche in der DDR im Vergleich zu denen aus Westdeutschland seltener elterlichen Mißhandlungen wie auch sexuellem Mißbrauch ausgesetzt waren.

Diese Einschränkungen ändern allerdings nichts an dem bisher entwickelten Gesamtbild. Die vom Partei- und Staatsapparat der DDR gesteuerte Kinder- und Jugenderziehung hat im Vergleich zu der pluralistischen und mehr familienorientierten Erziehungswelt des Westens weit stärker Einflußfaktoren gesetzt, die sich in einer Verunsicherung des Individuums und einer hohen Anpassungsbereitschaft an Gruppen sowie in einer höheren Ausländerfeindlichkeit auswirken. Für diese These gibt es eine Reihe von empirischen Belegen.

● Sozialwissenschaftliche Untersuchungen aus der Zeit kurz nach der Wende zeigen, daß bereits 1990 ein beachtlicher Anteil der Jugendlichen in der DDR ausländerfeindlich war. Beispielsweise stimmten 1990 in einer Befragung, die vom ZIJ Leipzig und vom Deutschen Jugendinstitut München durchgeführt wurde, 42 % der Jugendlichen aus der DDR der Aussage zu „Mich stören die vielen Ausländer bei uns", im Westen waren es 26 %.

● Der Polizeilichen Kriminalstatistik läßt sich entnehmen, daß die im Vergleich zum Westen in den neuen Bundesländern etwa doppelt so hohe Belastung der 14- bis 21jährigen Deutschen mit Raubdelikten und schweren Diebstählen primär die Folge davon ist, daß sie derartige Straftaten weit häufiger als ihre westdeutschen Alterskollegen aus Gruppen begehen. Diese Jahr für Jahr erneut bestätigte Besonderheit hat sich auch gezeigt, als wir im Jahr 1998 in west- und ostdeutschen Städten Repräsentativbefragungen von Schülerinnen und Schülern neunter Klassen durchgeführt haben. Junge Gewalttäter aus Leipzig gaben zu 55 % an, daß sie ihre Taten aus Gruppen begangen hatten, in Stuttgart waren das nur 20 %. Die Devise: „Allein bin ich schwach, aber in der Gruppe sind wir stark", scheint auch noch acht Jahre nach dem Untergang der DDR das Verhalten der dort lebenden Jugendlichen zu prägen. Die Tatsache, daß rechte Gruppen mit ihrer Botschaft eines solidarischen Kampfes gegen den von außen kommenden Feind besonders für ostdeutsche Jugendliche hohe Anziehungskraft entfalten, findet hier eine plausible Erklärung.

● Eine 1997 vom Deutschen Jugendinstitut durchgeführte Repräsentativbefragung von 2.400 16- bis 29jährigen in Ostdeutschland und 4.400 Gleichaltrigen in Westdeutschland hat gezeigt, daß ausländerfeindliche Orientierungen nach wie vor in den neuen Bundesländern häufiger anzutreffen sind. So stimmten im Osten 19 % der Aussage zu „Es wäre am besten, wenn alle Ausländer Deutschland verlassen würden", im Westen waren es 7 %. Insgesamt gesehen wiesen 36 % der im Osten Befragten bei ihren Antworten eine hohe Ausprägung von Fremdenfeindlichkeit auf gegenüber 18 % im Westen.

● In ihrer oben erwähnten Studie sind Christel Hopf und ihre Mitarbeiter kürzlich zu einer weitgehenden Bestätigung der Thesen gelangt, die Hans-Joachim Maaz Anfang der 90er Jahre aufgestellt hatte. Auf der Basis einer systematischen Analyse des gegenwärtigen Forschungsstandes und eigener qualitativer Interviews mit ostdeutschen Jugendlichen gelangen sie zu der Einschätzung, daß die in der DDR aufgewachsenen Kinder durch frühe Trennungen und einen Mangel an individueller Zuwendung emotional stark belastet waren und zu wenig Gelegenheit hatten, mit diesen Problemen konstruktiv umzugehen. Die Verunsicherung der Kinder und Jugendlichen sei ferner mit dem Zusammenbruch der DDR weiter erhöht worden, weil dadurch eindeutige Sicherheiten und Gewißheiten des totalitären Zentralstaates verloren gingen. „An die Stelle von Überschaubarkeit und Geborgenheit durch staatlich festgelegte Lebenswege trat die komplexe Unübersichtlichkeit des vereinigten Deutschlands und der Zwang zu individuellen Entscheidungen bezüglich der Lebensplanung." Als Folge sehen die Erziehungswissenschaftler eine Bewältigungsstrategie, die eigene Unsicherheiten wegschiebt und Ausländer als Sündenböcke wählt.

In den letzten Wochen hatte ich oft Gelegenheit, mit Ostdeutschen über diese Thesen und die empirischen Befunde zu diskutieren. Einer meiner Gesprächspartner brachte folgenden Einwand: „Die Angreifer des Algeriers in Guben waren beim Untergang der DDR erst sieben bis zehn Jahre alt. Ihr heutiges Verhalten kann man doch nicht mehr der Margot Honecker und ihrem Erziehungssystem in die Schuhe schieben." Wirklich nicht? Zum einen ist zu beachten, daß gerade die Erfahrungen in der Kindheit für die Persönlichkeitsentwicklung prägend sind. Zum anderen ist zu bezweifeln, daß der DDR-typische Erziehungsstil sofort mit der Wiedervereinigung verschwunden ist. Es waren danach doch weitgehend dieselben Lehrer und Erzieher tätig wie vorher. Vor allem aber ist zu beachten, daß Kinder und Jugendliche in ihren Einstellungen und Verhaltensweisen gegenüber Ausländern auch von dem geprägt werden, was ihnen ihre Eltern und andere Erwachsene dazu vorleben. Eine gerade im Auftrag des Landes Sachsen-Anhalt durchgeführte Untersuchung des sozialwissenschaftlichen Forschungszentrums Berlin-Brandenburg hat dazu einen interessanten Befund erbracht. Im Vergleich zu Jugendlichen und jungen Erwachsenen aus Sachsen-Anhalt hat von den ab 27jährigen Befragten ein deutlich höherer Anteil fremdenfeindliche Einstellungen offenbart. Die Autoren gelangen deshalb zu dem Schluß, daß Jugendliche, die im Osten fremdenfeindliche Gewalttaten begehen, sich durchaus als Vollstrecker einer weit verbreiteten Volksmeinung verstehen können.
Damit soll freilich nicht behauptet werden, daß die Erziehung in der DDR allein dafür ver-

antwortlich zu machen ist, daß sich ausländerfeindliche Gewalttaten im Osten weit häufiger ereignen als im Westen. Christel Hopf macht zu Recht auf eine andere Besonderheit der DDR aufmerksam, die abgeschwächt auch heute noch besteht. Die Kinder und Jugendlichen in der DDR wuchsen in einer abgeschotteten, ethnisch homogenen Welt auf, in der es kaum Ausländer gab. Die gegenüber Fremden entstandenen Vorurteile konnten so nie durch Alltagserfahrungen überprüft und abgebaut werden. Daran hat sich bis heute nur wenig geändert. Unter 2.000 von uns befragten Neuntklässlern aus Leipzig gab es beispielsweise nur einen einzigen türkischen Jugendlichen. Selbst der seit 1989 mögliche Urlaub am Strand einer türkischen Insel kann dieses Defizit an Begegnungen mit Menschen aus anderen Kulturen nicht wettmachen.

Und schließlich verdient ein Aspekt der im Osten hoch ausgeprägten Ausländerfeindlichkeit Beachtung, der deutlichen Bezug zur Gegenwart hat. Bei der DJI-Befragung aus dem Jahr 1997 haben 37 % der jungen Menschen aus den neuen Bundesländern folgender These zugestimmt: „Wenn Arbeitsplätze knapp werden, sollte man die Ausländer wieder in ihre Heimat schicken"; im Westen waren es 15 %. Die ausgeprägte Ost-West-Diskrepanz erscheint auch als Ausdruck der Tatsache, daß die jungen Menschen im Osten tatsächlich stärker durch Arbeitslosigkeit bedroht sind als ihre westdeutschen Alterskollegen. Auch wenn die ostdeutschen Täter fremdenfeindlicher Delikte ganz überwiegend nicht unmittelbar im sozialen Abseits stehen, haben sie doch häufiger Anlaß zur Sorge, dorthin zu geraten. Dieser in ihrer gegenwärtigen Lebenssituation begründete Aspekt darf nicht außer acht gelassen werden, wenn man die hohe Ausländerfeindlichkeit in den neuen Bundesländern erklären will.

Ich habe kürzlich versucht, diese Argumente und empirischen Befunde in der Paulskirche von Magdeburg 1.200 ostdeutschen Besuchern eines Streitgespräches darzulegen. Bei der überwiegenden Mehrheit der Zuhörer bin ich damit auf massive emotionale Ablehnung gestoßen. Die Orientierung der Kinder und Jugendlichen der DDR an Disziplin, Ordnung und Gruppenanpassung wurde von den meisten Rednern engagiert verteidigt. Auffallend war ferner, daß ihnen die von mir vorgetragenen Gedankengänge überwiegend völlig fremd schienen. Daran wird eines deutlich. Der breite Diskurs, der zu diesem Thema seit Jahren im Westen geführt wird, ist offenbar an der Bevölkerung der neuen Bundesländer fast spurlos vorübergegangen. Die Situation wirkt so, als hätten westdeutsche Anthropologen über ein fremdes Volk geforscht und dazu dann einen internen Diskurs geführt. Zwar sind sie mit ihren Erkenntnissen durchaus auch in die westdeutschen Medien gegangen. Aber SZ, FAZ, ZEIT und SPIEGEL werden im Osten kaum gelesen. Die wenigen ostdeutschen Experten, wie etwa Hans-Joachim Maaz oder Anetta Kahane, die unabhängig von den westdeutschen Kollegen zu ganz ähnlichen Einschätzungen gelangt sind, werden zwar im Westen hoch geachtet, finden aber bei ihren ehemaligen Landsleuten im Osten offenbar kaum Gehör.

Wird die aktuelle Diskussion daran etwas ändern können? Sie ist eher zufällig entstanden, weil ostdeutsche Zeitungen eine karikaturhaft verkürzte dpa-Meldung über den von mir erörterten Zusammenhang von Gruppenerziehung in DDR-Kindergärten und ausländerfeindlichen Gewalttaten abgedruckt hatten. Meine Sorge ist, daß sie nur einen kurzzeitigen emotionalen Effekt haben wird, wenn es nicht gelingt, sie stärker im Bewußtsein der Menschen im Osten zu verankern. Dies aber wird wohl kaum geschehen, so lange primär sogenannte Besser-Wessis die Träger der kritischen Botschaft sind. Prominente Bürger aus den neuen Bundesländern sind gefragt, die den Mut haben, das Tabu zu brechen und über ihre Erfahrungen und Einsichten mit dem Erziehungssystem der DDR zu sprechen. Wenn zum Beispiel Henry Maske, Katharina Witt, Friedrich Schorlemmer oder unsere Präsidentschaftskandidatin Dagmar Schipanski in die Debatte einsteigen würden, wäre viel gewonnen. „Wer vor der Vergangenheit die Augen verschließt, wird blind für die Gegenwart", hat Altbundespräsident Richard von Weizsäcker in seiner berühmten Rede zum 40. Jahrestag des Kriegsendes formuliert. Und eindringlich hat er hervorgehoben, wie wichtig das ehrliche Erinnern für die Gestaltung des eigenen Lebens ist. Aber es geht nicht nur um das Verstehen der eigenen Sozialisationsgeschichte. Die Frage sollte dann auch gestellt werden, ob denn die heutige Erziehung von Kindern und Jugendlichen den oben dargestellten Erkenntnissen Rechnung trägt. Und es wäre zu erörtern, welche negativen Einflußfaktoren sich belastend auswirken können - ganz gleich, ob sie Relikte aus der DDR-Vergangenheit sind oder problematische Importe aus dem Westen.

Eine konkrete Hoffnung gibt es immerhin. Ostdeutsche und westdeutsche Bürger haben kürzlich in Berlin gemeinsam die Amadeu-Antonio-Stiftung ins Leben gerufen. Sie wird sich in beiden Teilen Deutschlands für eine Kultur der Toleranz einsetzen und möchte auch dazu beitragen, die Diskussion über die Entstehung von Ausländerfeindlichkeit zu fördern. Vielleicht gelingt es ja auf diesem Wege, breite Unterstützung einzuwerben und mit langem Atem dazu beizutragen, daß der Zusammenhang von autoritärer Erziehung und ausländerfeindlicher Gewalt in Ost und West erörtert werden kann.

Die Macht des Geistes und die Globalisierung

Eine Mahnung zur Besonnenheit

Hartmut Schiedermair

Die Erinnerung an die Macht des Geistes ist, wie wir wohl wissen, durchaus geeignet, Irritationen hervorzurufen. Gibt es denn nicht ein geradezu geflügeltes Wort, das uns auf das genaue Gegenteil, nämlich auf das hinweist, was uns als die Ohnmacht des Geistes vertraut ist? Allein der Rückblick auf das 20. Jahrhundert belehrt uns doch darüber, wie sich der Geist und mit ihm die Kultur im Zugriff menschenverachtender Ideologien und unter dem Druck einer zum organisierten Landfriedensbruch degenerierten Herrschaftsgewalt als vollständig wehrlos erwiesen haben. Ist also nicht statt der Macht vielmehr die Machtlosigkeit das dem Geist und der Kultur eigentümliche Signum?

Es gibt allerdings gerade im 20. Jahrhundert auch eine andere Erfahrung. Wir alle sind Zeugen der friedlichen Revolutionen in Europa geworden. Hier konnten wir Menschen begegnen, denen es mit Kerzen und sonst leeren Händen gelungen ist, im Kampf um Freiheit und Menschenrechte waffenstarrende und in den Waffen erstarrte politische Systeme zum Einsturz zu bringen. Diese Revolutionen sind nicht nur ein später Beleg für die Zerbrechlichkeit politischer Macht, auf die uns bereits Plato mit dem Beispiel des Tyrannen hingewiesen hat, der auf seine Leibwache angewiesen ist, um sich, sein Leben und seine Herrschaft vor dem Volk zu schützen. Was sich in der Wende um das Jahr 1990 ereignet hat, legt vielmehr auch den dringenden Verdacht nahe, daß der Geist und mit ihm die Kultur, die Kultur des Rechts und der Freiheit doch eine Macht sind, die sich trotz der erlittenen Niederlagen am Ende stets durchzusetzen vermag. Immerhin war diese Macht so groß, um alle Beteiligten in Ost und West nach dem Untergang von Diktatur und Zwangsherrschaft wenigstens für den Augenblick zum gemeinsamen Aufbruch in die neue Welt der Freiheit zu bewegen.

Wiedervereinigung als geistiger Prozeß

Zu Beginn der 90er Jahre versammelten sich in Berlin, der jetzigen Bundeshauptstadt, höchste Repräsentanten des deutschen Wirtschaftslebens und Vertreter der Wissenschaft, um über die neue Lage zu beraten, die mit der Wiederherstellung der staatlichen Einheit Deutschlands entstanden war. Ein Teilnehmer versuchte die neue Lage zu analysieren, und er wies darauf hin, daß die Wiedervereinigung Deutschlands nach ihrem wirtschaftlichen, sozialen, politischen und rechtlichen Vollzug noch lange nicht vollendet sei. Vielmehr müsse nicht zuletzt wegen des von allen erhofften wirtschaftlichen Aufschwungs die Wiedervereinigung auch und vor allem als geistiger Prozeß verstanden werden. Dabei sei zu bedenken, daß der im realen Sozialismus über 40 Jahre lang selbst im täglichen Leben eingeübte dialektische Materialismus ein leeres Feld hinterlassen habe, das in der Begegnung mit der vom Konsum geprägten westlichen Wohlstandsgesellschaft und dem dort gepflegten praktischen Materialismus nicht kleiner, sondern größer werde. Deshalb komme es, auch wegen des erhofften wirtschaftlichen Aufschwungs, darauf an, die geistigen Kräfte der Gesellschaft zu mobilisieren, um die Gesellschaft, und das heißt möglichst jedes ihrer Mitglieder dazu zu bewegen, sein Leben und die vor ihm liegenden Aufgaben selbst in die Hand zu nehmen und auf diese Weise in eigener Verantwortung zu bewältigen. Damit war nicht nur das uns allen bekannte Mentalitätsproblem, sondern, ohne daß das Wort auch nur gefallen wäre, die Kultur im Sinne der geistigen Bewältigung individuellen Lebens angesprochen. Diese Hinweise fanden im Kreis der damals in Berlin Versammelten ungeteilte Zustimmung.

Neue Vergeßlichkeit

Was aber bedeutet der Aufbruch in die neue Welt der Freiheit heute? Wer sich heute Gedanken über die geistig-kulturelle Verfassung unseres Landes macht und dabei sogar noch die Unverfrorenheit besitzt, an die Zeit der Wende und ihre Folgen zu erinnern, hat keine Chance mehr, ungeteilte Zustimmung zu finden. Was sich vor zehn Jahren ereignet hat und von den staunenden Zeitzeugen als welthistorische Minute erlebt worden war, ist inzwischen längst in den Geschichtsbüchern abgelegt und von historisch weniger Interessierten in die Requisitenkammer des Welttheaters verbannt worden. Diese neue Vergeßlichkeit ist um so erstaunlicher, als die offenkundigen Defizite im Prozeß der inneren geistigen Einheit unseres Landes doch nicht Geschichte, sondern handfeste, im Alltag erfahrbare Gegenwart sind. Zu dieser Gegenwart aber gehören nicht nur die weiterhin bedrohliche Arbeitslosigkeit, die fortbestehende Ungleichheit in Lohn und Einkommen sowie die sonstigen wirtschaftlichen Probleme. Gegenwart sind auch etwa die neuen Formen von Gewalttätigkeit vor allem unter Jugendlichen sowie die Stabilisierung und wachsenden Erfolge einer politischen Partei, die in nostalgischer Beharrung das Erbe der untergegangenen Diktatur der Arbeiterklasse verwalten will. All dies scheint in der merkwürdigen Euphorie des Jahrtausendwechsels verdrängt oder zumindest an den Rand gedrängt zu sein, obwohl doch niemand mit Sicherheit sagen kann, ob dieser Wechsel bereits stattgefunden hat oder erst stattfinden wird. Was jedenfalls mit dem Beginn des neuen Jahrtausends nicht nur als Zukunft verheißen, sondern als bereits gegenwartsmächtige Wirklichkeit ausgegeben wird, ist ebenfalls eine neue, aber andere Welt. Es ist die virtuelle Welt der elektronisch gesteuerten Medien, also jenes gigantische Netzwerk, das darauf angelegt ist, alle Länder

der Erde und die in ihnen lebenden Menschen unter der Chiffre www. miteinander zu verbinden. Globalisierung ist also das Markenzeichen der neuen virtuellen Welt.

Selbstzerstörerische Globophobie

Mit dem Markenzeichen der Globalisierung hat es seine eigene Bewandtnis. Jeder führt das Wort der Globalisierung im Munde, ohne jedoch genau zu wissen, was denn damit im einzelnen gemeint ist. Diese Unsicherheit ist nur allzu natürlich, weil es keinen Menschen gibt, der schon heute mit Gewißheit voraussagen könnte, wie sich das Leben der Menschen in der globalisierten virtuellen Welt künftig gestalten wird. Dennoch gibt es einige gesicherte Hinweise, und dies gilt vor allem für den Bereich der Wirtschaft. Wer die Verhandlungen der Welthandelsorganisation (WTO) in Seattle und auf dem Wirtschaftsforum in Davos verfolgt hat, wird zur Kenntnis nehmen müssen, welch großartigen Chancen die Internet-Ökonomie bietet, um die Armut in der Welt zu bekämpfen. In der Tat dient diese neue Form der Ökonomie einem weltweit organisierten Freihandel, der, wenn er denn nur im rechten Maß betrieben wird, durchaus geeignet ist, das alte Problem einer gerechteren Gestaltung der Weltwirtschaftsordnung angemessen, und das heißt zum Wohle aller, zu lösen. Mit Recht wird daher in diesem Zusammenhang der mexikanische Präsident Ernesto Zedillo mit der Frage zitiert, woher denn die internationale Allianz der WTO-Gegner den Mut nähme, mit ihren Parolen gegen den Freihandel „die Entwicklungsländer vor der Entwicklung zu schützen" (J. Joffe, SZ vom 31. Januar 2000). So werden denn auch die Gegner des internationalen Freihandels vor allem unter den Mitgliedern der Wohlstandsgesellschaft vermutet, die um ihre Arbeitsplätze und sonstigen Besitzstände besorgt sind, aber nicht merken, daß sie mit dem Verlust des Anschlusses an den internationalen Handel eben diese Besitzstände selbst vernichten. Globophobie ist daher nicht nur töricht, sondern auch zur Selbstzerstörung geeignet.

Shareholder-Value

Der Umgang mit der Globalisierung hat jedoch auch seine bedenklichen Seiten, und zu ihnen gehören die totalitären Tendenzen, die sich in der gegenwärtigen Auseinandersetzung um die Gestaltung der neuen virtuellen Welt ausbreiten. Ein scharfsinniger Beobachter der neuen Entwicklung (H. Prantl, SZ vom 27./28. November 1999) hat zutreffend bemerkt, daß diese Tendenzen immer dort auftreten, wo die Globalisierung zur „primitiven Glaubenslehre" gerät, deren Glaubensbekenntnis mit dem Satz beginnt „Ich glaube an die Kräfte des Marktes, die alles wunderbar regieren". Der freie Markt und die Gewinnmaximierung sind danach also die „höheren Mächte", denen sich die neue „Religionsgemeinschaft der Ökonomen, die sich shareholder nennen", in der Heilserwartung des schnellen Geldes verschrieben hat. Es mag dahinstehen, ob die sich hieran anschließende Feststellung des Beobachters zutrifft, daß eine so geartete Glaubenslehre bereits den Keim der Selbstzerstörung in sich trage. Wichtiger noch ist die Erkenntnis, daß wir es hier in der Tat mit einer neuen Ideologie zu tun haben, die unter dem Vorwand der ökonomischen Notwendigkeiten in der globalisierten Gesellschaft in Wahrheit nach der Welterlösung durch die Entfesselung der Kräfte des Marktes strebt. Deswegen ist es auch nur konsequent, daß diese Ideologie ihren Herrschaftsanspruch auf alle Bereiche des gesellschaftlichen Lebens ausdehnt, um auf diese Weise mit der vollständigen Ökonomisierung aller Lebensverhältnisse dem Menschen zu seinem Glück zu verhelfen. Was aber die vollständige Ökonomisierung aller Lebensverhältnisse und die mit ihr verbundene Glücksverheißung für den Alltag bedeuten, ist gerade in den bekanntermaßen geplagten Universitäten schon früh erkannt und mit Recht angeprangert worden.

Wer sich im Besitz des Schlüssels zur Welterlösung wähnt, hat keine Schwierigkeiten mit der Zukunft. Fernab von aller Unsicherheit kann er leichten Herzens die Zukunft als bereits erworbenen Besitzstand verteidigen. So nimmt es denn nicht Wunder, daß alle Ideologien ohne Unterschied und in stupender Gleichförmigkeit ihre Siegesfanfaren bereits anstimmen, bevor der Kampf um die Zukunft erst richtig begonnen hat, und die zukunftsbewußte Religionsgemeinschaft der shareholder macht hier keine Ausnahme. Es entbehrt allerdings nicht einer gewissen Pikanterie, daß diese Siegesfanfaren, auch wenn sie in Gütersloh angestimmt werden, eine alte und im übrigen typisch deutsche Melodie spielen. Es geht um das alte, jetzt allerdings mit einer ökonomischen Variation angereicherte Thema von Zivilisation und Kultur. Die deutsche Aufklärungsphilosophie kann für sich das zweifelhafte Verdienst in Anspruch nehmen, die überkommene Einheit von Technik und Geist aufgebrochen und in einen Antagonismus umgewandelt zu haben. Im Gegensatz zu dem in der angelsächsischen Welt bis heute gebräuchlichen Ausdruck der civilization treten sich in diesem Antagonismus die zivilisierte Welt der Technik und die Kulturwelt des Geistes in einem unversöhnlichen Widerstreit gegenüber, in dem beide ihre überzogenen Herrschaftsansprüche über den jeweils anderen erheben. In diesem Widerstreit hat sich die neue Religionsgemeinschaft der shareholder derzeit bedingungslos für die Zivilisation und gegen die Kultur entschieden.

Dekultivierungsprozeß

Die Wirkungen dieser Entscheidung sind längst sichtbar geworden, und sie nehmen an Bedeutung und Gewicht ständig zu. So beobachten wir schon seit geraumer Zeit mit Sorge den fortschreitenden Dekultivierungsprozeß, unter dem das Gemeinwesen der Bundesrepublik Deutschland zum Schaden seines Ansehens im In- und Ausland leidet. Betroffen von diesem Prozeß sind naturgemäß in erster Linie die Künste, aber in der gleichen Weise auch die Wissenschaft, weil sie ein wesentlicher Bestandteil der Kultur unseres Landes ist. So sitzen denn hier die Theater und Museen, der Literaturbetrieb, die Musikszene sowie die Universitäten in einem Boot. Sie alle warten, wenn auch vergeblich, auf die Hilfe des Staates, dem doch nach seiner Verfassungsordnung die Pflege und Förderung der Kultur in besonderer Weise anvertraut ist. Dieses Warten ist deshalb vergeblich, weil sich der Staat angesichts der desaströsen Haushaltslage oft nicht anders zu helfen weiß, als auf den Markt zu verweisen. Was dies konkret bedeutet, haben die Universitäten mit den zahlreichen, in der Rechtsform des Vertrags verschleierten Spardiktaten, mit der zur Normalität geratenen Fortschreibung eines Ausstattungsdefizits von jährlich etwa sechs Mrd. DM sowie mit der Praxis des Sponsoring durch Drittmittel erfahren müssen. Auch und gerade die aktuellen Vorgänge in Berlin, deren sich die Medien unter der Überschrift „Berliner Kulturkampf" angenommen haben, belegen, wie es um die Pflege und Förderung der Kultur derzeit bestellt ist. Wir deuten diese Vorgänge nicht als lokales Ereignis und auch nicht als eine Auseinandersetzung, wie sie im Verhältnis zwischen dem Bund und den Ländern niemals auszuschließen sein wird. Nach unserem Dafürhalten ist der „Berliner Kulturkampf" vielmehr ein untrügliches Symptom für die allgemeine Vernachlässigung, wenn nicht gar Mißachtung, die sich die Einrichtungen der Kultur in der Einschätzung der politisch Verantwortlichen gegenwärtig gefallen lassen müssen. Dabei geht es nicht nur um das in der Tat dringend benötigte Geld. Es geht um mehr, nämlich um einen grundsätzlichen Wandel im Verständnis der Politik von dem, was die Universität sein und leisten soll. Wie ließe sich sonst der zivilisatorische Eifer erklären, mit dem den Universitäten ihr Anspruch bestritten wird, in der Einheit von Forschung, Lehre und Ausbildung, also im wissenschaftlichen Fortschritt ihren Beitrag zur Kultur unseres Landes zu leisten? Man redet bezeichnenderweise heute nur noch von den Hochschulen oder der Hochschulreform und meint damit etwas bisher nie Dagewesenes. Bei der Hochschule der Zukunft soll es um Öffnung gehen, die jetzt allerdings keine soziale mehr, sondern eine zivilisatorische ist, und spätestens an dieser Stelle fällt denn auch das Stichwort der Globalisierung. Selbstverständlich hat sich die Hochschule der Zukunft in der globalisierten Welt den Gesetzen des Marktes zu beugen, und hier ist dann die Stunde für die Religionsgemeinschaft der shareholder und ihrer neuen Ideologie gekommen. Wer Näheres dazu erfahren will, kann sich schon heute der bisher allerdings nur in den einschlägigen Kreisen kursierenden Papiere versichern, in denen die Vision dieser neuen Hochschule vorgestellt wird.

Güte von Informationen

Die Universitäten sind über jeden Verdacht der Globophobie weit erhaben. Immerhin haben sie den weltweit organisierten Austausch ihrer Erkenntnisse schon zu einer Zeit betrieben, in der es die Industrie oder moderne Staatlichkeit noch gar nicht gab. An Internationalität hat sie also traditionell keinen Mangel. Deswegen sind die Vermehrung und Beschleunigung der Transportwege im Austausch der Erkenntnisse für jeden, der in der Universität Wissenschaft betreibt, hochwillkommen. Was uns allerdings nicht genügen kann, ist der Austausch von Informationen. Informationen sind wertlos, wenn und solange man nicht nach ihrer Güte fragt. Nicht auf die Information als solche, sondern auf deren Inhalt kommt es also an, und hier werden sich die Universitäten, wie jedermann einsehen wird, nicht an die Vorgaben halten dürfen, wie sie uns im dualen Rundfunksystem jetzt auch über Internet etwa mit der Einschaltquote oder aber mit dem Programm des Senders RTL II angeboten werden. In der Wissenschaft haben Informationen nur Bestand, wenn es bei ihnen um die Weitergabe neuer Erkenntnisse geht, die in der beständigen, aber niemals abgeschlossenen Suche nach Wahrheit gewonnen worden sind. In eben dieser Suche nach Wahrheit aber findet jene Innovation oder Reform statt, die wir als Mitglieder der Universität in Forschung, Lehre und Ausbildung täglich praktizieren. Diese und nur diese Art der Reform sind die Universitäten und ihre Mitglieder nicht nur ihren Geldgebern, sondern auch der Gesellschaft schuldig. Uns ist wohl bewußt, wie sehr die Gesellschaft darauf angewiesen ist, daß es nicht nur heute, sondern auch morgen Ärzte, Lehrer, Juristen, Naturwissenschaftler, Techniker und Ingenieure geben wird, die auf dem jeweils neuesten Stand der wissenschaftlichen Erkenntnis ausgebildet und damit auf den eigenverantwortlichen Umgang mit ihrem späteren Beruf vorbereitet sind. Trainee-Programme, mögen sie den Gesetzen des Marktes oder den betrieblichen Bedürfnissen noch so sehr entgegenkommen, können niemals das ersetzen, was die Universität mit ihrer wissenschaftlichen Ausbildung zu leisten hat.

Was aber bleibt den Universitäten in der gegenwärtigen Situation anderes übrig als zur Besonnenheit zu mahnen? Es darf nicht dazu kommen, daß die neue virtuelle Welt mit all ihren Verheißungen und Chancen für die Menschen in die Hände einer neuen Glaubenslehre gerät, die ausgestattet mit dem ganzen Instrumentarium aggressiver Ideologien, nicht nur Geist und Kultur, sondern am Ende sogar sich selbst zerstört. Deshalb darf auch der Staat in seiner Verantwortung für die Pflege und Förderung der Kultur hier nicht in Hilflosigkeit verharren. Er ist vielmehr aufgefordert, die geistigen Kräfte und mit ihnen die Einrichtungen der Kultur auch im Dienste der inneren Einheit unseres Landes zu stärken. So und nur so wird das kulturelle Umfeld geschaffen, auf das jedes Gemeinwesen gerade im Prozeß der fortschreitenden Globalisierung lebensnotwendig angewiesen sein wird. Dieses Umfeld ist überdies die notwendige Bedingung für eine blühende Wirtschaft. Ein Umdenken ist also erforderlich, und dies sollte mit der Einsicht beginnen, daß die Rentabilität der Universität und der anderen Einrichtungen der Kultur nicht in der Aussicht auf das schnelle Geld besteht.

Neue Nachdenklichkeit

Wer zur Besonnenheit mahnt und zum Umdenken auffordert, übernimmt eine undankbare Rolle. Er gilt als Störenfried und muß sich schon deshalb Kritik gefallen lassen. Den Universitäten ist diese Kritik wohl vertraut. Sie nehmen es daher mit Gelassenheit, wenn ihnen in der ewigen Wiederkehr der Argumente vorgeworfen wird, im starrsinnigen Festhalten an überkommenen Vorstellungen weder Humboldt's Tod begriffen noch die Zeichen der Zeit erkannt zu haben. Es macht uns auch nichts aus, als „Humboldt's letzte Krieger" (S. Etzold, Die Zeit vom 30. März 2000) bezeichnet zu werden, weil wir wissen, daß wir nicht die letzten sind. Im Gegenteil, die wachsende Zahl von Bundesgenossen zeigt uns an, daß es auch im fortschreitenden Prozeß der Globalisierung eine neue Nachdenklichkeit gibt. So erinnern wir uns mit Dankbarkeit an den Ministerpräsidenten eines deutschen Bundeslandes, der vor zwei Jahren auf dem Hochschulverbandstag in Bamberg die Universitäten an ihre Pflicht erinnert hat, dem Zeitgeist rechtzeitig zu widerstehen. Dankbar sind wir auch für die Hilfe der doch so hoch geschätzten amerikanischen Kollegen, die nicht müde werden, darauf hinzuweisen, daß es doch die „indivisibility of teaching and research", also die Unteilbarkeit von Forschung und Lehre sei, die Harvard, Yale oder Princeton zu ihrem weltweiten Ruf verholfen habe. Das gemeinsame Bekenntnis zur Einheit oder Unteilbarkeit von Forschung und Lehre, das im übrigen weit über Wilhelm von Humboldt hinausweist, verbindet uns auch und vor allem mit den Studierenden, die nicht bereit sind, im großen, weltweiten Netzwerk als Humankapital zur Verfügung zu stehen. So steht denn den Universitäten gerade in der gegenwärtigen Situation nicht nur Gelassenheit, sondern auch Zuversicht gut zu Gesicht. Was uns mit Zuversicht erfüllt, ist allerdings nicht allein die in der neuen Nachdenklichkeit wachsende Zahl von Bundesgenossen. Unsere Zuversicht hat einen anderen, tieferen Grund: Wir glauben - und dies ist unser Bekenntnis - an die Macht des Geistes, der sich trotz vielfältiger Niederlagen am Ende doch durchsetzen wird.

Recht und Gerechtigkeit

Erwartungen und Enttäuschungen hinsichtlich der Rechtsordnung im vereinigten Deutschland

Richard Schröder

Recht und Gerechtigkeit sind für uns jedenfalls nicht dasselbe. Bei den alten Griechen war dies übrigens noch anders. To dikaion übersetzen wir mit „das Gerechte", aber to physikon dikaion dann doch lieber mit „Naturrecht". Was aber der Unterschied sei zwischen Recht und Gerechtigkeit, das dürfte einem gebildeten Laien auf Anhieb zu sagen schwer fallen. Diese Ebene des gebildeten Laien will ich aber hier gar nicht überschreiten und deshalb versuche ich mal zu beschreiben, wie er es denn ungefähr machen würde. Recht, das ist etwas Formales, Abstraktes, ein Regelwerk, in dem man sich auch verlaufen könnte. Gerechtigkeit, das ist jedenfalls immer etwas Erhebendes. Anerkennung berechtigter Ansprüche, Zurückweisung der unberechtigten Ansprüche, den Nagel auf den Kopf treffen, allen Nebel, allen Schein, alles Ränkewerk durchstoßen. Das Salomonische Urteil, das berühmte Salomonische Urteil steht für diese Erwartungen an Gerechtigkeit.

Die Erwartungen und Enttäuschungen Ostdeutscher hinsichtlich der Rechtsordnung im vereinigten Deutschland haben sehr viel mit diesem Unterschied zu tun und es könnte vielleicht hilfreich sein, ihn auch in Ostdeutschland ausführlicher zu erklären und zu beschreiben. Unendlich oft ist das zum geflügelten Wort gewordene Zitat von Bärbel Bohley wiederholt worden „Wir haben Gerechtigkeit erwartet und den Rechtsstaat bekommen." Nicht Ablehnung des Rechtsstaats spricht aus diesem Satz, sondern Enttäuschung. Wir haben mehr erwartet. Dieses „mehr" sollte bei Bärbel Bohley aus der Sicht der Oppositionellen ein deutlicherer Umtausch der Rollen sein. Wer zu Zeiten der Diktatur oben war, der sollte nun mal pausieren, und die, die unten waren, ihre Chance bekommen. Zu viele Stützen des Systems seien noch immer im Amt und andere seien sehr geschickt auf die Füße gefallen. Das war das, was sie dabei als Gerechtigkeitsdefizit vor Augen hatten. Übrigens wurde 1990 gemunkelt, führende Stasi-Leute, denen man ja manches nachsagen kann, aber in aller Regel nicht Dummheit, hätten sich für die schnelle deutsche Einigung ausgesprochen, da ihnen der Rechtsstaat mehr Schutz geben werde als diese unberechenbaren Oppositionellen in der Übergangssituation. Gerechtigkeit, das sollte diesmal heißen: radikaler Elitenwechsel. Die Betroffenen sehen es natürlich umgekehrt und sehen gerade diese Forderung im Namen der Gerechtigkeit als Zumutung oder gar Ungerechtigkeit.

Wie anders sahen das Problem diejenigen, die 1990 politisch handeln mußten. Als der sozialdemokratische Finanzminister in der de Maiziére Regierung, Walter Romberg, einen alt gedienten SED-Funktionär aus dem Finanzministerium zu seinem Staatssekretär machte, protestierte die SPD-Fraktion. Romberg blieb aber bei seiner Forderung und sagte, ohne einen Fachmann, der weiß was da gelaufen ist, bin ich als Minister handlungsunfähig. Also dies mag ja ungefähr schon genügen um zu zeigen: die großen, die emphatischen Gerechtigkeitserwartungen und Forderungen können so weit auseinander liegen, daß die Forderung nach *der* Gerechtigkeit gar nicht mit der Erwartung auf allgemeine Zustimmung erfüllt werden kann. Der Rechtsstaat erfüllt sie auch nicht, jedenfalls nicht so, wie sie die Herzen erwärmen. Er kann die materielle Gerechtigkeit nicht garantieren, schon weil da so vieles immer strittig bleibt, aber soweit das menschenmöglich ist die formale Gerechtigkeit: Gleichheit vor dem Recht, den Zugang zu den Rechtswegen vor unabhängigen Gerichten und die gerichtliche Überprüfbarkeit von Gerichtsurteilen. Er kann kurz gesagt Rechtssicherheit garantieren, und deshalb ist am Ende der Rechtsstaat doch mehr als die großen, die ganz großen aber nicht definierten und auch nicht umsetzbaren Gerechtigkeitserwartungen. Und dies offenbar ist es, was im Osten nur wenige begriffen haben. Um es auf die Spitze zu treiben: Das berühmte und viel gelobte Urteil Salomons, Inbegriff des gerechten Urteils, müßte in einem Rechtsstaat wegen Verfahrensfehlern kassiert werden.

Mein Freund Lothar de Maiziére hat, wie ich finde, die Situation mit folgendem Satz ganz gut beschrieben: „Die Ostdeutschen respektieren den Rechtsstaat, sind aber noch nicht in ihm angekommen."

Das läßt sich gut demonstrieren an der Empörung, die nach wie vor und immer wieder und bei sehr vielen der Satz auslöst: „Die DDR war ein Unrechtsstaat und die Bundesrepublik sei ein Rechtsstaat." Das ist ein Satz, der auch wirklich in Alltagsgesprächen bis hin zum Stammtisch Thema und Anlaß für Empörung ist. Der Satz wird nämlich als Infamie gedeutet zur Diskriminierung der DDR, inbegriffen die ehemaligen DDR-Bürger. Er wird auch von solchen so gedeutet, die zu DDR-Zeiten gar nicht viel mit der DDR am Hut hatten. Der Grund ist der, er wird so gedeutet: In der DDR soll alles nach diesem Satz nur Unrecht gewesen sein. Im Westen soll es kein Unrecht geben oder gegeben haben. Gegen beides führen sie ihre Erfahrungen ins Feld. Sie verweisen darauf, daß es doch auch in der DDR normales Leben gegeben habe. Vernünftige Regelungen im Alltag, Kollegialität, Rücksicht aufeinander auch in der Arbeitswelt, kostenlose Kindergärten und billige Kinderkleidung und was da alles noch kommt. Das wollt ihr jetzt alles schlecht machen. Ihr wollt uns unsere Biographie nehmen. Die Reaktion darauf kann man am besten mit Identitätstrotz bezeichnen. Nicht selten eine DDR Identität post festum. Wahrscheinlich spielt auch dies eine Rolle: Ihr erklärt die DDR zum Unrechtsstaat und macht uns dann allesamt mit haftbar als Komplizen. Ich staune selber, da ich dazu nicht neige, wie stark Leute, die zu DDR-Zeiten eine kritische Distanz zur DDR-Wirklichkeit hatten, auf diesen gehörten - noch eine andere Frage ist es, ob auch gesagten - Vorwurf bereit sind, die DDR-Verhältnisse in Bausch und Bogen zu entschuldigen.

Die Frage gehört, wie man hier sieht, in einen ost-westlichen Kampf um Anerkennung und das macht die Sache offenbar so brisant. Und dann führen dieselben noch die Erfahrungen nach 1990 ins Feld, um zu beweisen, daß das System in dem wir jetzt leben doch auch Ungerechtigkeiten produziere. Von wegen Rechtsstaat. Ich bin unverschuldet arbeitslos geworden: ist das gerecht? Ich habe das Haus, in dem ich wohne, gepflegt und erhalten mit meinem Geld, jetzt kommt der Alteigentümer und so weiter. Ein ostdeutscher Ministerpräsident hat die Frage gestellt: „Wieviel Unrecht muß eigentlich geschehen, damit ein Staat Unrechtsstaat genannt werden kann?" Eine, wie ich finde, sehr fatale Frage, weil sie uns dazu einlädt, das ganze Problem zu quantifizieren.

Der Streit ist aber wiederum nicht bloß ein Ost-West-Streit. Daß die DDR kein Unrechtsstaat gewesen sein soll, das beleidigt auch wiederum eine ganze Reihe ehemaliger DDR-Bürger, die zu Unrecht im Gefängnis saßen, aus politischen Gründen vom Bildungswesen ausgeschlossen waren oder der Schikane der Stasi ausgesetzt waren. Ich betone ja immer wieder, natürlich ist in der gesamtdeutschen Öffentlichkeit das Interesse konzentriert auf die Frage, wie geht es mit den Ost-West-Unterschieden weiter. Dabei wird leicht übersehen, wir haben Ost-Ost-Unterschiede, die heftiger noch ausgetragen werden. Mir persönlich geht es nach wie vor so, daß ich zu vielen Westdeutschen aufgrund vielfältiger Gemeinsamkeiten einfacher „einen Draht" herstellen kann als zu den alten SED-Genossen, die in ihren alten Denkschemata verharren.

Der Haken an dieser Auseinandersetzung um das Reizwort „Unrechtsstaat" ist der, daß dies kein definiertes und kein lexikonfähiges Wort ist. Sie können ja mal nachschauen, das finden Sie in keinem Lexikon. Es könnte höchstens sein, daß es mal in eine nächste Auflage eines Lexikons aufgenommen wird. Wohl aber ist angebbar, was ein Rechtsstaat ist. Und es ist klar, daß jedenfalls die DDR ein Rechtsstaat im beschriebenen Sinn gar nicht sein wollte. Nämlich kein, wie es damals hieß, bürgerlicher Rechtsstaat.

Lassen Sie mich einen kleinen Rückblick auf die DDR einschieben, na ganz so klein ist er gar nicht, und zwar unter zwei Gesichtspunkten: Wie verstand sich die DDR selber als Staat? Das ist die eine Frage, auf die ich eingehen will. Und die andere wohl wichtigere Frage: Wie vollzog sich aber denn nun das Leben in der DDR unter den hier interessierenden Gesichtspunkten? Denn der Satz, daß die DDR kein Rechtsstaat sein wollte, er gehört in den Zusammenhang der ersten Frage. Der Widerspruch gegen den Satz, das Rekurrieren auf die Lebenserfahrung bezieht sich natürlich auf den zweiten Komplex.

Ich möchte kurz an das marxistische-leninistische Staats-, Rechts- und Verfassungsverständnis erinnern. Man kann ja sagen, daß das Recht den Charakter und namentlich eine Verfassung in der uns bestimmenden europäischen Tradition den Charakter von Spielregeln hat. Spielregel soll heißen, sie müssen fest und bestimmt und stabil und eindeutig sein, damit sich dann ein freies Spiel der Kräfte und Interessen entfalten kann. Man muß gleich einschränkend sagen, gute Spielregeln sind keine Garantie für ein gutes Spiel. Wie die Fußballfans unter uns wissen, wenn schlechter Fußball gespielt wird, liegt es zumeist nicht an den Regeln, sondern an den

Spielern, die entweder die Freiräume der Spielregeln dumm und phantasielos benutzen oder die Regeln auch systematisch verletzen, „holzen". Manchmal liegt es übrigens auch an den Schiedsrichtern. Die SED verstand Recht, Verfassung nicht nach diesem Modell, sondern als Machtmittel, denn Politik war für sie verstanden als Durchführung eines Projektes, Aufbau des Sozialismus genannt, und dann war es auch alles sozusagen mit Konsequenz aus dieser Metaphorik, die beim Wort genommen wurde, wie beim Hausbau organisiert. Da gibt es jemanden, der weiß, wie das Ziel aussieht, der projektiert und führt durch und kommandiert: das war die SED mit ihrer führenden Rolle. Ihr Führungswissen legitimierte sie ja aus der Kenntnis des Menschheitsziels und der historischen Gesetzmäßigkeiten. Staat und Recht waren für dieses Projekt nur Instrumente. Als Walter Ulbricht 1967 dann eine neue Verfassung angekündigt hat, hat er ein Verfassungsverständnis vorgetragen, das mit diesem Politikverständnis sehr gut zusammenpaßte. Die Verfassung von 1949 ist nun verwirklicht. Sie hat unserem Volk geholfen den Weg des Sozialismus zu beschreiten. Nun ist sie überholt, und wir müssen eine neue erschaffen. Die Verfassung also merkt man, ist nicht als Spielregel verstanden, sondern eher so eine Art Landkarte, und wenn man die abgewandert ist, dann wird halt umgeblättert. So hatte dann auch die Verfassung keine sehr große Bedeutung für das Alltagsleben in der DDR. Aus diesem technizistischen Politikverständnis ergab sich dann auch ganz konsequent und ausdrücklich die Gewaltablehnung der Gewaltenteilung, der bürgerlichen Gewaltenteilung wie es hieß, denn, das leuchtet ja auch ein, wenn es darum geht, ein Projekt durchzuführen, muß man alle Kräfte konzentrieren, statt sie zu zersplittern. So war es gedacht.

Die europäische Tradition, die zu geschriebenen Verfassungen geführt hat, hat ihr Hauptinteresse in der Garantie von Freiheiten gesehen. Das Politikverständnis der SED war nicht an Freiheitsgarantien orientiert, sondern an Befreiungen, etwas Großem, Menschheitsbefreiungen. Ich hebe das hervor, weil es eine ähnliche Struktur ist, nicht Recht als formales Zeug, sondern Gerechtigkeit. Nicht diese paar Freiheiten, sondern die ganz große Befreiung. Daß so gedacht worden ist, müssen wir uns deshalb vergegenwärtigen, weil wir sonst nicht verstehen können, auf welche Weise denn die marxistische Theorie Verführungskraft entwickeln konnte. Wir machen es uns zu einfach, wenn wir annehmen, daß die DDR vor allen Dingen als ein korruptes Regime von unmoralischen Menschen zu deuten ist. Wir müssen uns immer wieder in Erinnerung bringen, daß das Problem die Verführung durch Ideale war. Die Genossen haben sich in theoretischer und moralischer Hinsicht, und das tun viele noch heute, auch Nichtgenossen, dem Rest der Welt überlegen gefühlt. Für die ganze Problematik ist es übrigens, wie ich finde, wichtig, sich klar zu machen, daß in anderer Weise im Osten das Gefühl, den westlichen Mitbürgern moralisch überlegen zu sein, nach wie vor sehr verbreitet ist. Ich sage das hier kritisch auch in Richtung Osten, denn es ist meistens natürlich sehr angenehm, sich moralisch überlegen zu fühlen. Es ist meistens nicht so sehr gründlich reflektiert, in welchem Maße solche Überlegenheitsgefühle wirklich berechtigt sind.

Also ich will ja nun nicht zu ausführlich werden, weil Sie ja auch keinen Unterricht in Marxismus, Leninismus post festum gebrauchen können, ich wollte nur darauf noch hinweisen, daß im Namen der Befreiung die Beschränkung von Freiheiten begründet wurde, und zwar ausdrücklich. Es geht mir ja immer darum, nicht irgend etwas zu unterstellen, sondern zu zitieren.

Im offiziösen Wörterbuch der Philosophie der DDR hieß es unter dem Stichwort „Demokratie" (Lenin-Zitat): „Demokratie ist eine Organisation zur systematischen Gewaltanwendung einer Klasse gegen die andere." Demnach ist Demokratie immer Diktatur, und dann ist es auch nicht weiter verwunderlich, daß auch die sozialistische Demokratie Diktatur ist. Ich zitiere noch einmal „Das demokratische Wesen der Herrschaft der Arbeiterklasse erfordert, daß diese Herrschaft gegenüber den Feinden des Sozialismus Diktatur ist und ihnen gegenüber gegebenenfalls diktatorische Maßnahmen anwendet." Wie gesagt, ich zitiere das einerseits natürlich auch, um zu zeigen, wie verquast und verquer hier gedacht worden ist. Aber anderseits, ich wiederhole mich, weil es wirklich wichtig ist, um deutlich zu machen: dieses alles zusammen hat den Akteuren das Gefühl einer theoretischen - bezogen auf den Gang der Weltgeschichte - und moralischen Überlegenheit verschafft.

Nun, was in den Büchern stand und wie das Leben sich vollzog, das war wie oft, so auch hier, nun trotzdem sehr zweierlei. Zum Glück vollzog sich das Leben in der DDR nicht so, wie die Lehre von der Demokratie als Diktatur erwarten ließ. Auch hier galt, es wird nicht alles so heiß gegessen wie gekocht. Ich frage mich allerdings manchmal, ob man wirklich sagen soll: zum Glück. Ob nicht die Normalität, die weite Normalität, die im Übergang von Stalin, Ulbricht zu Honecker an Boden gewonnen hat, mit daran schuld ist, daß viele DDR-Bürger nicht sehen können, daß das Leben in vieler Hinsicht in der DDR interessant und natürlich auch nicht zu verleugnen oder schlecht zu machen ist, aber der Staat, das staatliche Selbstverständnis ein Skandal ist. Viele haben das diktatorische an der Diktatur des Politbüros wenig oder gar nicht erlebt. Jedenfalls nicht der Gestalt, daß sie sich plötzlich mal in einem Gefängnis wiederfanden. Unter Honecker hat sich vieles gemäßigt. Man konnte ungestraft Feindsender empfangen. Unter Ulbricht wurden noch die Antennen vom Dach geholt. Es gab gewisse Reisemöglichkeiten und Kontaktmöglichkeiten. Manfred Stolpe pflegte Mitte der 80iger Jahre westlichen Besuchern, die ihn ja vielfach um Einschätzungen der Situation in der DDR gebeten haben, zu sagen: wir haben eine Diktatur mit Samthandschuhen. Das Glück daran, es lebte sich für viele leichter so. Das Unglück, man konnte leichter das diktatorische unter den Samthandschuhen übersehen und sagen, das sind doch nur so ein paar wenige Unzufriedene, auf die die Stasi ihren Kicker hat.

Man hat in der DDR Gerichte möglichst gemieden. Das haben sie eigentlich alle gemacht. Sie galten als vermintes Gelände, zumal dann, wenn Politisches ins Spiel kam. Man muß sich klar machen: in Westberlin gab es dreimal so viel Anwälte wie in der gesamten DDR. Dies ist ein guter Beleg dafür, daß die Rechtswege so selten begangen wurden, daß gewissermaßen das Gras munter darauf wachsen konnte. Man mußte aber deswegen keineswegs jedes Unrecht hinnehmen. Es gab einen den Bürgern im ganzen sehr sympathischen Ersatz für den Rechtsweg, nämlich das Eingabenwesen. Das Eingabenwesen unter Honecker war sehr stark ausgebaut. Wer sich also von einer örtlichen Behörde ungerecht behandelt fühlte, schrieb eine Eingabe an Honecker, der wies die örtlichen Behörden an, dem Fall nachzugehen. Die hatten dort einen Psychiater und einen von der Stasi in dieser Eingabenstelle. Was die beiden nicht aussortiert hatten, das hatte eine hohe Erfolgsrate. Das ist wirklich so gewesen. Das sind keine Witze. Also manches war so, was man aus der DDR erzählt, wirkt wie ein Witz, aber so ist es gewesen. Was also diesen Kanal durchlaufen hatte, das hatte große Erfolgsaussichten. Nun zitterten doch die Untersten vor den Obersten. Die mußten ja Bericht erstatten, und so konnten manche Eingaben Wunder wirken bis dahin, daß man durch eine Eingabe etwas erreichte, was nach den Buchstaben des Gesetzes und dem Gesichtspunkt der Gleichbehandlung auch wieder fragwürdig sein konnte. Das war sehr bequem. Kein finanzielles Risiko. Einen Rechtsanwalt brauchte man auch nicht, und dem gegenüber erscheint allerdings das Beschreiten der Rechtswege als deutlich unbequemer. Oder sehr oft vorgekommen: Jemand ging vor der Wahl zum Wohnungsamt und sagte, also wenn ich die Wohnung nun bis zum Wahltag nicht habe, dann gehe ich nicht zur Wahl. Auch das war ein ungemein wirksamer Effekt, und wenn es überhaupt etwas Gutes über die Wahlen in der DDR zu sagen gibt, dann dieses, daß manche in der Lage waren, sie zu einer kleinen Behördenerpressung zu verwenden. Die Abhängigkeitsverhältnisse in einer Mangelgesellschaft muß man auch noch dazu nehmen, die jemanden, der, politisch gesehen, überhaupt keine Macht hatte, doch plötzlich in die Lage bringen konnten, etwas zu fordern. An dieser Stelle eine Geschichte zu erzählen, ist auf diesem Feld das Plastischste. Ich habe einen Freund, der hat die Tischlerei seines Vaters durch die ganze DDR hindurch gebracht. Eines Tages kommt der Bürgermeister und sagt „Mensch, Du mußt uns helfen. Am Sonnabend soll da das Geschäft eröffnet werden, und da fehlt noch die Platte von dem Verkaufstisch. Kannst Du das nicht noch irgendwie besorgen? Ja sagt er, mach ich. Guckt er sich so um und sagt, was ist das denn hier für ein Balkon. Na sagt er, den habe ich gebaut. Du hast doch gar keine Baugenehmigung eingereicht. Wozu denn, er steht doch auch schon. Na reiche mal eine nach. Nicht nötig, ich brauche kein Baumaterial mehr." Der hat nie eine nachgereicht. Also der Bürgermeister ist hier plötzlich auch wiederum abhängig. Sie dürfen sich das nicht wie so eine Oben-Unten-Gesellschaft vorstellen. Der ist nun abhängig von dem Tischler, und der hat also genau gemerkt, daß er sich leisten kann, ohne Baugenehmigung zu bauen. Es ist ja auch nie etwas passiert. Die Balkone stehen heute noch. So kompliziert ist es in einer Diktatur und unter den Bedingungen einer Mangelgesellschaft. Hilfst Du mir, helfe ich Dir. In gewisser Weise war ja das Geld tatsächlich abgeschafft, es nützte ihnen kein Geld, wenn sie einen Trabant haben wollten, sondern einen Bezugschein brauchten sie. Ein Wochenendgrundstück zu bekommen, auch da nützte Geld wenig, da brauchte man Beziehungen, pfiffig mußte man sein und irgendeine Ecke entdecken, wo vielleicht eine LPG mit ihren Maschinen nicht hin kommt, die dann bereit sind das abzugeben.

Die Verhältnisse in der DDR hatten so gesehen feudale Züge, denn das Eingabenwesen ist natürlich ein Gnadenrecht. Die vergoldeten Erinnerungen sind auch von der Art, daß sie sagen, zu Zeiten der DDR, da kriegten wir Freifahrzeiten zum FDGB-Ferienheim. Der Staat hat sich auch immer so präsentiert. Ich beschenke Euch, wir beschenken Euch. Die kleine Frage, woher der Staat eigentlich seine Geschenke nimmt, die stellen bis heute viele nicht. Das war natürlich nur ein anderes Umverteilerverfahren und nicht etwa wie bei einem König, bei dem es vielleicht auch Umverteilungsverfahren sind, der aus seiner Schatzkasse was rausholt. Auch die Betriebe und LPG's waren im Grunde so ähnlich wie Feudalhilfe organisiert. Der Chef kümmert sich um seine Leute, und die bauen dann an der Ostsee ein Ferienheim nur für die Betriebsangehörigen, die sich dadurch viel besser gestellt sehen als die anderen, die bloß eins im Harz haben. Das

Baumaterial wird aus dem Plan irgendwie abgezweigt, das sind also die speziellen Künste, über die man da verfügen muß. Das andere wurde irgendwie organisiert. Die SED hatte sich viele Wohltaten für die Bevölkerung ausgedacht, mehr übrigens, als sie finanzieren konnte, wie das berühmte Gutachten vom 31. Oktober 1989 von Schürer auch ausgesprochen hat. Wir haben die sozialpolitischen Maßnahmen, so heißt es da - das ist für Egon Krenz gemacht das Gutachten - wir haben die sozialpolitischen Maßnahmen nicht vollständig aus eigenen Mitteln finanzieren können, denn das wird oft vergessen, auch wenn man Unrechtsstaat sagt, Diktatoren wollen natürlich gar nicht gehaßt werden. Sie wollen geliebt werden. Geliebt werden von der Masse des Volkes. Wenn das Kind aber aufsässig wird, dann wird Papa Staat böse. Solange das aber nicht so sehr viele sind, kann sich eine Diktatur unter Umständen einer weitgehenden Zustimmung erfreuen.

Es war tatsächlich für viele DDR-Bürger alles gar nicht so schlimm, aber es war schlimm, daß das eben nur Glückssache war. Gnade und nicht Recht, Geschenke für Wohlverhalten und nicht durchsetzbare Ansprüche. Es ist schon richtig, im Rechtsstaat ist es komplizierter zu seinem Recht zu kommen, als auf diesem feudalen Eingabenwege. Man muß Fristen und Verfahrensschritte berücksichtigen, sonst kann ein noch so berechtigter Anspruch verloren sein, und es kann etwas, das in der Tat dem gesunden Menschenverstand als ungerecht erscheint, wegen solcher Verfahrensfehler dann trotzdem Gültigkeit erlangen.

Einer unserer östlichen Bischöfe hat gesagt, wir hatten gedacht Freiheit verbindet und entlastet. Wir erfahren aber nun, sie vereinzelt und fördert Konflikte, sie ist erbarmungswidrig, das Leben wird komplizierter. In der Tat ist das Leben unter einer Diktatur mit beschränkten Handlungsmöglichkeiten deshalb auch ein Leben mit beschränkten Konfliktmöglichkeiten, wenn man dem Hauptkonflikt mit der Diktatur aus dem Weg geht. Das meiste hat der Staat geordnet zum Wohl der Bürger, wie er es versteht. Das Zivilgesetzbuch der DDR hat vielen imponiert durch seine Schlichtheit und Kürze. Es ist einfacher und kürzer als das BGB. Aufs Ganze gesehen muß man sagen, es war so schlicht und einfach, weil es so wenig im Rechtsweg praktiziert wurde. Solche Teile des Rechtswesens, die viel Arbeit hatten, nämlich die dauernden Prozesse der VEB-Betriebe untereinander, wer an der Nichtplanerfüllung schuld sei, haben dazu geführt, daß diese Teile des Rechts sich dann auch aufgebläht haben. Entsprechend kompliziert war das entsprechende Vertragsrecht. Es ist richtig, unter den Bedingungen der Freiheit wird vieles konfliktreicher und komplizierter, man kann allerdings auch sagen, daß Leben eines Kindes ist einfacher als das Leben eines Erwachsenen oder das Leben eines Knechtes ist einfacher als das Leben eines freien und mündigen Menschen. Ein wohlmeinender westdeutscher Unternehmer hat einem östlichen Kollegen folgenden zweifelhaften Rat gegeben. Also bei öffentlichen Aufträgen, da mußt Du genau abrechnen. Den Rechnungshof, den kannst Du nicht so schnell hinters Licht führen. Bei Privaten kannst Du schon mal eher zulangen. Das wird verstanden, jenseits von Moral und Unmoral, als geradezu eine Umkehrung der Prioritäten zu DDR-Zeiten. Den Staat betrügen, das ist sozusagen bloß Mundraub, der ist ja selber dran schuld, daß es keinen Wasserhahn zu kaufen gibt, und Honecker hat auch gesagt, wir sollen noch mehr aus unseren Betrieben rausholen. Aber ich werde doch meinen Nachbarn nicht übers Ohr hauen, den brauche ich doch wohl möglich noch einmal. Er kriegt von mir den Betonmischer, und ich kriege von ihm mal das Schweißgerät. Diese Solidarität der Nachbarschaftshilfe, aus der Not geboren. Not macht erfinderisch und gemeinsame Not motiviert auch zur Nothilfe. Aus diesen Erfahrungen heraus, die freilich, das muß man immer dazu sagen, aus der Mangelsituation geboren waren, erscheint die kühle Sachlichkeit, das Geschäftsmäßige vieler Westdeutscher den Ostdeutschen als herzlos und kalt. Auch dies ist wieder ein Punkt, an dem, wie ich finde, allzu schnell Ostdeutsche sich eine moralische Überlegenheit zuschreiben. Ein Richter der in Ost und West Erfahrungen sammeln konnte, hat mir gesagt, die streitenden Parteien seien im Osten häufiger zu einem Vergleich bereit als im Westen. Sie legen auch seltener Rechtsmittel ein gegen ein Urteil. Andererseits erschienen sehr viel häufiger geladene Zeugen nicht. Sind sie noch nicht richtig trainiert? Vielleicht auch dies, aber andererseits ist es gut, wenn die Rechtswege offen stehen, aber nicht gut, wenn sie jeder in jedem Falle ausschöpft. Der Rechtsweg sollte nicht der erste, sondern der letzte Weg zur Konfliktregelung sein. Gerechtigkeit, wenn wir darunter eine Bürgertugend verstehen, und das sollten wir übrigens zuerst so sehen: Gerechtigkeit als Bürgertugend setzt voraus, daß die Bürger in den meisten Fällen in der Tat in der Lage sind, ihre Konflikte ohne Einschaltung eines Gerichtes zu regeln. Ich habe mit Interesse die Zahlen gehört, die zu diesem Problem vorhin genannt worden sind, und vielleicht muß ich da diese Seite sogar ein bißchen reduzieren.

Ich möchte noch auf zwei Gerechtigkeitsenttäuschungen im Einigungsprozeß kurz hinweisen. Sie stehen Ihnen wahrscheinlich vor Augen, die dann die Akzeptanz des Rechtsstaats enorm erschwert haben. Das eine ist die viel besprochene Eigentumsfrage. Schon bei den Koalitionsgesprächen nach dem 18. März 1990 war uns übrigens klar, daß dies eines der schwierigsten Probleme werden wird. Das erste Gespräch handelte von diesen Fragen. Ich muß die Geschichte des Problems nicht erzählen. Es beschäftigt uns ja auch weiterhin. Derzeit ist das Verfassungsgericht mit der Stichtagsproblematik befaßt. Ich will aber daran erinnern, welcher Wechsel der Perspektive sich für die DDR-Bürger in diesem Bereich vollziehen mußte. In der DDR war Grund und Boden nichts wert, aber trotzdem schwierig zu bekommen. Ein seltenes Gut und trotzdem kein Markt. Es gab keinen Grundstücksmarkt. Übrigens auch keinen Wohnungsmarkt, sondern nur staatliche Zuweisungen und Tausch. Wegen der niedrigen Mieten war ein Haus ein Zusatzgeschäft, und es gab so gut wie keine Mietshäuser mehr in Privateigentum am Ende der DDR. Die Leute haben sie kostenlos dem Staat übergeben, weil sie pro Monat im Grunde zuzahlen mußten. Deshalb gab es am Ende nur noch Einfamilienhäuser in Privatbesitz. Formell gab es natürlich weiterhin den Unterschied zwischen Eigentümern und Mietern, ausgewiesen durch das Grundbuch, und denjenigen, die nun behaupten, zu DDR-Zeiten spiele das Grundbuch überhaupt keine Rolle, denen muß man widersprechen. So war es nun auch nicht, aber die entscheidende Kategorie war der Besitz. Der Unterschied zwischen Besitz und Eigentum war zudem wohl nicht jedem so ganz klar. Mieter haben sich nicht selten wie Eigentümer verhalten. Daß nun Grund und Boden wieder ein handelbarer Gegenstand wurden, der nun auch wieder einen Wert auf dem Markt hat, das ist eine völlige Umstoßung der bisherigen Paradigmen. Das muß man mit im Auge haben, um zu verstehen, daß der Grundsatz Rückgabe vor Entschädigung zwar nicht, wie manche befürchtet haben, massenhaft Ostdeutsche von Haus und Hof vertrieben hätte, aber als eine ungeheure Rechtsunsicherheit empfunden wurde, die allerdings inzwischen so weit abgeklungen ist, daß, wenn man die deutschen Zeitschriften auf den Leserbriefseiten durchforstet, man zu diesem Thema in ostdeutschen Leserbriefen kaum noch etwas finden wird. Wohl aber in westlichen Zeitungen, bei denen sich Alteigentümer, namentlich die Opfer der Enteignung unter dem sowjetischen Besatzungsregime, beschweren, daß ihnen nicht hinreichend Gerechtigkeit widerfahren sei. Im Osten, kann man sagen, hat sich die Aufregung inzwischen weithin gelegt. Geblieben ist aber doch der Schock; kommt die deutsche Einigung, wird unsicher, was bisher gewohnheitsrechtlich gesichert war.

Der andere Komplex, an den ich erinnern möchte, ist der Zusammenbruch der DDR-Wirtschaft. Arbeitslosigkeit war nun etwas, was es in der DDR, muß man vorsichtig sagen, für den normalen Menschen nie gab, wohl aber für Leute, die Ausreiseanträge gestellt haben. Nichts zu tun auf Arbeit, das gab es allerdings sehr oft. Keine Arbeit auf Arbeit. Wenn man den Prozeß des Zusammenbruchs der DDR-Wirtschaft im Rückblick überschaut, könnte man auch sagen, es ist erstaunlich, wie weit er von der Bevölkerung als Faktor doch akzeptiert worden ist. Aber verstanden worden ist er von vielen nicht, und zwar mit dem Argument, das kann doch nicht sein, daß dieser Betrieb jetzt zugemacht wird, da steckt doch unsere Arbeitskraft drin. Dies ist ja ein Argument, das man psychologisch individuell auch immer respektieren muß. Sie steckt wirklich drin. Es ist nicht ganz einfach, deutlich zu machen, daß das aber ökonomisch ohne Bedeutung ist. Im Osten dürfte ich das nicht mit Witzen erläutern, aber hier würde ich mir doch mal erlauben zu sagen, also dahinter steckt ja diese marxistische Werttheorie, daß eben der ökonomische Wert vergegenständlichte Arbeit sei. Ich habe schon immer gesagt, aus DDR-Zeiten gibt es schon eine Widerlegung von Eugen Roth.

Ein Mensch malt mit Begeisterung wild zehn Jahre lang an einem Bild.
Dann stellt er es fertig vor sich hin und sagt, da steckt viel Arbeit drin.
Doch damit war's auch leider aus, die Arbeit kam nie mehr heraus.

Wie gesagt, hier darf ich mal Witze drüber machen. Man muß im Osten vorsichtiger sein. Kurt Biedenkopf hat mal eine gute Wendung gefunden, um das Problem zu verdeutlichen. Als die Trabantwerke geschlossen werden sollten, gab es natürlich Proteste. Er ist hingegangen und hat gesagt „Wer von Euch will als nächstes Auto einen Trabant kaufen?" Da hat sich natürlich niemand gemeldet. Da sagte er: „Und an wen wollt ihr sie dann verkaufen?" Das hat eingeleuchtet. Aber nicht alle haben sich in dieser schwierigen Umstrukturierung der Wirtschaft dieselbe Mühe mit dem Erklären und dem Plausibelmachen gegeben. Und daß Gaunereien gar nicht so wenige dabei vorgekommen sind, wollen wir auch nicht verschweigen. Es gibt nach wie vor noch eine Reihe von Punkten, an denen Ostdeutsche sich gegenüber Westdeutschen ungleich behandelt fühlen. Sie kennen die Vorgänge, die etwa Rentenansprüche und Pensionsansprüche und dergleichen betreffen. Ich will die Liste nicht noch ausführlicher vervollständigen, sondern auf einen Punkt hinweisen, der auch für mein Interesse das Aktuellste beim Buchstabieren der Ost-West-Unterschiede ist. Sie sind ja nirgends katalogisiert. Immer wieder stellt man fest, Ost und West reagiert anders in einer bestimmten Frage. So ging es uns auch im Blick auf den Kosovo-Konflikt.

Umfragen belegen, daß die Ostdeutschen mit 65 bis 70% einen Militäreinsatz der Nato gegen Serbien ablehnen, während er in Westdeutschland mehrheitlich Zustimmung findet. Natürlich hängen an dieser Frage sehr viele Probleme, ob der Militäreinsatz das gestellte Ziel erreichen wird und wie erfolgreich dies zu beurteilen ist. Ich will mich zu diesem allem gar nicht äußern, sondern versuche eine Erklärung für diesen markanten Unterschied in den Reaktionen zu finden. Es kann nicht sein, daß die Ostdeutschen sich, wie dann manche Leserbriefe behaupten, deutlicher als Westdeutsche an die Schrecken des 2. Weltkriegs erinnern. Das kann ich mir nicht erklären. Warum sollen Westdeutsche sich weniger gut daran erinnern können. Auch über die PDS hinaus ist allerdings die Auffassung verbreitet, daß Krieg grundsätzlich nur durch unmoralische Intentionen entstehen könne. Letztlich das Profitstreben der Kriegsgewinnler und der Rüstungsindustrie. Es gebe für Krieg nur unmoralische Gründe. Für die Anwendung militärischer Gewalt nur unmoralische Gründe, und dies seien, so wird es dann immer wieder unterstellt, immer die wirtschaftlichen. Aber noch deutlicher ist mir geworden, daß im Hintergrund offenbar auch zwei verschiedene Versionen stehen, wie es zum 2. Weltkrieg gekommen ist. Die ostdeutsche Version lautet: Hitler hat die Kommunisten verfolgt, dann die Sowjetunion überfallen. Die Sowjetunion hat zurückgeschlagen und den Faschismus ausgerottet. Die Nazis sind nach dem Westen geflohen. Was dabei nicht vorkam, war die angemessene Hervorhebung der Verfolgung der Juden. Was dabei nicht vorkam, oder kaum vorkam war die Problematik des 20. Juli. Die alte Tradition des Tyrannenmords und aller damit zusammenhängenden Fragen, die sich doch sofort stellen, ist nie diskutiert worden. Es steht dem Osten nicht so vor Augen, daß Frankreich und England ihrerseits Hitler den Krieg erklärt haben. Daß die Motivation die war, den Tyrannen in die Schranken zu weisen. Die Einsicht, daß das Münchener Abkommen ein Fehler war. Ich will Ihnen auch noch eine Geschichte erzählen. Ich war in Rangsdorf, das ist gleich ein Nachbarort südlich von Berlin, eingeladen zu einer Diskussion im Gymnasium. Die Idee war die, daß ein kleiner Weg zu einem Feldflughafen nach Stauffenberg benannt werden sollte, denn dort hatte Stauffenberg das Flugzeug bestiegen, um zur Wolfsschanze zu fliegen. Auf dem Podium saß außer mir noch ein Lehrer des Gymnasiums, ein alter Sozialdemokrat, der in Rangsdorf gelebt und dessen Eltern unter den Nazis sehr zu leiden hatten. Der Lehrer hat sich vehement dagegen ausgesprochen, den Weg nach Stauffenberg zu benennen, denn Stauffenberg habe schließlich einen Mord geplant. Und wir haben doch 1989 gesagt „Keine Gewalt". Dieser Sozialdemokrat hatte große Schwierigkeiten deutlich zu machen, daß hier noch ein anderer Gesichtspunkt hinzugehört, nämlich das Hitlerregime als internes Unrechtsregime. Der Lehrer hat sehr viel Beifall dafür bekommen. Dabei spielt, glaube ich, auch eine Rolle, daß solch einfache Logik, verfehlt einfache Logik, nach wie vor im Osten sehr beliebt ist. Was fehlt im Osten, ist das Bewußtsein von den Kalamitäten, in denen wir derzeit in Menschenrechtsfragen stecken. Sie sind kodifiziert. Sie müssen insofern gelten. Aber wir haben keine wirksame Gerichtsbarkeit und auch keine vollziehbare Gewalt, die ihre Einhaltung dort erzwingen könnte, wo eine Regierung beschließt, sie gegen Teile der Bevölkerung nicht anzuwenden. „Nie wieder Krieg" wollten unsere Studenten unbedingt draußen aufhängen als Plakat. Ich habe sie gefragt, ob das nicht ein bißchen kurz ist, ob sie nicht wenigstens noch dazu hängen wollten „Nie wieder Völkermord". Man kann nicht sagen, daß die Schwierigkeiten der Ostdeutschen mit dem Rechtsstaat zunehmen. Ich denke, es ist eher das Gegenteil der Fall. Die Erfahrungen mit dem Rechtsstaat, ich meine also auch die Erfahrungen vor Gericht, sind nämlich offenbar im ganzen gar nicht so schlecht. Hätte ich gar nicht gedacht, daß das so gut geht, so ungefähr. Es gibt allerdings auch, und das soll mein letzter Punkt sein, Erfahrungen mit dem Rechtsstaat, die zu berechtigten kritischen Anfragen führen können. Wenn es uns gelänge, diesen Teil zu trennen von den Anfragen, die zu einem großen Teil auf Unverständnis beruhen, wäre das vielleicht hilfreich.

Zum Beispiel die Dauer mancher Verfahren, das muß man sagen. Es gibt, woran das auch immer liegen mag, ob das speziell für den Osten gilt, kann ich nicht sagen, eine Dauer von Verfahren, bei denen sich der Streitpunkt inzwischen bedauerlicherweise in einer bestimmten Weise einfach durch die Zeit geregelt hatte. Es nützt ihm nichts, so spät dann noch Recht zu bekommen.

Der andere Punkt ist die Kompliziertheit mancher Bereiche: beim Steuerrecht fällt das besonders ins Auge. Auf meine Frage, wie man sich denn eine Vereinfachung von solchen Rechtsgebieten denken könne, hat mir ein Jurist gesagt, nur durch eine Revolution. Das kann ja wohl nicht wahr sein, und ich habe mich erinnert, daß im Jahre 1830 in Sachsen eine große Rechtsreform gemacht wurde mit der Begründung, daß die Unübersichtlichkeit der bestehenden Vorschriften die Rechtssicherheit beeinträchtige. Da war es ohne Revolution und ohne Krieg möglich durch von Lindenau, übrigens im Königreich Sachsen ein „Wessi", er kam aus Weimar, welcher auf dreiviertel seines Gehaltes zu gemeinnützigen Zwecken verzichtet hat. 1990 habe ich behauptet, die Ordnungen der Bundesrepublik seien nicht dadurch ausgezeichnet, daß sie die besten sind, sondern daß sie verbesserungsfähig sind, während der Sozialismus an seiner Reformunfähigkeit zugrunde gegangen ist, das muß ich gewiß nicht im Prinzip widerrufen. Was aber die Reformfreudigkeit betrifft, so habe ich inzwischen kräftige Abstriche von meinem vollmundigen Lob gemacht. Offenbar steht hinter jedem Halbsatz eine Lobby, die aufschreit, wenn er angetastet werden soll. Kann es sein, daß das Vorschriftendickicht dadurch zustande kommt, daß durch immer neue Zusätze der Versuch gemacht wird, durch Zusatzbestimmungen zu Zusatzbestimmungen die Gesetze bis zur Einzelfallgerechtigkeit zu trimmen. Ich weiß es nicht. 50 Jahre Bundesrepublik. 50 Jahre Grundgesetz. Das sind gute Gründe zum Feiern dieses Jahr. Wir werden allerdings erst nächstes Jahr feiern. 10 Jahre Grundgesetz für ganz Deutschland und 10 Jahre Bundesrepublik Deutschland, die den Anspruch ihres Namens auch eingelöst hat. Am Grundgesetz selbst kann ich keinen größeren Reformbedarf ausmachen. Wohl aber auf vielen anderen Gebieten, die ich hier nicht im einzelnen aufzählen muß. Es besteht ja auch offenbar Einmütigkeit in der Diagnose, der Patient verweigert aber jede Therapie, weil er nur Arzneien ohne jede Nebenwirkung akzeptiert.

Wie steht es mit dem Einigungsprozeß. Ich würde sagen, es gibt viel Ärger, aber der Prozeß verläuft stabil. Oder wir streiten uns bloß, keiner will ausziehen. Die Ost-West-Unterschiede sind nicht unbedingt größer als die Ost-Ost-Unterschiede, sage ich noch einmal. Sie haben nur dieses Besondere an sich, daß sie noch nicht so gewohnt sind. Bayern und Ostfriesen wundert es nicht mehr, wenn sie ihren Verschiedenheiten begegnen. Dagegen hilft vor allem dieses: viel Erzählen voneinander, übereinander, und so habe ich also auch die Aufgabe verstanden, die Sie mir heute gestellt haben.

Umzug ins Englische

Über die Globalisierung des Englischen in den Wissenschaften

Jürgen Trabant

Here comes the sun

P rogress has its price. Where dams are built for the production of energy, old environments, villages, landscapes disappear under the floods of rivers, people lose their homes. But, of course, thousands of others will have electricity, the economy will flourish, trains run, computers work, refrigerators pur. In a recent article in the FGN (Frankfurt General Newspaper, formerly known as FAZ), a journalist compared the participants of a conference on the globalization of English to people living in those villages which will be flooded, lamenting nostalgically about the unescapable fate of their village. This is exactly what I will do. But as you can see my village is already flooded and I am, however, still alive and kicking in that tentative post-diluvial situation, thus adding a happy, optimistic note to the catastrophic outlook. Instead of drowning, I seem to be happily swimming in the new lake. Happily? Anyhow, in order to answer that difficult question I will go back to the old village, before the flood, back to oldspeak.

Mit der weltbeherrschenden Stellung der USA und der weltweiten Ausstrahlung der amerikanischen Kultur und Lebensweise hat auch die englische Sprache einen beispiellosen Siegeszug angetreten, dem sich kaum eine Sprache entziehen kann. Die Globalisierung der englischen Sprache bedeutet für die anderen Sprachen zweierlei: Einerseits wandern mit den amerikanischen Sachen auch die amerikanischen Wörter massenweise in die Sprachen ein. Im Bereich der Technik, der Popkultur, des modernen Lebens überhaupt - des lifestyle, wie wir auf deutsch sagen - sind die Sachen amerikanisch und sie werden mit ihren Namen importiert. Bestimmte sehr moderne Sachen sind - wie wir wissen - aber auch z.B. japanisch. Sie haben aber trotzdem englische Namen, die den allgemeinen anglophonen Zustrom verstärken, wie der berühmte japanische *walkman*. Nun, dieser starke amerikanische Druck wirkt auf alle Sprachen der Welt

- außer auf solche, die überhaupt nicht mit moderner Zivilisation in Berührung kommen. Der Unterschied zwischen den Sprachen liegt vermutlich nur in der Stärke der Öffnung für die amerikanischen Wörter. Ich würde vermuten, daß die Deutschen in dieser Hinsicht die Weltmeister sind. Dieter E. Zimmer (1997) spricht zurecht vom „Modernisierungsfieber" des Deutschen. Auch die Franzosen lieben die englischen Wörter sehr, aber sie scheinen doch von jener Raserei entfernt, die die deutsche Sprachgemeinschaft erfaßt hat. Außerdem gibt es in Frankreich auch eine mächtige Opposition gegen die englischen Wörter, nämlich eine vom Staat betriebene Sprachpflege, die besonders in Deutschland auf höhnische Ablehnung stößt. Wir Deutsche lieben die amerikanischen Wörter geradezu bis zur Selbstaufgabe. Ich übrigens auch. Sie geben uns etwas Modernes, Weltläufiges. Indem wir sie, wo immer wir können, in unsere Rede einstreuen, zeigen wir außer unserer Bewunderung für Amerika, daß wir dazugehören zu dieser schönen großen amerikanischen Welt. Wir tun dies in einem Maße, welches anzeigt, wie stark wir uns von unserer eigenen bösen alten Welt distanzieren möchten, wie gern wir umziehen wollen ins Offene.

Die zweite Konsequenz der Dominanz der amerikanischen Kultur ist bekanntlich, daß - neben vielen anderen Diskurswelten, z.B. dem internationalen Geschäftsverkehr, der modernen Technik, der Filmindustrie, dem Showbusiness im allgemeinen - auch in den *Wissenschaften*, vor allem in den Naturwissenschaften und Sozialwissenschaften, fast nur noch englisch geschrieben wird und daß diese Tendenz sich verstärken wird. Um diesen Aspekt geht es mir hier.

Die Etablierung des Englischen als Wissenschaftssprache ist - wie die Invasion englischer Wörter - natürlich eine globale Erscheinung. Sie ist aber nicht für alle Sprachgemeinschaften eine gleichermaßen dramatische Entwicklung. In vielen Sprachgemeinschaften ist es schon immer üblich gewesen, daß Wissenschaft - zumindest im schriftlichen Bereich - in einer anderen als der Muttersprache betrieben wird. In den sogenannten kleinen Nationen in Europa, bei den Ungarn, den Dänen, den Holländern z.B., ist dies ganz normal. Ob sie nun in der einen oder der anderen fremden Sprache über Wissenschaft schreiben, ist ihnen vermutlich prinzipiell gleichgültig. Außerdem war eine solche Sprachkonstellation, d.h. eine Diglossie „Volkssprache/Fremdsprache in der Wissenschaft", in der Vergangenheit in ganz Europa der Normalfall, nämlich bis zur Ablösung des Lateinischen als Sprache der Wissenschaft im 16. bis 18. Jahrhundert. Für die deutsche Sprachgemeinschaft - ebenso wie für die französische und andere - ist nun aber der Übergang der Wissenschaften zum Englischen durchaus eine einschneidende Veränderung: Es wurde ja etwa zweihundert Jahre lang, vom Ende des 18. Jahrhunderts bis etwa 1950, in den Wissenschaften deutsch geschrieben, und das Deutsche hatte als Wissenschaftssprache sogar eine gewisse internationale Verbreitung. Seit dem Zweiten Weltkrieg gehen nun immer mehr Disziplinen zum Englischen als Publikationssprache über. Für das Französische, das im 17. und 18. Jahrhundert geradezu die Nachfolge des Lateinischen als Sprache der Wissenschaften anzutreten schien und das bis zum Ersten Weltkrieg eine starke internationale Stellung auch in anderen Diskurswelten hatte, ist diese Entwicklung noch dramatischer. Sie hat unabsehbare politische Folgen für Frankreich, welche die neueren Aktivitäten der französischen Sprachpolitik abzuwenden versuchen.

„Die Spitzenforschung spricht englisch", hat Hubert Markl, jetzt Präsident der Max-Planck-

Gesellschaft, schon 1986 geschrieben. Ulrich Ammon hat mit seinen Untersuchungen zum Deutschen als Wissenschaftssprache den Marklschen Befund genauestens untersucht und detailliert belegt. Dieter E. Zimmer bekräftigt die Diagnose. Und beide schlußfolgern, daß es keinen Weg zurück gibt und daß folglich auch jedes Gejammer nutzlos ist. Es gibt nur noch Wege nach vorn. Auch ich werde mich daher auf den Weg nach vorn begeben und Überlegungen anstellen, wie die anglophone Zukunft der Wissenschaften in einer nicht-anglophonen Umgebung vernünftig organisiert werden kann, wie die Diglossie Deutsch/Wissenschafts-Englisch in der deutschen Sprachgemeinschaft am besten funktionieren kann. Trotz dieser glänzenden Zukunftsaussichten möchte ich aber doch ein bißchen jammern. Ich möchte nämlich mit einem Blick in die Geschichte des europäischen Sprachdenkens versuchen, die Gewinne und die Kosten etwas genauer aufzurechnen, die bei dieser historischen Entwicklung der europäischen Diglossie „Volkssprache/Sprache der Wissenschaft" entstehen. Und wie es bei historischen Blikken oft der Fall ist, so trüben sie auch hier die Freude am vermeintlichen Fortschritt ein bißchen, sofern sie die Zweideutigkeiten des Prozesses deutlich hervortreten lassen.

In gewisser Hinsicht - nunmehr allerdings für den ganzen Globus - wird nämlich durch die neue sprachliche Konstellation die Situation des europäischen Mittelalters wiederhergestellt, in dem die universelle Sprache der Kirche und der Gelehrsamkeit über den Völkern schwebte. Das Lateinische war die „katholische" Sprache Europas: „katholisch" heißt ja nichts anderes als „universell" (griechisch *katholos* ist lateinisch *universalis*). Diese schöne Situation universeller Kommunikation aber hatte ganz offensichtlich einige Nachteile, die zu ihrer *Abschaffung* geführt haben, in einer kulturellen Entwicklung, die man mit einiger Berechtigung als „sprachlichen Protestantismus" bezeichnen kann.

Gegen die „katholische" Sprache

Wir gehen daher zurück zum 16. Jahrhundert, in dem in einer großen europäischen Kulturrevolution die Ablösung der katholischen Sprache durch die partikularen Volkssprachen entschieden vorangetrieben wird. In Italien, dem damals kulturell avanciertesten Land Europas, haben die entsprechenden Entwicklungen schon im 15. Jahrhundert ihren Anfang genommen, und dort sind sie auch zuerst diskutiert worden. In Italien wird die Frage nach der Sprache, die *questione della lingua*, gestellt.

Der *Dialogo delle lingue,* der „Dialog über die Sprachen" des Schriftstellers Sperone Speroni, resümiert 1542 die Diskussion der Frage, ob die Volkssprache Italienisch oder das Lateinische in höheren Diskursuniversen, d.h. in Wissenschaft, Dichtung und in höfischer Konversation, geschrieben und gesprochen werden soll. In diesem Dialog werden die unterschiedlichen Positionen von den entsprechenden soziologischen Typen vertreten: 1. Der *Professor* und Repräsentant der alten humanistischen Gelehrsamkeit singt das Lob des Lateinischen. Das Lateinische habe eine ganz besondere Qualität und Würde, so daß es überhaupt als einzige Sprache in den höheren Diskursuniversen zugelassen sei. Daß die europäische Verbreitung des Lateinischen auch zum Zwecke internationaler Kommunikation für das Lateinische sprechen könnte, ein so niedriges, praktisches Argument kommt dem Gelehrten nicht in den Sinn. Universell gültig, „katholisch", ist das Latein nicht, weil es weit verbreitet ist, sondern weil es das Höchste, weil es *heilig* ist. 2. Der *Dichter* möchte italienisch dichten, dabei aber die schon zweihundert Jahre alte Sprache der volkssprachlichen italienischen Klassiker Petrarca und Boccaccio verwenden. 3. Der *Höfling* möchte im mondänen Umgang unter Aristokraten aus dem ganzen Lande eine allen verständliche moderne Volkssprache verwenden. Bei diesen beiden geht es also nicht darum, *ob* die Volkssprache, sondern welche Version der Volkssprache in Dichtung und am Hofe verwendet wird. 4. Und schließlich tritt ein neuer sozialer Typ auf, der uns hier interessiert: der *junge Naturwissenschaftler*. Dieser berichtet von einem Disput seines Lehrers, des Naturphilosophen Peretto Pomponazzi, mit dem griechischen Humanisten Lascaris (nach der türkischen Eroberung Konstantinopels war die Fraktion der Humanisten durch die Emigration griechischer Gelehrter in den Westen noch einmal erheblich gestärkt worden). Der Naturwissenschaftler verdammt den Zeitverlust, der durch das elende Sprachenlernen entsteht. Alle Sprachen seien gleich fähig, das Gedachte zu bezeichnen und anderen mitzuteilen. Folglich solle man das unnütze Erlernen der alten Sprachen aufgeben und lieber Wissenschaft treiben, und zwar so, wie einem der Schnabel gewachsen sei, also auch ruhig im lokalen Dialekt. Pomponazzi sagt:

Ich bin fest davon überzeugt, daß die Sprachen aller Länder, die arabische wie die indische, die römische wie die attische, denselben Wert haben und von den Menschen mit ein und derselben Urteilskraft zu ein und demselben Zweck geschaffen worden sind. [...] Wir benutzen sie als Zeugnisse unseres Geistes und um uns gegenseitig die Begriffe unseres Verstandes zu bezeichnen.

Pomponazzi bezieht sich mit dieser Auffasssung ausdrücklich auf Aristoteles, wenn er dem Humanisten, der gerade die besondere Vorzüglichkeit des Griechischen für die Philosophie gelobt hatte, entgegenhält:

Ich möchte lieber an Aristoteles und an die Wahrheit glauben, daß keine Sprache der Welt, es sei welche man immer will, von sich aus das Privileg haben kann, die Begriffe unseres Geistes zu bezeichnen, sondern daß alles in der Willkür der Menschen liegt. Wer daher über Philosophie mit Mantuanischen oder Mailänder Worten sprechen möchte, dem kann das mit keinem guten Grund verboten werden, wenn man ihm nicht das Philosophieren und das Verstehen der Ursachen der Dinge überhaupt verbieten will.

Pomponazzi spielt an auf die mehr als zweitausend Jahre alte Sprachauffassung des griechischen Philosophen, die sozusagen die abendländische Normalauffassung von der Sprache ist - auch weil sie so trivial ist, wie Humboldt einmal bemerkt hat. Nach Aristoteles *De interpretatione* ist - einerseits - das *Denken* ein Prozeß der Abbildung der Welt, welcher *ohne* die Sprache stattfindet: der Geist bildet Vorstellungen von den Sachen. Der Denk-Vorgang ist bei allen Menschen gleich, *universell.* Wenn man nun - andererseits - dieses sprachlos Gedachte anderen Menschen mitteilen will, so stehen dafür Laute (*phonai*) zur Verfügung. Diese sind nicht bei allen Menschen gleich, sondern in den verschiedenen Sprachgemeinschaften verschieden. Wörter sind also nichts anderes als *partikuläre* Instrumente für die *Kommunikation* des (ohne Sprache) universell Gedachten, *willkürliche*, d.h. durch die Tradition gegebene *Zeichen* (*semeia*). Die Besonderheit der Sprachen reduziert sich auf eine *materielle* Verschiedenheit. Universelles Denken und partikuläres Kommunizieren sind deutlich unterschieden und nur locker miteinander verbunden.

Diese aristotelische Sprachauffassung bezieht Pomponazzi nun auf seine Tätigkeit als Wissenschaftler: Denken ist universell, oder, wie es bei Pomponazzi heißt: „Philosophieren und das Verstehen der Ursachen der Dinge" sind universell. Dem universellen wissenschaftlichen Denken stehen die Wörter als Mittel der *Kommunikation* zur Verfügung, sie haben mit dem *Denken* nichts zu tun. Die verschiedenen Sprachen sind als bloß *materiell* verschiedene für das Denken und die Wissenschaft völlig *indifferent*. Daher sind alle Sprachen auch gleichberechtigt hinsichtlich der Mitteilung des wissenschaftlich Erforschten. Es gibt keinen Grund, eine bestimmte Sprache zu bevorzugen. Ein Anspruch des Lateinischen, der universellen Sprache der universellen Kirche, auf besondere Eignung für die Wissenschaft kann daher nicht begründet werden. Die moderne Naturwissenschaft, die sich am Anfang der europäischen Neuzeit von der Macht der alten Bücher befreit und mit den Gegenständen selbst zu hantieren beginnt, versucht also auch, sich von der alten Sprache zu befreien, in der diese Bücher geschrieben sind, vom Lateinischen. Auch in diesem *linguistischen Protestantismus* legt sie sich also mit der lateinischen Kirche an. Da kommt das aristotelische Schema gerade recht, das die Unabhängigkeit des Denkens und Erkennens von der Sprache betont und die Sprachen als Sammlung von willkürlichen materiellen Zeichen faßt. Wieso soll der moderne Naturwissenschaftler denn erst noch Lateinisch oder - schlimmer noch - Griechisch lernen, um Wissenschaft zu treiben, wenn auch das heimische Mantuanische hierfür bestens geeignet ist? Als Wissenschaftler muß er zu den *Sachen* kommen und nicht an den Wörtern hängenbleiben.

Nun läßt die Auffassung von der Willkürlichkeit der materiellen Wörter aber hinsichtlich der Sprache der Wissenschaft gerade auch einen anderen Schluß zu: Wenn diese Sprachauffassung zwar einerseits den Wissenschaftler legitimiert, in seinem heimischen Dialekt Wissenschaft zu treiben, so läßt sie andererseits aber auch die Vielheit der Sprachen als etwas völlig Überflüssiges erscheinen. Wenn die verschiedenen Sprachen nämlich nur verschiedene Schälle sind, die alle dasselbe bezeichnen, dann ist auch der Schluß zulässig, daß die Partikularität der Sprachen eine *entbehrliche Vielheit* gegenüber der Universalität des Denkens und der Wissenschaft ist. *Eine* Sprache würde eigentlich genügen. Pomponazzi sagt daher völlig zu Recht auch, daß es eigentlich viel „besser gewesen wäre, wenn es möglich gewesen wäre, überhaupt nur eine einzige Sprache zu haben".

Nun, praktisch, wie sie ist, hat die Naturwissenschaft heute die hier angedeutete alternative Konsequenz aus der aristotelischen Sprachauffassung gezogen. Warum soll man verschiedene Sprachen in der Wissenschaft haben, wenn es auch eine einzige tut, die geradeso gut ist wie die anderen? „Nur eine einzige Sprache haben" ist wieder Realität geworden. Das Mittelalter (oder das Paradies, wo es nach der Bibel auch nur eine Sprache gab) ist in den Wissenschaften wiederhergestellt. Englisch ist die neue katholische Sprache, das neue, globale Latein.

Sprachlicher Protestantismus

Doch bevor dies geschah, haben die Europäer erst einmal das Umgekehrte getan und die eine universelle - „katholische" - Sprache Europas, das Lateinische, *abgeschafft*. In den großen Nationalstaaten erobern die jeweiligen Nationalsprachen die Domänen des Lateinischen. Das diese Entwicklung stützende sprachtheoretische Argument war überall die sich auf Aristoteles berufende Feststellung der *Gleichwertigkeit* aller Sprachen, die sich allerdings bald in die Behauptung eines besonderen Vorrangs der jeweiligen Nationalsprache verwandeln sollte. An der Geschichte der französischen Sprache im 16. Jahrhundert läßt sich die Ablösung der universellen Sprache der Gelehrten Europas, des Lateinischen, durch die Volkssprache in den höheren Diskursuniversen - Verwaltung, Rechtsprechung, Wissenschaften, Techniken, Philosophie, schließlich sogar in der Theologie (der protestantischen natürlich) - geradezu bilderbuchartig ablesen. Die Entwicklung ist in Frankreich besonders rasch und gründlich gewesen.

Wenn wir uns nun fragen, was durch die Aufgabe des Lateinischen gewonnen und verloren wurde, so sind sicher die folgenden Punkte zu nennen:

1. Zunächst war der Sieg der Volkssprache ein *sozialer* Sieg: Die Kaste der lateinkundigen Wissenden, der Kleriker, wurde ihrer sprachlich geschützten Exklusivität beraubt. Prinzipiell konnte jetzt auch einer, der nicht Latein gelernt hatte, an den Wissenschaften teilnehmen. Die experimentierenden Naturwissenschaftler waren ja eher Söhne des Volkes, nämlich der Handwerker, als Söhne der Kirche, Mund-werker. In zunehmendem Maße ermöglichte die Emanzipation vom Lateinischen auch die Partizipation von Frauen an den Wissenschaften. In diesem Sinne war die Ausweitung der Sprache des Volkes auf Diskurs-Domänen der Kleriker ein unschätzbarer Akt sozialer Hygiene: die scharfe Trennung zwischen den Wissenden und den Unwissenden wurde - zumindest tendenziell - als aufhebbar erfahren.

2. Der Gebrauch in den höheren Registern brachte einen großen *Prestigegewinn* für die Volkssprache: Die Volkssprachen rücken in die prestigereichen Diskurs-Domänen des Lateinischen auf. Dieser Prestigegewinn begünstigt das Entstehen transdialektaler Nationalsprachen, die sich im Rahmen moderner Staaten und durch die revolutionäre Wirkung der Druckerpresse verbreiten und größere Sprachgemeinschaften herstellen, durchaus auch mit weitreichenden politischen Konsequenzen.

3. Für die Volkssprachen - auch für das Sprechen in den anderen Lebensbereichen - war die Ausdehnung auf die „höheren" Redefelder wie Wissenschaft, Philosophie, Jurisprudenz eine ungeheure *Bereicherung*, sofern man z.B. für das Sprechen über wissenschaftliche Gegenstände volkssprachliche Wörter erfinden mußte - von den Namen für Flora und Fauna, für chemische Elemente und Prozesse bis hin etwa zu den philosophischen Begriffen und juristischen Vorgängen - und sofern man grammatische Mittel für eine differenzierte Gedankenführung entwickeln mußte, die dann auch dem Reden und Schreiben in anderen Domänen zugute kamen. Die Sprachwissenschaftler sprechen hier vom „Ausbau" einer Sprache.

4. Ganz ohne Zweifel ist es, wie Pomponazzi es gewünscht hat, ein *Zeitgewinn*, wenn der Wissenschaftler (oder der Jurist und Techniker) keine fremde Sprache - zumal eine so komplizierte wie das Latein - lernen muß, sondern wenn er in einer Varietät seiner Muttersprache

Wissenschaft treiben kann. Allerdings hat sich das *Dialekt*-Modell Pomponazzis nicht durchgesetzt: Wissenschaftssprachen sind in Europa nicht die lokalen Dialekte geworden, sondern die schon erwähnten *transdialektalen Gemeinsprachen* (*koinè*), die natürlich durchaus auch einen bestimmten Zeitaufwand zu ihrer Erlernung erfordern. Daß man auch in der Nationalsprache eine neue Redeweise, eben das Register der Wissenschaft, lernen muß, kann nicht in Abrede gestellt werden. Dennoch ist die Verwendung einer Varietät der Muttersprache eine unzweifelhafte Erleichterung für das wissenschaftliche Arbeiten.

5. Nicht zuletzt war die Abschaffung des Lateinischen und die Verwendung der Muttersprache an seiner Stelle ein zentrales Moment der *geistigen* (und geistlichen) *Befreiung*, des Herstellens von geistiger Autonomie, des Kampfes gegen das „Entfremdetsein" des denkenden Menschen, den die *Reformation* in Gang gesetzt hat. Zum religiösen Protestantismus, der ein *direktes* Verhältnis des Menschen zu Gott (und zur Wahrheit) ohne Vermittlung durch fremde Instanzen (Priester, Heilige) herstellt, gehört auch, wie Hegel gezeigt hat, die Befreiung von der *fremden* Sprache: „Damit ist verbunden, daß das Beten in fremder Sprache und das Treiben der Wissenschaft in solcher abgeschafft ist". Da die Muttersprache die erste und einfachste Form des Denkens ist, will der freie (protestantische) Mensch in seiner eigenen Sprache über das Innerste und Höchste (Gott, Wahrheit) sprechen. Aber: „Diese erste Form ist ein Gebrochenes, Fremdartiges, wenn der Mensch in einer fremden Sprache sich ausdrücken oder empfinden soll, was sein höchstes Interesse berührt". Daher muß der durch die fremde Sprache bedingte Bruch, die Entfremdung des Denkens, durch das Verwenden der Muttersprache aufgehoben werden: „Hier bei sich selbst in seinem Eigentum zu sein, in seiner Sprache zu sprechen, zu denken, gehört ebenso zur Form der Befreiung." Weniger philosophisch gesagt: Da man zuerst in seiner eigenen Sprache denken lernt, ist man beim Gebrauch der Muttersprache „näher dran" an dem, was man sagen möchte. Das „höchste Interesse", d.h. Beten und Wissenschaft, rückt nicht in die Ferne der fremden Sprache, sondern bleibt in der Nähe der ersten Bearbeitung der Welt durch die eigene Sprache.

6. Beim Übergang vom Lateinischen zur jeweiligen Nationalsprache steht auf der *Verlust*seite natürlich der Verlust der Möglichkeit *internationaler Kommunikation*. Aber dieser Aspekt spielt in der Diskussion der Zeit auffälligerweise überhaupt keine Rolle. Für die großen Nationen Europas waren offensichtlich die nationalen Kommunikationsrahmen hinreichend ausgedehnt. Nicht die (universelle) Christenheit oder Europa, sondern die besondere Nation war der Bezugsrahmen der sprachlichen Veränderungen seit der Renaissance. Wo internationale Kommunikationsnotwendigkeiten bestanden, funktionierte ja auch das Lateinische noch eine ganze Weile. Danach sollte das Französische eine gewisse europäische Universalität erreichen. Sogar das Deutsche fand eine Zeitlang in bestimmten Wissenschaften eine gewisse internationale Verbreitung, bis schließlich das Englische die internationale Stellung des Lateinischen wieder einnimmt und heute in vielfacher Hinsicht überbietet.

Global Latin?

Der Blick auf die Geschichte sollte dazu dienen, den Blick zu schärfen für die Vorgänge bei der aktuellen Revision der traditionellen europäischen Situation durch die Globalisierung des Englischen. Betrachten wir diese Transformation hinsichtlich der erwähnten sechs Punkte.

1. In *sozialer* Hinsicht ist die neue Diglossie Volkssprache/Englisch durchaus problematisch. Zwar bestand auch in der traditionellen Situation ein Unterschied zwischen der Sprache der Wissenschaften und der alltäglichen Umgangssprache. In Deutschland wurde diese Differenz z.B. in der Klage über das „Soziologen-Chinesisch" artikuliert. Trotz dieser Differenz zwischen Fachsprache und Umgangssprache aber gab es doch ein sprachliches Kontinuum zwischen beiden.

In der neuen Konstellation ist die Trennung wieder scharf wie im Mittelalter. Die Volkssprache tendiert dazu, wie im Mittelalter wieder zur Sprache der Dummen zu werden. Englisch ist die Sprache der Schlauen. Zynisch wird dies z.B. bei modernen Dienstleistungen in Kauf genommen. Diese werden nur noch den Schlauen angeboten: Eine Zeitlang hat die Deutsche Telekom auf ihren Rechnungen Leistungen abgerechnet, die „German Call", „City Call" und „Global Call" hießen. Die Dummen, die nur die Volkssprache können, haben eben Pech gehabt, wenn sie die Telefonrechnung nicht mehr verstehen. Sie sind Modernisierungsverlierer. Für dumm verkauft. Was als sprachliche Modernisierung daherkommt, ist allerdings in soziolinguistischer Hinsicht ziemlich mittelalterlich: Universell-katholisch, global war das Mittelalter wohl, für die Wissenden, für die Kleriker, aber es war bekanntlich keine besonders demokratische Periode. Immerhin: die Telekom hat die snobistischen Telefonrechnungen für Schlaue inzwischen revidiert. Und außerdem ist es sicher nicht ganz falsch zu sagen, daß das soziolinguistische und politische Problem durch die massive Teilnahme des ganzen Volkes am Englischunterricht, durch die Demokratisierung des globalen Lateins sozusagen, entschärft wird. Es gibt tendenziell sozusagen nur noch zweisprachige Schlaue. Ob dies tatsächlich der Fall ist, müßte allerdings einmal gründlich sozialwissenschaftlich untersucht werden.

2. Wenn das Sprechen und vor allem das Schreiben in prestigereichen Diskursdomänen in der Fremdsprache abgewickelt werden, bedeutet dies natürlich einen *Prestigeverlust* für die nationale Standardsprache. Diese sinkt in gewisser Hinsicht auf das Niveau eines Dialekts, also einer nur in alltäglichen und mündlichen Situationen gebrauchten Sprachvarietät.

Wo es noch lokale Dialekte gibt, wie in Deutschland und Italien, stärkt die Schwächung der Standardsprache die Position dieser Dialekte erheblich. Die Standardsprache wird gleichsam zwischen dem Englischen und den Dialekten aufgerieben. Wenn wir etwa das Varietätengefüge der Schweiz betrachten, so ist gut denkbar, daß dort, wo die Schweizer jetzt noch das sogenannte Schriftdeutsch verwenden, Englisch erscheint und der schriftdeutsche Standard einfach verschwindet. Dies wäre der Abschied der Schweiz aus der deutschen Sprachgemeinschaft.

3. Wenn sich eine Sprache aus Wissenschaften und Technik zurückzieht, dann wird der *Ausbau* der entsprechenden Register dieser Sprache *zurückgenommen*. Im Deutschen kann man die Folgen dieser Entwicklung schon sehr deutlich sehen. Da man die Volkssprache in den entsprechenden Bereichen - Wissenschaften, Computertechnik, Medien - nicht mehr verwendet, gibt

es auch keine volkssprachlichen Wörter für die Sachen, über die dort gesprochen wird. Termini technici aus der Fremdsprache bleiben unübersetzt und werden zumeist auch phonetisch, graphisch und morphologisch nicht adaptiert in die allgemeine Volkssprache übernommen, so daß ein unelegantes, also ästhetisch und sprachstrukturell problematisches Gemisch entsteht.

Auch dies ist eine Entwicklung, die wieder mit mittelalterlichen Sprachzuständen vergleichbar ist: „Denn das spekulative, historische und überhaupt wissenschaftliche Denken gehörte damals dem Latein und war in den Muttersprachen nur als Lehngut oder Abguß vorhanden", schrieb Karl Vossler 1925. Rabelais hat diese Deponie gelehrten Wortguts in der Volkssprache 1532 im *Pantagruel* karikiert, wo er einen Studenten in einem grausigen französisch-lateinischen Sprachgemisch sprechen läßt, die dieser selbst „verbocination latiale" nennt:

Nous transfretons la Sequane au dilicule et crepuscule; nous deambulons par les compites et quadrivies de l'urbe; nous despumons la verbocination latiale; et, comme verisimiles amorabonds, captons la benevolence de l'omnijuge, omniforme, et omnigene sexe feminin. Certaines diecules, nous invisons les lupanares, et en ecstase venereique, inculcons nos veretres es penitissimes recesses des pudendes de ces meretricules amicabilissimes. (Pantagruel, chap. VI)

In aktuellen deutschen Publikationen wird gern die strukturell vergleichbare Redeweise einer Modedesignerin zitiert, die gesagt haben soll: „Mein Leben ist eine Giving-story ... Wer Ladysches will, searcht nicht bei Jil Sander. Man muß Sinn haben für das effortless, das magic meines Stils". Und die trendige Intellektuelle steht der Dame aus der Modebranche in nichts nach: „Das Business ist ein Mannschaftsspiel, in dem gemischte Qualifikationen zählen. [...] Es gilt, intelligentes Know-how mit emotionaler Power zu mischen".

Das Aufgeben der wissenschaftlichen Register hat erhebliche Folgen für die „Architektur" der Sprache, wie die Sprachwissenschaftler das komplizierte Gefüge der verschiedenen Varietäten einer historischen Einzelsprache nennen (Soziolekte, Dialekte, Register). Eine Sprache ist nach dieser Metapher ein „Haus" mit verschiedenen Etagen und Räumen für die verschiedensten Zwecke, die aber alle zusammenhängen. Wenn die wissenschaftlichen Register verschwinden, dann ist das, als ob die obere Etage und das Dach des Hauses abgebrannt wären. Die Bewohner der oberen Etage sind umgezogen. Ins Offene? Herr Doktor wohnt hier nicht mehr. Das hat, wie wir gesehen haben, ganz offensichtlich zur Folge, daß es reinregnet, was dem gesamten Haus nicht gut bekommt. Karl Vossler geht so weit, einer Sprache ohne solches Dachgeschoß, d.h. „einer Sprache mit schwach entwickeltem Logos, also etwa ohne philosophische und historische Literatur und Schulung" den Status einer (vollausgebauten) „Sprache" überhaupt abzusprechen: „Eine solche Sprache ist Patois oder Mundart, im besten Fall Dialekt" (Vossler). Man braucht dieser etwas veralteten Wertung nicht zuzustimmen, richtig ist jedoch, daß es sich um verschiedene Typen von „Häusern" handelt.

Hier ist die Stelle, wo das Problem der Globalisierung des Englischen in den Wissenschaften mit dem eingangs genannten Problem des Eindringens englischer Wörter verbunden ist. Und hier ist offensichtlich auch die Stelle, wo kultur- und sprachpolitische Aktivitäten erforderlich sein können: Spezialisten wie D. E. Zimmer und Harald Weinrich fordern Übersetzungsanstrengungen und Vermittlungsleistungen der Wissenschaftler: Wenn, wie Hubert Markl schreibt, die Spitzenforschung englisch spricht, so hat sie doch auch die gesellschaftliche Verpflichtung, ihre englisch formulierten Spitzenforschungsergebnisse für die nationale Gemeinschaft zu popularisieren (die sie ja finanziert). Hier liegt ein bedeutender nationaler Erziehungsauftrag vor, der mit einer wichtigen kulturellen Aufgabe, der Pflege des wissenschaftlichen Registers der Nationalsprache, einhergeht. Ob er wahrgenommen wird, scheint zunehmend zweifelhaft. Die Tendenz geht eher dahin, die Vermittlungsleistung durch eine totale Anglisierung des wissenschaftlichen Sprechens überflüssig zu machen und die nationale Standardsprache damit ihrem Schicksal, d.h. der unangepaßten Übernahme englischer Wörter, zu überlassen. Den unausgesetzten Aufforderungen der öffentlichen Modernisierer, daß Schulen und Universitäten Wissenschaft auf englisch treiben sollen, sowie der unablässigen Propagierung eines frühkindlichen Englischunterrichts stehen jedenfalls keine entsprechenden Bemühungen um die deutsche Standardsprache gegenüber.

4. Der *Zeitgewinn*, den sich Pomponazzi durch das wissenschaftliche Arbeiten in der Muttersprache versprach, geht natürlich wieder *verloren*. Jeder Wissenschaftler muß Englisch lernen, wozu durchaus einige Zeit aufgewendet werden muß. Nur ist zum Zeitargument folgendes zu sagen:

a. Die europäischen Wissenschaftler haben in der Vergangenheit trotz Pomponazzi und trotz der Verwendung der nationalen Wissenschaftssprache meist mehrere Sprachen gelernt: Latein, Englisch, Französisch, Deutsch, manchmal Griechisch. Wenn sie jetzt nur noch Englisch lernen, so verwenden sie vermutlich eher weniger Zeit auf das lästige Sprachenlernen als früher.

b. Gegen Pomponazzis Zeitargument, das sich bis heute immer wieder in Äußerungen prominenter Naturwissenschaftler findet, muß vor allem gesagt werden, daß es kein Zeitverlust ist, eine fremde Sprache zu lernen. Unser massives Englisch-Studium hat uns die reiche englische und amerikanische Kultur eröffnet. Wo ist der Zeitverlust? Wir modernen Deutschen sollten allerdings vor lauter Begeisterung für die schöne neue Welt nicht vergessen, daß es neben der amerikanischen auch noch andere Kulturen und Sprachen gibt.

c. Die einzigen, die definitiv keine Zeit mehr durch das Erlernen fremder Sprachen verlieren, sind anglophone Wissenschaftler. Vor allem die Amerikaner, die vor nicht allzu langer Zeit noch deutsch oder französisch zumindest lesen konnten, sparen sich diese Mühe jetzt, wo sie glauben, alles Relevante in ihrer eigenen Sprache lesen zu können.

d. Dies ist jedoch ein erheblicher kultureller und intellektueller Verlust - für die Anglophonen. Auch hier wäre eventuell eine erzieherische Aktivität ins Auge zu fassen: Man müßte für die Einsicht werben, daß Einsprachigkeit heilbar ist. Um die Mühe der Erlernung einer Sprache auf sich zu nehmen, braucht man allerdings eine andere Sprachauffassung als die praktische, aristotelische. Ich komme im letzten Teil darauf zurück.

5. Zweifellos ist die Wiedereinführung der fremden Sprache für die Wissenschaft ein Vorgang *geistiger Entfremdung* oder, wie Hegel an der oben zitierten Stelle dramatisch sagte, ein Moment von „Knechtschaft", „ein Gebrochenes, Fremdartiges". Jeder wissenschaftlich Denkende und Schreibende spürt diesen „Bruch mit dem ersten Heraustreten in das Bewußtsein" (d.h. mit der eigenen Sprache), wenn er die fremde Sprache verwenden muß.

Man kann dieser sprachlichen Verfremdung allerdings auch eine positive Seite abgewinnen, wenn man sie als einen heilsamen Prozeß der Objektivierung versteht. Gewiß ist sie auch in den verschiedenen Wissenschaften verschieden gravierend, in den Geisteswissenschaften ist sie einschneidender als in anderen Wissenschaften. Dennoch bleibt es ein nicht zu leugnendes kognitives Problem und ein hoher Preis für die Globalisierung, gerade im wissenschaftlichen Tun, also gerade da, wo das „höchste Interesse" des Menschen berührt ist, *nicht* „bei sich in seinem Eigentum zu sein, in seiner Sprache zu sprechen, zu denken".

Allerdings manifestiert sich in der deutschsprachigen wissenschaftlichen Gemeinschaft eine besonders starke Tendenz, nicht im Eigenen zu verbleiben, eine - angesichts der deutschen Geschichte politisch motivierte - Sehnsucht nach einem Hintersichlassen der deutschen Sprache. Dieser Wunsch der wissenschaftlichen Elite nach Entfernung vom Eigenen ist ein zentrales Moment dessen, was Christian Meier das „Sichwegdrücken einer 100 Millionen umfassenden Sprachgemeinschaft" nennt. Die Gewinnung der sprachlich-kognitiven Fremde erscheint in dieser kollektiven Emigrationsbewegung natürlich als ein Gewinn, nicht als ein Verlust, als ein Umzug ins Offene, ins Unschuldige.

6. Der wirklich große *Gewinn* der Globalisierung des Englischen ist natürlich der Gewinn der Möglichkeit *internationaler Kommunikation*. Überall auf dem Globus wird man verstanden und versteht, was gesagt oder geschrieben wird. Überall? Überall außer in Amerika und England. Ich spiele damit an auf folgende Probleme, die zu beobachten sind, sobald anglophone Muttersprachler an internationalen Kommunikations-Zusammenhängen beteiligt sind:

a. Sie finden unsere Versionen des Englischen unerträglich - und lassen es uns spüren.

b. Sie geben sich allerdings ihrerseits keinerlei besondere Mühe, uns ihre jeweilige lokale Variante des Englischen verständlich zu machen.

c. Sie dominieren in internationalen Kommunikationssituationen, so daß das kommunikative Gleichgewicht oft erheblich gestört ist.

d. Sie intervenieren bei unseren schriftlichen Produkten, als ob sie die Besitzer der englischen Sprache wären, und behindern generell die Publikation von Texten nicht-muttersprachlicher Autoren (die natürlich „schlechter" sind).

Hier eröffnet sich ein weites Betätigungsfeld für die Verbesserung der sogenannten „internationalen Kommunikation", die für die Mehrheit der Beteiligten eine prekäre diglossische Situation ist: Es müßte sprachliche Toleranz, Kommunikationsgerechtigkeit, Chancengleichheit hergestellt werden. Allerdings stehen meines Erachtens hierfür die Chancen schlecht. Denn hier liegt der einzig wirklich erhebliche strukturelle Unterschied zur mittelalterlichen Sprachkonstellation: Das Latein war niemandes Muttersprache (außer Montaignes), es gehörte niemandem, alle mußten es lernen. Das schaffte Kommunikationsgerechtigkeit. Das Englische aber ist die Muttersprache einer großen Zahl von Sprechern und der mächtigsten Nation der Welt. Das schafft ungleiche Startbedingungen, ungerechte Vorteile, unverdiente Nachteile.

Der Umzug ins vermeintlich offene Englische ist, so zeigt sich nun, nämlich in Wirklichkeit ein Umzug in die Untermiete. Oben habe ich die Konsequenzen des Auszugs aus den oberen Stockwerken für das Haus der Nationalsprache betrachtet. Was aber erwartet die Umziehenden (außer der Bereicherung und der willkommenen oder unwillkommenen Entfremdung)? Die vorher Eigentümer im alten Haus waren, ziehen zur Untermiete in die obere Wohnung eines anderen Hauses, in dem sie natürlich nichts zu sagen haben. Vielleicht sollte man sich die „Architektur" der Sprache auch nicht als Einfamilienhaus vorstellen, sondern das Ensemble der Sprachen der Welt eher mit einem großen gemeinsamen Wohnkomplex vergleichen. Da gibt es größere und kleinere Wohnungen, prächtige und ärmlichere, junge und alte Bewohner, Familien mit vielen Kindern und Verwandten, und einsame Damen, laute Nachbarn, liebe und böse Mitbewohner. Auf diesem Wohnhaus könnte man sich nun einen schönen gemeinsamen Dachgarten mit einem Schwimmbad bzw. Swimmingpool vorstellen. Gemeinsam Dachgarten und Schwimmbad zu nutzen ist natürlich viel amüsanter und spart auch Energie. Das Dumme ist nur, daß Dachterrasse und Pool eben kein echter Gemeinbesitz sind, sondern einem besonders reichen Mitbewohner gehören, der den anderen ein Mitnutzrecht eingeräumt hat. Rauswerfen kann er die Mitnutzer nicht, aber besonders entzückt ist er auch nicht, daß da so viele andere sind, so daß er streng auf die Einhaltung seiner Regeln achtet. Es werden nur seine Handtücher benutzt, seine Liegestühle, das Schwimmen verläuft streng nach seinen Regeln. Jeder, der schon einmal in einem amerikanischen Pool war, weiß, was ich meine: slow lanes, medium lanes, fast lanes. Das war im Mittelalter besser: da gehörte das Dachgeschoß niemandem, es war wirklich Gemeinbesitz bzw. Besitz einer alten Tante, die nichts zu sagen hatte. Es ging sicher ein bißchen altertümlich auf dem Dache zu, jeder brachte auch seine eigenen Handtücher mit, das Mobiliar war bunt und im Pool ging es drunter und drüber. Dann aber hatten die reichsten Bewohner das Dachgeschoß eine Zeitlang untereinander aufgeteilt, bis jener ganz große die Dachterrasse insgesamt an sich brachte und die anderen nur als Untermieter und Mitnutzer duldete. Angesichts der politischen und kulturellen Hegemonie der Vereinigten Staaten bestehen nur wenige Aussichten darauf, daß sich an den Besitzverhältnissen in absehbarer Zeit irgendetwas ändert. Die Gründung eines Mietervereins scheint aber angezeigt.

Besonderheit der Sprachen - Universalität der Wissenschaft

Im letzten Teil möchte ich auf die von Pomponazzi zitierte aristotelische Sprachauffassung zurückkommen und auf das mit ihr sich stellende sprachtheoretische Problem, das wir bisher noch gar nicht behandelt haben, nämlich auf die Frage der Individualität, der jeweiligen besonderen Eigenart der Einzelsprachen angesichts der Universalität der Wissenschaft.

Die Globalisierung des Englischen wird zum Glück kaum mit einer besonders herausragenden Qualität dieser Sprache begründet, wie dies in der Renaissance seitens der humanistischen Gelehrten bezüglich des Lateinischen geschah und später hinsichtlich des Französischen, das sich aufgrund seiner besonderen *clarté* besonders zur Universalsprache eigne. Das Englische hat sich einfach aufgrund der gewaltigen Macht Amerikas und Englands durchgesetzt. Gleichwohl hat Jacob Grimm (1851) eine besondere strukturelle Eignung des Englischen als Weltsprache behauptet. Wenn man aber aristotelisch denkt und alle Sprachen nur für verschiedene Signifikanten, für nur *materiell* verschiedene Zeichen, hält, so ist die Globalisierung des Englischen ein für das Denken oder die Wissenschaft selbst völlig gleichgültiger Vorgang: Warum nicht

Englisch? So wie Pomponazzi vorher gesagt hat: Warum nicht Mantuanisch?

Nun hat allerdings gerade im Rahmen des Aufstiegs der Nationalsprachen zu Sprachen der Wissenschaft das europäische Nachdenken über die Sprache entdeckt, daß die Besonderheit der Sprachen sich *nicht nur auf die Laute* beschränkt. Durch den Verlust des scheinbar universellen Lateinischen haben die europäischen Gelehrten nämlich allmählich gemerkt, daß die Partikularität der Sprachen sich auch auf das Inhaltliche, auf das *Semantische* bezieht. Zunächst bemerkte und kritisierte Francis Bacon, der Vater des modernen Europa, daß in den Sprachen des Volkes volkstümliche Vorurteile sedimentiert sind (*idola fori*). Dies war einerseits eine Warnung an die gelehrten Männer, nicht in der Sprache des dummen Volkes Wissenschaft zu treiben, andererseits aber auch die Entdeckung der Tatsache, daß schon in den Wörtern „Gedanken" (wenn auch falsche) enthalten sind, daß also sprachliche Besonderheit sich nicht nur auf die Laute beschränkt, wie Aristoteles meinte. Locke hat dann ganz deutlich gesehen, daß auch die *Bedeutungen* der Wörter von Sprache zu Sprache verschieden sind. Europa lernt also durch die Begegnung mit seinen eigenen Sprachen und dann immer deutlicher durch die Begegnung mit den Sprachen der Welt, zunächst Amerikas, dann aber auch Asiens, daß die Sprachen strukturell höchst verschieden sind und daß in den Sprachen je besonderes Denken sedimentiert ist. Verglichen mit der aristotelischen Vorstellung, nach der „Sprache" eigentlich nur der je verschiedene Laut ist, wird damit auch der „Begriff", der „Gedanke", ein Produkt der jeweiligen partikulären Sprache. Die fraglos angenommene Universalität des Denkens löst sich damit auf in die *Verschiedenheit* des „Denkens in Sprache", wie Humboldt das nennt. Diese Einsicht liegt natürlich auch der oben zitierten Passage von Hegel zugrunde, dessen Argumentation auf der Annahme einer *kognitiven* Differenz zwischen der eigenen und der fremden Sprache basiert. Das europäische Nachdenken über die Sprachen entdeckt also, daß der menschliche Geist sich in vielen verschiedenen Sprachgeistern verschieden manifestiert, in Humboldts Worten: „Ihre Verschiedenheit ist nicht eine von Schällen und Zeichen, sondern eine Verschiedenheit der *Weltansichten* selbst". Der Auftrag der Sprachwissenschaft war gerade die Erforschung dieser Weltansichten der verschiedenen Sprachnationen.

Erst diese Entdeckung der in den Sprachen sedimentierten Weltansichten macht auch das Sprachenlernen interessant und zu einer wichtigen - ja der wichtigsten - Quelle der Erfahrung geistiger und kultureller Alterität. Diese Einsicht, das meinte ich oben, sollte das Erlernen fremder Sprache auch Amerikanern als eine sinnvolle Anstrengung erscheinen lassen. Die bloße Aussicht auf praktische Kommunikation (vom Typ: „Où est la gare?", „Quanto costa?"), die ja tatsächlich inzwischen überall auf der Welt auf englisch abgewickelt werden kann, lockt natürlich keinen Anglophonen mehr hinter dem fremdsprachendidaktischen Ofen hervor, vielleicht aber die Aussicht auf die Gewinnung verschiedener Ansichten der Welt?

Bedeutet die Entdeckung kognitiver Verschiedenheit der Sprachen nun, daß die Universalität der Wissenschaft überhaupt gefährdet ist, daß jedes Denken durch die partikulare Einzelsprache geformt ist und daß gar kein universell „wahres" Denken möglich ist? Dann wäre auch der Umzug ins Englische nur der Umzug aus einem Gefängnis des Geistes in ein anderes. Extreme Relativisten behaupten dies. In der Tat produzieren die Menschen das Denken zunächst in ihrer besonderen Sprache, die „das erste Heraustreten in das Bewußtsein" ist (Hegel). Die Menschen lassen aber durch ihre geistige Tätigkeit die Einzelsprache hinter sich, sie bilden Konzepte jenseits der Einzelsprache, sie erzeugen universelles Wissen über die Welt. Die Einzelsprachen *geben* uns zwar die Welt auf eine bestimmte Art und Weise, wir *transzendieren* dieses Gegebensein aber durch unsere geistige Arbeit. Jenseits des kulturell Besonderen gibt es nämlich nicht nur die universellen kognitiven Dispositive (den menschlichen Körper insgesamt, Augen, Ohren, neuronale Vorgänge etc.), die allen Menschen von der Natur gleichermaßen gegeben sind, sondern darüber hinaus gerade auch Wissenschaft als ein Verfahren, in der Objektivität der Sachen selbst die einzelsprachlichen Signifikate durch ein universelles Wissen zu überwinden. Wie Wissenschaft - bzw. das Nachdenken und Erforschen der Welt - dies tut, zeigt folgendes klassische Beispiel: Der Wal wurde von der deutschen Sprache lange als ein „Fisch" aufgefaßt: *Walfisch*. Die Biologie hat uns aber belehrt, daß der Wal ein Säugetier ist, und die Deutschen hatten trotz des sprachlichen „Vorurteils" (*idolon fori*) über dieses Tier keine Schwierigkeit, dieses als Säugetier zu denken. Vielleicht läßt sich die Entdeckung der Einzelsprachlichkeit der Signifikate so zusammenfassen, daß die Einzelsprache zwar das Denken „färbt", aber ohne daß sie es in ein partikulares Gefängnis einsperrt, wie die Relativisten glauben.

Welche Folge hat nun die Entdeckung der semantischen Individualität der Sprachen und der einzelsprachlichen „Färbung" des Denkens für unsere Frage nach der Globalisierung des Englischen als Sprache der Wissenschaft? Hier muß man meines Erachtens unterscheiden zwischen den Wissenschaften, die *mehr in der Objektivität der Welt* agieren, und solchen, die gleichsam *in der Sprache* verbleiben. Grob gesagt meine ich folgendes: ein experimentierender Naturwissenschaftler hantiert mit Instrumenten und mit den Gegenständen der Welt. Die Sprache dient bei diesem Tun im wesentlichen dazu, objektive Sachverhalte zu bezeichnen. Der Forscher braucht sich dabei nicht besonders geistvoll oder „schön" auszudrücken, er teilt z.B. mit, welches Ergebnis bestimmte Messungen ergeben haben. Die besondere Semantik einer Einzelsprache spielt dabei keine große Rolle. Die Besonderheit der jeweiligen Sprache wird bei diesem wissenschaftlichen Gebrauch gerade „getilgt", wie Humboldt in diesem Zusammenhang gesagt hat, die Sprache wird hier als „willkürliches Zeichen" verwendet. Für diese das Objektive bezeichnende Verwendung der Sprache trifft daher das aristotelische Modell im wesentlichen durchaus zu. Ein solches Sprechen und Schreiben ist auch in einer fremden Sprache leicht zu erlernen, dazu braucht man kein Muttersprachler zu sein. Bei diesem Typ von im Objektiven hantierender Wissenschaft ist es tatsächlich mehr oder weniger gleichgültig, welche Sprache benutzt wird: das heimische Mantuanisch oder das nicht so heimische Englisch. Gegenüber dem wenig verbreiteten Mantuanischen scheint allerdings, wenn man die erwähnten Verluste abrechnet, die Wahl des Englischen für die internationale Kommunikation einigermaßen vorteilhaft zu sein.

Etwas anderes ist es in den Wissenschaften, die mehr im Sprachlichen verbleiben, deren Gegenstand auch nicht so sehr das Universelle (der Natur), sondern das Partikulare (der Kultur) ist, wie in der Geschichte und den interpretierenden Disziplinen. Deren Zentrum liegt ja eher in der sprachlichen Gestaltung ihrer Deutungen, bei der die einzelne Sprache und der persönliche Stil des Forschers entscheidend sind. Hier muß der Forscher über die ganze Fülle seiner sprachlichen Mittel verfügen, wie ein Dichter, der ja auch nicht das, was er sagen will, einfach in einer anderen Sprache sagen kann. Und das kann er zumeist nur in der eigenen Sprache. Wir Geisteswissenschaftler merken auf jedem internationalen Kongreß mit besonderer Schärfe, welches unglaubliche Handicap es ist, nicht in der Muttersprache sprechen und schreiben zu können, selbst wenn wir das Englische gut können und selbst wenn wir glücklich sind über die Gelegenheit zur internationalen Kommunikation. Was wir sagen wollen, sagen wir schlecht bzw. nicht so gut, wie wir es in unserer Muttersprache sagen könnten, deren Ausdrucksmöglichkeiten und deren „Farbe" konstitutiver Teil unserer Deutungen sind. „Hier bei sich selbst in seinem Eigentum zu sein, in seiner Sprache zu sprechen, zu denken" (Hegel), gehört nicht nur zur protestantischen Befreiung des Geistes, sondern ist Bedingung unserer wissenschaftlichen Arbeit. Wir müssen also auch weiterhin in unseren Sprachen schreiben dürfen. Hier wäre das Schreiben in der fremden Sprache wirklich ein wissenschaftlicher Verlust.

Abschließend daher ein kulturpolitischer Vorschlag. Es ist nicht einzusehen, daß zwar jede Zeile, die in Harvard und Poughkeepsie geschrieben wird, rund um den Globus gelesen wird, daß aber nichts von dem, was in Berlin und Heidelberg auf deutsch geschrieben wird, jenseits von Flensburg und Garmisch-Partenkirchen wahrgenommen wird, obwohl es genausogut ist. Diese Einseitigkeit der internationalen Kommunikation durch die Globalisierung ist einfach unerträglich. Da außerdem die Sprachkenntnisse in Harvard und Poughkeepsie entschieden nachgelassen haben, besteht auch überhaupt keine Chance mehr, jemals im Zentrum des Empire gelesen zu werden. Da wir aber natürlich ebenfalls planetarisch gelesen werden wollen, bleibt uns nichts anderes übrig, als unsere Werke auf englisch zu publizieren. Und genau hier brauchen wir Hilfe: Wir brauchen eine Politik der Förderung englischer Übersetzungen und Veröffentlichungen geisteswissenschaftlicher Werke. Konkret: wir brauchen Mittel, unsere Bücher übersetzen zu lassen. Es geht nicht an, daß wir das selber tun. Das wäre nicht nur ein wirklich unerträglicher Zeitverlust, sondern auch noch verlorene Liebesmüh: wir können es einfach nicht so gut wie Muttersprachler. Und wir brauchen Hilfe beim Ausbau des englischsprachigen Verlagswesens außerhalb der USA und Großbritanniens.

Im Rahmen der Globalisierung setzen die Regierungen sich eifrig dafür ein, daß die materiellen Produkte ihrer Länder global verbreitet werden. Hier wird ein Engagement für die globale Verbreitung ihrer geistigen Erzeugnisse gefordert - in der Sprache der Globalisierung. Ich könnte mir vorstellen, daß dieses Engagement sich - in ideeller und materieller Hinsicht - durchaus bezahlt macht.

The German universities will not attract students from abroad by giving lectures in (bad) English. But (good) foreign students will come because they will have read our wonderful books - in English, of course.

Die Autoren

Bosch, Gerhard, Dr., Univ.-Professor, Soziologie, Gerhard-Mercator-Universität Duisburg, Leiter der Abteilung Arbeitsmarkt am Institut Arbeit und Technik des Wissenschaftszentrums Nordrhein-Westfalen

Chargaff, Erwin, Dr. phil., Dr. phil., h.c. Universität Basel, Honorarprofessor der Universität Wien, Sc.D., Columbia University New York, Universitätsprofessor für Biochemie an der Columbia-Universität in New York (emeritiert)

Fischer, Ernst Peter, Dr. rer. nat., Univ.-Professor und Wissenschaftspublizist, Geschichte der Naturwissenschaften, Universität Konstanz

Fischer, Klaus, Dr. phil., Univ.-Professor, Philosophie, Universität Trier

Frühwald, Wolfgang, Dr. phil., Dr. h.c. mult., Univ.-Professor, Universität München, Neuere Deutsche Literaturwissenschaft, Präsident der Alexander von Humboldt-Stiftung

Gierer, Alfred, Dr. rer. nat., Univ.-Professor, Biophysik, Max-Planck-Institut für Entwicklungsbiologie, Tübingen

Hansen, Klaus, Professor Dr. rer. phil., Politische Wissenschaften, Fachhochschule Niederrhein

Joy, Bill, Mitbegründer des kalifornischen Computer-Herstellers Sun Microsystems, Co-Chairman of the Presidential Information Technology Advisory Committee.

Knoepffler, Nikolaus, Privatdozent, Dr. phil, lic. theol., stellvertretender Geschäftsführer am interdisziplinär ausgerichteten Institut Technik-Theologie-Naturwissenschaften, München

Kohler, Georg, Dr. phil., Univ.-Professor, Philosophie, Universität Zürich

Maier, Hans, Dr. phil., Dr. h.c. mult., Univ.-Professor (em), Philosophie, Religions- und Kulturtheorie, Ludwig-Maximilians-Universität München

Mainzer, Klaus, Dr. phil., Univ.-Professor, Lehrstuhl für Philosophie und Institut für Interdisziplinäre Informatik, Universität Augsburg

Morkel, Arnd, Dr. rer. pol. Univ.-Professor (em.), Politikwissenschaft, ehem. Präsident der Universität Trier

Noelle-Neumann, Elisabeth, Dr., Dr. h.c., Univ.-Professorin, Publizistik (em.), Universität Mainz, Geschäftsführerin des Instituts für Demoskopie Allensbach

Pfeiffer, Christian, Dr., Univ.-Professor, Kriminologie, Strafvollzug, Jugendstrafrecht, Universität Hannover, Direktor des Kriminologischen Forschungsinstitutes Niedersachsen e.V.

Schiedermair, Hartmut, Dr. iur., Univ.-Professor für Öffentliches Recht, Völkerrecht und Rechtsphilosophie an der Universität zu Köln, Präsident des Deutschen Hochschulverbandes

Schröder, Richard, Dr. theol. habil., Dr. h.c., Univ.-Professor, Systematische Theologie, 1. Vizepräsident der Humboldt-Universität zu Berlin

Trabant, Jürgen, Dr. phil., Univ.-Professor, Romanistik, Freie Universität Berlin

Quellennachweis

Bosch, Gerhard: *Was tun, wenn einfache Arbeit abnimmt - Niedriglöhne oder Innovation*
Erschienen in Frankfurter Rundschau, 9. November 1999 und in WSI-
Mitteilungen 12/99 - dort unter dem Titel „Niedriglöhne oder Innovation. Überle-
gungen zur Zukunft der Erwerbsarbeit" (Der Originaltext ist mit Anmerkungen versehen)

Chargaff, Erwin: *Man sollte lieber beten*
Aus: Frankfurter Allgemeine Zeitung, 3. Juli 2000

Fischer, Ernst Peter: *Die Vorsilbe des Jahrhunderts*
Aus: Forschung & Lehre, 1/2000, Seite 6-8

Fischer, Klaus: *Die verborgenen Quellen des Neuen*
Aus: Forschung & Lehre, 1/2000, Seite 14-18

Frühwald, Wolfgang: *Von der Rationalität des Glaubens*
Vortrag gehalten anläßlich der Verleihung des Doktorgrades ehrenhalber der Katho-
lisch-Theologischen Fakultät der Westfälischen Wilhelms-Universität Münster am
18. November 1999. Wird auch erscheinen in: Thomas Pröpper (Hrsg.), Bewußtes
Leben in der Wissensgesellschaft, W. Frühwald und D. Henrich, Ehrendoktoren der
Katholisch-Theologischen Fakultät der Universität Münster, Münster, 2000

Gierer, Alfred: *Naturwissenschaft und Menschenbild*
Schlußvortrag des Symposions „Wie entstehen neue Qualitäten in komplexen Systemen?" zum 50jährigen Gründungsjubiläum der Max-Planck-Gesellschaft. Erschienen bei Vandenhoeck und Ruprecht, Göttingen, 2000.

Hansen, Klaus: *Gott ist rund und der Rasen heilig*
Eine gekürzte Fassung des Beitrages ist in Universitas, Heft 3/2000, erschienen

Joy, Bill: *Warum die Zukunft uns nicht braucht*
Aus: „Why The Future Doesn't Need Us" 2000 by William N. Joy. This article
originally appeared in the April 2000 issue of Wired. Dies ist der vollständige Beitrag

von Bill Joy, der in gekürzter Fassung in der Frankfurter Allgemeinen Zeitung vom 6. Juni 2000 unter dem Titel „Warum die Zukunft uns nicht braucht" erschienen ist.

Knoepffler, Nikolaus: *Fortschritt ohne Maß und Grenzen?*
Aus: Universitas Juni 2000

Kohler, Georg: *Über die Weisheit der Igel und die Einsichten der Hasen*
Festvortrag anläßlich der Verleihung des 1. Karl-Schmid-Preises an Frau Prof. Dr. Verena Meyer am 7. März 2000. Veröffentlicht gekürzt in: Forschung & Lehre, 8/2000, Seite 403-406

Maier, Hans: *Eine Zeit in der Zeit? Die christliche Zeitrechnung*
(Der Originaltext ist mit Anmerkungen versehen) Weitere Veröffentlichungen: Hans Maier: Die christliche Zeitrechnung, Freiburg (Herder), 1991 (fünfte durch gesehene und ergänzte Auflage: 2000; Übs. ins Japanische und Italienische), Christentum und Zeit, in: Theologie und Philosophie 75 (2000), 161-179, „Die Zeit ist edeler als tausend Ewigkeiten" (Angelus Silesius), in: Hermann Fechtrup u.a. (Hg.), Zwischen Anfang und Ende. Nachdenken über Zeit, Hoffnung und Geschichte. Ein Symposium (Münster, Mai 1999), mit Beiträgen von J.T. Fraser, H. Lübbe, H. Maier, J.B. Metz, G.L. Müller, R. Saage, Münster (Lit), 2000.

Mainzer, Klaus: *Leben in der Wissensgesellschaft*
Aus: Universitas, Juni 2000

Morkel, Arnd: *Regnum, Sacerdotium, Studium: Die Aufgabe der Universität*
Überarbeitete und erweiterte Fassung des Textes „Theorie und Praxis" aus Forschung & Lehre, 8/2000, Seite 396-398

Noelle-Neumann, Elisabeth: *Ein freiheitliches Wirtschaftssystem macht die Gesellschaft glücklicher*
Aus: Frankfurter Allgemeine Zeitung, 3. November 1999

Pfeiffer, Christian: *Fremdenfeindliche Gewalt im Osten - Folge der autoritären DDR-Erziehung?*
Erstabdruck des Artikels: Spiegel Nr. 12/1999, 23. März 1999

Schiedermair, Hartmut: *Die Macht des Geistes und die Globalisierung*
Vortrag, gehalten am 3. April 2000 in Berlin, zur Eröffnung des 50. Hochschulverbandstages Erschienen in Forschung & Lehre, 5/2000, Seite 245-248

Schröder, Richard: *Recht und Gerechtigkeit*
  Festvortrag auf dem Anwaltstag in Bonn, Mai 1999

Trabant, Jürgen: *Umzug ins Englische: Über die Globalisierung des Englischen in den Wissenschaften*
  Erschienen in elektronischer Form in: Philologie im Netz 13 /2000, erscheint auch in Paragrana 10/2 (2001)